应用型本科电子商务专业精品系列规划教材

# 电子商务项目管理

主　编　芦亚柯　孙　静
　　　　李　玲
副主编　代俊敏　曾　霞
　　　　张金波　刘　浏

北京理工大学出版社
BEIJING INSTITUTE OF TECHNOLOGY PRESS

## 内容简介

企业要实施电子商务，首先必须对电子商务的运作模式进行策划，然后进行电子商务系统的建设，最后在电子商务系统的基础上，完成订单、支付和配送及相关的运营管理。上述电子商务的运作可以以项目管理的方式，分为电子商务策划项目、电子商务系统项目、电子商务运营项目。全书围绕着这三种电子商务项目的启动、计划、执行、控制、收尾五个阶段，分别结合具体的案例来讨论电子商务项目的范围、时间、成本、质量、人力资源、沟通、风险、收尾管理与项目职能管理等相关的知识点。本书注重项目管理理论与电子商务真实项目实践的结合，通过案例系统分析电子商务项目管理理论的知识体系。

本书适合作为应用型本科电子商务、市场营销、国际商务、物流管理等相关专业的教材以及电子商务项目管理培训类课程的教材。

**版权专有　侵权必究**

### 图书在版编目（CIP）数据

电子商务项目管理/芦亚柯，孙静，李玲主编. —北京：北京理工大学出版社，2018.6 (2018.7 重印)

ISBN 978-7-5682-5795-4

Ⅰ. ①电⋯　Ⅱ. ①芦⋯　②孙⋯　③李⋯　Ⅲ. ①电子商务 – 项目管理 – 高等学校 – 教材　Ⅳ. ①F713.36

中国版本图书馆 CIP 数据核字（2018）第 136380 号

| | |
|---|---|
| 出版发行 / 北京理工大学出版社有限责任公司 | |
| 社　　址 / 北京市海淀区中关村南大街 5 号 | |
| 邮　　编 / 100081 | |
| 电　　话 /（010）68914775（总编室） | |
| 　　　　　（010）82562903（教材售后服务热线） | |
| 　　　　　（010）68948351（其他图书服务热线） | |
| 网　　址 / http://www.bitpress.com.cn | |
| 经　　销 / 全国各地新华书店 | |
| 印　　刷 / 河北鸿祥信彩印刷有限公司 | |
| 开　　本 / 787 毫米 × 1092 毫米　1/16 | |
| 印　　张 / 12.5 | 责任编辑 / 江　立 |
| 字　　数 / 270 千字 | 文案编辑 / 赵　轩 |
| 版　　次 / 2018 年 6 月第 1 版　2018 年 7 月第 2 次印刷 | 责任校对 / 周瑞红 |
| 定　　价 / 36.00 元 | 责任印制 / 李志强 |

图书出现印装质量问题，请拨打售后服务热线，本社负责调换

# 前　言

近年来，政府不断加大"供给侧改革"力度，旨在通过"互联网+"来实现传统企业转型升级。据中国电子商务研究中心监测数据显示，2017年我国网络零售总额高达67 100亿元，同比增长30.1%，其中淘宝、天猫、京东三大核心零售平台占整体近83%的份额。2018年我国电子商务发展仍保持较快增长，政策继续加持，体系已较为完备。随着我国经济转型发展跨入"消费升级"全新时代，电子商务不断创造着新的消费需求，引发了新一轮的投资热潮，开辟了就业增收新渠道，为大众创业、万众创新提供了空间与舞台。

电子商务改变了企业，企业因为电子商务的介入而改变了组织结构和运作方式，提高了生产效率，降低了生产成本，提升了集约化管理程度，从而得以实现高效经营。企业要想实现电子商务信息化，如何进行管理运作？目前电子商务方面实用性教材特别是应用型本科教材不多，而目前高校普遍采用的纯理论教学方法，在"项目管理""电子商务管理"等理论性较强的课程中教学效果不够理想，基于此，编者编写了本书。本书遵循理论联系实际、突出实用性，在框架结构方面做了创新与尝试，以培养学生的实践能力和解决实际问题的能力。

本书是一本实践性很强的教材，尝试把项目管理的一般知识和电子商务项目管理特点相结合，系统全面地介绍电子商务项目运作与管理的理论知识和实践技能。本书内容共分6章，第1章概要介绍了电子商务项目管理；第2章分析了电子商务项目的准备与启动；第3章重点讲述了电子商务项目管理的范围与计划管理阶段；第4章从电子商务项目实施与控制管理方面进行阐述；第5章从电子商务项目的人力资源与沟通方面进行讲解；第6章从电子商务项目的风险与收尾管理进行说明。

本书由重庆工程学院电子商务教学团队完成。芦亚柯、孙静、李玲担任主编，代俊敏、曾霞、张金波、刘浏担任副主编。芦亚柯负责拟定编写大纲、组织实施并总撰定稿。张金波和刘浏作为企业法定人负责审稿，具体编写工作如下：第1章和第3章由芦亚柯编写；第2章由曾霞编写；第4章由孙静编写；第5章、第6章由李玲、代俊敏编写。

此外，编者还要深深感谢电子商务项目管理研究领域的诸多学者以及业界从业人员，为本书积累了大量的素材。在本书的编写过程中，编写团队参阅了国内外电子商务方面的相关文献资料，在参考文献中已列出。在此，编者对所有为本书提供素材的作者表示最诚挚的感谢。

电子商务项目管理涉及很多知识，而且其形式、内容等发展很快，相关知识体系、内容、方法也没有完全成熟，无论在实践中，还是在电子商务项目策划管理理论研究中，关心这方面的专家和教师都还在积极探索。本书虽经编者多次修改，但因学识有限，疏漏在所难免，恳请专家与读者批评指正，并提出宝贵意见。

编　者

# 目 录

## 第1章 电子商务项目管理概述 (1)

### 1.1 项目与电子商务项目 (2)
1.1.1 项目的概念 (2)
1.1.2 电子商务项目的概念 (3)

### 1.2 项目管理与电子商务项目管理 (5)
1.2.1 项目管理概述 (5)
1.2.2 电子商务项目管理 (8)

### 1.3 电子商务项目管理的影响因素和成功条件 (15)

## 第2章 电子商务项目的准备与启动 (19)

### 2.1 电子商务项目需求分析 (20)
2.1.1 市场调研的内容 (20)
2.1.2 市场调研的程序与方法 (22)

### 2.2 电子商务项目市场与竞争对手分析 (26)
2.2.1 市场分析 (27)
2.2.2 竞争对手分析 (29)

### 2.3 电子商务项目企业业务及商务规划分析 (32)
2.3.1 企业业务分析 (32)
2.3.2 商务规划分析 (34)

### 2.4 电子商务项目可行性分析 (38)
2.4.1 电子商务项目可行性分析的内容 (38)

  2.4.2 电子商务项目可行性研究报告的撰写 ……………………… (41)
 2.5 商务网站的启动与准备管理 ……………………………………… (42)
  2.5.1 电子商务网站需求分析 ………………………………………… (42)
  2.5.2 网站目标及经营模式定位 ……………………………………… (45)
  2.5.3 电商网站内容模块设计——网站总体设计 …………………… (50)
  2.5.4 电商网站内容模块设计——网站详细设计 …………………… (56)
  2.5.5 淘宝网活动页面与专题页面 …………………………………… (62)
  2.5.6 淘宝网商品详情页 ……………………………………………… (66)
  2.5.7 网站技术需求与解决方案 ……………………………………… (74)

## 第3章 电子商务项目的范围与计划管理 ……………………………… (84)

 3.1 电子商务项目范围管理 …………………………………………… (86)
  3.1.1 电子商务项目范围界定 ………………………………………… (86)
  3.1.2 项目的工作分解结构 …………………………………………… (88)
 3.2 电子商务项目进度管理 …………………………………………… (93)
  3.2.1 电子商务项目进度计划的编制 ………………………………… (93)
  3.2.2 甘特图 …………………………………………………………… (94)
 3.3 电子商务项目成本管理 …………………………………………… (97)
  3.3.1 项目资源计划 …………………………………………………… (97)
  3.3.2 项目成本估算 …………………………………………………… (98)
  3.3.3 项目成本预算 …………………………………………………… (99)
 3.4 商务网站的范围和计划管理 …………………………………… (100)
  3.4.1 商务网站的范围和进度 ………………………………………… (100)
  3.4.2 商务网站的进度计划 …………………………………………… (101)
  3.4.3 商务网站的运营 ………………………………………………… (105)

## 第4章 电子商务项目的实施与控制管理 ……………………………… (112)

 4.1 电子商务项目的控制管理 ……………………………………… (115)
  4.1.1 电子商务项目的范围控制 ……………………………………… (115)
  4.1.2 电子商务项目的进度控制 ……………………………………… (116)
  4.1.3 电子商务项目的成本控制 ……………………………………… (118)
 4.2 电子商务项目的质量管理 ……………………………………… (119)

|   |       |                                       |       |
|---|-------|---------------------------------------|-------|
|   | 4.2.1 | 项目的质量管理概述 | (119) |
|   | 4.2.2 | 电子商务项目的质量管理控制 | (122) |
| 4.3 | 商务网站建设实施与控制管理 | | (123) |
|   | 4.3.1 | 商务网站质量管理的原则 | (123) |
|   | 4.3.2 | 商务网站质量管理的基本步骤 | (124) |
|   | 4.3.3 | 商务网站的文档管理及基本流程和步骤 | (127) |
|   | 4.3.4 | 商务网站营销策略与实施 | (130) |

## 第5章 电子商务人力资源与沟通管理 (138)

- 5.1 电子商务项目人力资源管理 (141)
  - 5.1.1 电子商务项目人力资源管理流程及成员职责 (141)
  - 5.1.2 电子商务项目的组织结构与职责分配 (144)
- 5.2 电子商务项目沟通管理 (147)
- 5.3 电子商务项目冲突管理 (149)
- 5.4 电子商务项目团队的激励和考核 (151)
  - 5.4.1 电子商务项目的激励管理 (151)
  - 5.4.2 电子商务项目的考核管理 (153)
- 5.5 商务网站的人员配置 (154)

## 第6章 电子商务项目风险与收尾管理 (164)

- 6.1 电子商务项目风险管理 (166)
  - 6.1.1 电子商务项目的风险识别 (166)
  - 6.1.2 电子商务项目风险定量和定性分析 (167)
  - 6.1.3 电子商务项目风险应对与监控 (170)
- 6.2 电子商务项目收尾管理 (171)
  - 6.2.1 电子商务项目收尾管理的意义和内容 (171)
  - 6.2.2 电子商务项目管理收尾活动 (173)
  - 6.2.3 电子商务项目合同收尾活动 (175)
  - 6.2.4 电子商务项目后评价 (176)
- 6.3 商务网站的收尾管理 (177)
  - 6.3.1 商务网站系统测试与验收 (177)
  - 6.3.2 商务网站营销活动评估 (184)

6.4 项目管理软件 …………………………………………………………………（187）
　　6.4.1 项目管理软件的发展 ……………………………………………………（187）
　　6.4.2 项目管理软件的常见功能 ………………………………………………（187）

**参考文献** ………………………………………………………………………（192）

# 第1章 电子商务项目管理概述

★ 学习目标

知识目标：了解项目管理的基本概念、电子商务项目管理的相关概念；了解项目管理的知识体系，掌握影响电子商务项目管理的因素。

技能目标：熟练运用项目管理的意识来分析电子商务项目。

素养目标：具备运用项目管理的相关知识分析和指导电子商务项目管理的意识。

★ 案例导入

### 京东物流开放云仓项目管理经验

京东物流借鉴了现代项目管理模式，经过开放云仓业务等开放项目实践，探索了在开放环境下项目管理的方法和思路，形成了具有京东特色的大型项目管理方法和分层管理与团队内纵向划分及跨团队横向联合的混合管理模式。在实践中，京东重在推行PDCA方法论，通过这一方法论，及时检查和跟踪项目进度计划。结合敏捷开发模式，充分利用看板、站会等管理方法，让物流管理更加顺畅。

**项目实施流程**

开放云仓业务涉及商家、销售、招商、规划设计、系统、搬仓、运营和客服等多环节链路，把多环节链路串联组合，通过解析它们之间的相互依赖关系，拆分多个任务点，分层解决，并采用项目管理方法有效地、多任务并行地快速实施落地。

**搭建项目组织架构**

结合内外部实际情况，搭建整体项目组织架构。让项目成员明确自己的角色定位、职责和项目流程，解决分工、协同、先后顺序等问题，制定统一的工具和模板来提高协同工作效率。

**确定项目目标**

在项目开始前，确定项目目标，做好相关方梳理工作，了解项目现状及风险，搞好团队建设，努力获得商家支持等。确保项目中所有的活动都围绕项目目标展开，通过实际工作情况，捋清工作思路，找准切入点，有策划、有目标、有方向地逐步开展工作。项目成员要时刻铭记项目目标，最终把项目成果转化为收益。

**召开项目启动会**

在项目开始前，召开项目启动会。项目经理做整体报告：对组建新项目团队、建立沟通机制、项目概况、整体排期、项目质量控制机制等方面做明确说明。这份报告必须经过项目成员共同认可，甚至是共同打造出来的，这样项目成员才有意愿在项目开始就能共同维护和遵守项目管理制度、流程和要求。

**有效执行监控**

执行监控是项目管理工作中最重要的环节之一，因为项目总是会有很多意外因素，周期长的项目问题更多，所以项目执行监控工作要从进度监控、沟通协调、质量监管等方面着手，以保证项目计划得以顺利执行。

**做好试运营**

根据云仓业务的特点做好试运营问题跟踪管理，对合作方采取"扶上马送一程"的策略，让商家、业务运营、系统运维准备接管。项目运营成功与否是检验整个项目是否成功的唯一标准，千万不能掉以轻心。所以，后续还需要做好一些细节工作：建立问题跟踪列表，对关键问题进行统一跟踪与协调；重点问题1天不能解决进行问题升级，非重点问题3天不能解决进行问题升级。

（资料来源：http：//b2b.toocle.com/detail—6495202．html）

【案例启示】

随着互联网、物联网、大数据等现代信息技术的推动和经济全球化的发展，电子商务越来越成为现代企业运作的基本平台。企业要实施电子商务，首先需要对电子商务的运作模式进行策划，其次进行电子商务系统的建设，然后在电子商务系统的基础上，承接订单、组织生产和配送，进行电子商务的运营管理。显然，上述工作都可以项目管理的方式运作，分别对应着电子商务策划项目、电子商务系统项目、电子商务运营项目。

## 1.1 项目与电子商务项目

### 1.1.1 项目的概念

一提到项目，大家一般会想到大型的工程项目，如长江三峡工程、冬奥会运动场馆的建设、黄河小浪底工程、红旗渠工程、青藏铁路、南水北调、西气东输、西电东送等大型工程项目。事实上，除了上述工程项目外，还有其他类别的项目，典型的如信息系统项目、科研型项目等。财务、家庭装修、旅游、婚宴、培训、电影拍摄、电视节目制作等这种一次性的活动都可以作为项目来进行管理。

一般来讲，项目就是在一定的资源约束下完成既定目标的一次性任务。这个定义包含三层意思：一定资源约束、一定目标、一次性任务。这里的资源包括时间资源、经费资源、人力资源、物质资源（如工具、设备等）。

一般来讲，项目具有以下几个典型特征：

①一次性。每个项目都有明确的开始时间和结束时间，项目在之前从来没有发生过，这是项目最基本的特点。

②独特性。每个项目都有自己的特点，每个项目都不同于其他的项目。项目所产生的产品、服务或完成的任务与已有的相似产品、服务或任务在一些方面有明显的差别。项目自身有具体的时间期限、费用和性能质量等方面的要求，因此，项目的实施过程具有自身的独特性。但项目的独特性并不排除项目的类似性。有些项目尽管不同，但它们在内容和管理方法上是类似的。

③目标的明确性。每个项目都有自己明确的目标，为了在一定的约束条件下达到目标，项目在实施之前必须进行周密计划。事实上，项目实施过程中的各项工作都是为了实现项目的预定目标而进行的。

④约束性。任何项目都要在一定的时间和成本等约束条件下，完成一定质量的可交付物，并以此作为项目团队的目标。这里的约束有广义和狭义之分。狭义的约束主要指项目要受到的资源约束，如人力、物力、财力等。广义的约束指除了资源约束外，项目的完成还要受到外部环境的约束，如经济环境、社会环境等。

项目的上述特点决定了它与日常运作有着本质的区别，项目是一项独一无二的任务，而日常运作是连续不断、周而复始的重复运动。需要强调的是，尽管项目和日常运作从理论上来讲是两个完全不同的概念，但事实上，在一定条件下，两者可以相互转化。当对某项目的管理变得足够成熟，以至于可以完全实现标准化管理和操作时，项目的管理实质上就转化为日常运作。相反，对老员工来讲是日常运作的事情，也许对新员工而言需要按项目管理的角度来管理和执行。

## 1.1.2 电子商务项目的概念

随着互联网的发展和企业信息化程度的提高，电子商务越来越成为企业经营管理的一个非常重要的手段和平台。企业要将电子商务作为日常经营管理手段，至少需要经历3个过程：首先需要对电子商务的运作模式进行策划，其次要进行电子商务系统的建设，最后在电子商务系统的基础上，承接订单，按订单组织生产和配送，进行电子商务的运营。显然，电子商务的模式策划、系统开发、按订单运营可以分别看作三种不同类型的项目，即电子商务策划项目、电子商务系统项目、电子商务运营项目，都可以按照项目的方式来管理。这是因为上述三类有关电子商务的活动符合一般项目的特点：都是一次性的任务，都有一定的任务范围和质量要求，都有时间或进度的要求，都有经费或资源的限制。所以可以采用项目管理的思想和方法来指导有关电子商务的活动。

所谓电子商务策划项目，是指根据企业的战略目标和产品定位，选择合适的电子商务运作模式、明确电子商务需求的过程。

所谓电子商务系统项目，是指在明确电子商务需求的基础上，对电子商务网站或系统进行分析、设计、实施和试运行的过程。这里的实施可能有多种情况：电子商务应用系统全新的开发和测试；电子商务套装软件的部署和二次开发；企业内外系统之间的集成和相应的开发；委托外包商定制开发的电子商务系统；等等。

所谓电子商务运营项目，是指在电子商务网站或系统已经投入运行的基础上，企业在网上承接订单，然后按订单组织生产和交付的过程。这时企业将一个订单或一批订单的实现确定为项目的目标，企业关于订单的处理流程成为电子商务运营项目的生命期。

电子商务项目除具备一般项目的共同特征外，还具有如下几个特征：

①角色多样性。在一般项目中，主要包含两个角色，即项目的投资者和项目的承建商。而电子商务项目的角色可能还包括策划者、设计者、运营商等。有的电子商务项目，策划者和设计者往往是一体的，或是独立实体，或是客户本身，或是项目承建商，或是项目运营商。

②复杂性。电子商务项目的复杂性主要表现在项目的实施过程中，管理、技术、商业活动、竞争、运营及其他因素混合在一起，需要控制多重关联的业务活动中的变化。这些变化跨越了公司之间和公司内部的部门之间，从而使沟通与协调变得更加困难，也使得电子商务的管理面临着现实的挑战。此外，其复杂性主要表现在：高层管理者的期望值较高，为适应电子商务的要求，很多单位的内部机构需要调整；项目的实施过程中存在紧迫的时间压力；项目存在严重的预算压力，而在电子商务项目实施初期很少获得大规模的利润。

③动态性。电子商务项目往往处于一种激烈的竞争环境中，快速演变升级的基本技术、持续竞争和新的工具改变了以前项目运行必须遵循的逻辑顺序，电子商务项目不再只是一个按部就班的软件生产过程，必须以快速应变和充满创造力的开发过程应对市场压力。这使得客户在电子商务项目的实施过程中，要不断调整商务和业务规划，使其与电子商务系统同步；有的项目可能要不断修改和实施原来的规划和设计。

④风险性。相对工程类项目或信息系统类项目，电子商务项目特别是电子商务运营类项目和策划类项目，需要在软件方面投入较大比重，项目结果主要是形成无形的管理与服务能力。此外，电子商务项目通常不是简单地将现有业务搬到网上运作，其实施将改变现有的业务流程，影响业务结构，不仅涉及技术问题，还涉及内部管理、外部渠道及同业竞争等多种因素，一旦失败将很难弥补。

综上所述，所谓电子商务项目，是指运用电子手段和互联网技术，为公司、客户和供应商等提供独特的、复杂的电子产品或服务，而进行的一种一次性的动态的工作。

## 1.2　项目管理与电子商务项目管理

### 1.2.1　项目管理概述

**1. 项目管理概念**

所谓项目管理，就是以项目为对象，在项目活动中运用知识、技能、工具和技术，由项目组织对项目进行高效率的计划、组织、领导、控制和协调，以实现项目目标的过程。

项目管理的主要内容有范围管理、时间管理、费用管理、质量管理、人力资源管理、风险管理、沟通管理、采购与合同管理和综合管理。

**2. 项目生命期概念**

对项目进行过程管理既是很朴素的项目管理思想，也是很实用的方法。过程是指产生某种结果的行动序列，项目管理是由多个过程组成的大过程。项目过程由人执行，主要分为两类：项目管理过程，主要关注描述和组织项目的各项工作，如如何定义项目的范围、如何组织人力、如何分配预算、如何控制进度和质量等各项管理工作；产品实现过程，主要关注具体描述和创造项目产品，如如何分析、如何设计、如何实施等具体的产品实现工作。项目管理过程和产品实现过程在项目整个过程中发生重叠并相互作用。例如，项目范围的定义不可能缺少对如何生产产品的整体理解。

项目从开始到结束可以划分为若干阶段，这些不同的阶段先后衔接起来便构成了项目生命期。项目生命期一般划分为启动阶段（有时又称概念阶段）、规划阶段、实施阶段和收尾阶段，这4个阶段按一定的顺序排列，构成项目的实施过程。项目的实施过程的4个阶段既有联系、又互相作用和影响。由于项目种类繁多，所以项目生命期的长短和具体阶段的划分会有差异，小型项目的生命期只有几个小时或几天，而大型项目的生命期可能要几年或十几年；小型项目的前两个阶段可合并为"构思阶段"，而大型项目可划分为六七个甚至十几个阶段。

（1）启动阶段

项目启动是指批准开始一个项目或一个已进行的项目可以进入下一阶段的过程。

项目启动的步骤包括：

①项目发起。项目选定后，还要有一个发起的过程，才能使项目运转起来。所谓发起，就是让与项目有切身利益的各方承认项目的必要性，并根据各自的义务投入相应的人力、物力、财力和信息。项目建议书就是一种项目发起文件。项目发起人可以是投资者、项目产品或服务的用户、项目业主、建设项目的施工单位、项目委托人等。

②项目核准。项目选定后，特别是大型项目，如由政府投资的公益性和基础性项目，必须经过核准，才能将项目所需的全部权力交给项目管理班子。而一些小型项目，无须经过核准。

③项目启动。项目启动就是项目管理班子开始项目或项目某阶段的具体工作。有些项目

提交了项目建议书,并得到批准后,项目即可启动;有些项目则必须在项目建议书批准后再编写项目可行性研究报告,待可行性研究报告批准后,项目才可启动。项目启动有两个明确的标志:一是任命项目经理、建立项目管理班子;二是颁发项目许可证,该文件由项目主管部门颁发,此时即赋予项目经理将资源用于项目活动的权力。

④项目立项。项目立项是正式认可一个新项目的开始。项目特别是大中型项目经过项目实施组织决策者和政府有关部门的批准,列入政府和经济发展计划或实施组织计划的过程称为立项。

⑤明确项目要求。项目经理在接受委托后,准备启动之前,必须明确项目委托人对项目的要求。这些要求包括:项目内、外部环境条件,约束因素,资源情况,项目目标及项目范围界定。

(2) 规划阶段

编制项目计划的过程称为项目规划。项目规划包括预测未来、确定任务、估计可能遇到的问题,提出完成任务和解决问题的方案,详细估计所需资源的种类、数量以及所需的时间和费用。

1) 项目规划原则。

①目的性。项目目标是项目规划的核心,项目规划就是围绕如何实现项目目标而制订的。

②系统性。项目规划本身是一个系统,它是由各项子规划构成的,各项子规划不是独立存在的,而是密切相关的,要使项目规划形成有机协调的整体。

③动态性。项目环境常处于变化之中,这就会使规划的实施偏离目标。因此,项目规划要随环境变化而不断进行调整和修改,确保项目目标实现。

④相关性。构成项目规划的任何子规划的变化都会影响到其他子规划的制订和执行,进而影响到项目规划的正常实施。因此,在制订项目规划时,必须考虑各子规划间的相关性。

2) 项目规划内容。

①确定项目目标,即明确项目所要达到的要求和结果,并将项目总目标逐层分解为具体的子目标。对目标的描述要清晰、明确、易于理解。

②范围规划,即确定项目范围并编写项目范围说明书,项目范围说明书要阐明为什么进行这个项目,明确项目目标和主要的可交付成果,它是项目实施的重要基础。

③项目分解,为了便于制订项目整体规划和各部分具体计划,利用工作分解结构将项目及其主要可交付成果划分成一些较小的、更易于管理的部分,以便使这部分的费用、时间和其他资源更容易确定。

④进度规划,即编制项目时间进度计划,通过进度规划确定项目各项工作之间的逻辑顺序,估算各项工作所需的时间和资源。

⑤费用规划,包括资源规划、费用估算和编制费用计划。

⑥质量管理规划,即确定项目应采用的质量标准以及如何达到这些标准。

⑦组织规划,即确定项目经理、项目管理班子及项目成员的责任,以及内、外部通报和

报告关系。

⑧风险管理规划，包括风险识别、风险分析和风险应对计划。

(3) 实施阶段

实施阶段主要是具体实施项目计划。此阶段管理的重点是跟踪实施过程并进行过程控制，以使项目按照计划有序、协调地进行。当出现偏离预定目标的情况时，分析原因，采取纠错措施予以控制。

1) 项目实施准备。

①计划核实。在项目计划执行之前，应对项目计划是否完整、合理、可行，资源是否有保证，项目管理班子的权限是否得到各方承认进行核实。

②计划签署。让项目参与者在项目计划上签字，以表明其愿意承担责任和风险，愿意全力支持项目工作。

③实施动员。宣传项目光明前景，激发项目成员的工作热情和斗志，使大家相信经过努力，项目一定能够取得成功。

2) 项目计划执行。

①在项目计划执行过程中，应事先建立工作核准系统，该系统包括必要的审批制度、人员权限及其他有关资料。该系统能保证各项工作的时间和顺序不出问题。

②项目计划执行过程中，项目管理班子必须协调项目内外的各种关系，相关人员之间保持顺畅的沟通，还要进行信息分发与编写项目进展报告。

③项目跟踪。项目跟踪的基础是建立项目关系信息系统，在项目实施全过程中保证对项目进展情况跟踪的及时性、准确性、连续性和系统性。

④项目控制。为保证项目成功和各项目标的实现，必须对项目实施过程中出现的偏离采取措施给予纠正的过程即项目控制。项目控制贯穿项目实施的全过程，是一个动态的过程。

(4) 收尾阶段

收尾阶段是项目的最后一个阶段，没有这个阶段，项目产品就不能投入使用。

①验收、移交。项目阶段结束时，项目管理班子要对已完成项目的可交付成果进行验收。验收合格后交付给项目使用者或项目业主，并在事先准备好的文件上签字。

②合同收尾。合同收尾是指完成和终结一个项目或项目各阶段的合同，结算账款，解决未了事项。

③管理收尾。当项目完成或项目阶段因故中止时，都必须做好管理收尾。

3. 项目管理过程

为了更好地完成项目实施过程中每个阶段的各项工作和活动，需要开展一系列有关项目计划、决策、组织、沟通、协调和控制等方面的管理活动，这一系列管理活动便构成了项目管理过程。项目管理过程一般由启动过程、计划过程、执行过程、控制过程和收尾过程构成。

对于一个项目来说，既要做项目的总体计划，又要做项目的各阶段计划，并且在每个阶段中都应该对照各阶段的计划来进行控制。下面对项目的5个管理过程逐一进行简要介绍。

(1) 启动过程

启动过程包含的管理活动内容有：定义一个项目阶段的工作与活动，决策一个项目阶段的启动与否，如果启动，则举行该阶段的动员会等，这主要是由一系列决策性工作所构成的项目管理具体过程。

(2) 计划过程

计划过程包含的管理活动内容有：拟订、编制和修订一个项目阶段的工作目标、任务、工作计划方案、资源供应计划、成本预算、计划应急措施等。这是由一系列项目计划性工作所构成的项目管理具体过程。

(3) 执行过程

执行过程包含的管理活动内容有：组织和协调人力资源及其他资源，组织和协调各项任务与工作，激励项目团队完成既定的工作计划、完成项目的产出物等。这是由一系列项目组织管理性工作所构成的项目管理具体过程。

(4) 控制过程

控制过程包含的管理活动内容有制定标准、监督和测量项目工作的实际情况、分析差异和问题、采取纠错措施等。这是由一系列项目管理控制性工作所构成的项目管理具体过程。

(5) 收尾过程

收尾过程包含的管理活动内容有：制订一个项目阶段的移交与接收文件，并完成项目阶段成功的移交，从而使项目阶段顺利结束。这是由一系列项目阶段文档化和移交性、验收性的工作所构成的项目管理具体过程。

项目生命期是一次性的过程，项目管理过程则不然，项目管理的5个过程贯穿项目生命期中的每一个阶段，并按一定的顺序进行，其工作强度也有所变化。

启动过程接受上一阶段交付的成果，经分析研究，确认下一阶段可以开始，并提出对下一阶段的要求；计划过程根据启动过程提出的要求，制订计划文件作为实施过程的依据；实施过程要定期编制实施进展报告，并指出实施结果与计划的偏差；控制过程根据实施报告制订控制措施。计划、执行、控制3个过程往往要反复循环，直至实现该阶段启动过程提出的要求，才能结束这一阶段。

### 1.2.2 电子商务项目管理

电子商务项目是一类典型的项目，应该遵循基本的项目管理的思想和方法进行管理，但同时要体现电子商务的特点。下面将从电子商务项目从开始到结束所经历的阶段来管理策划项目、系统项目、运营项目这三类电子商务项目。

1. 电子商务项目的生命期

(1) 电子商务策划项目的生命期

一般情况下，电子商务策划项目要涉及或考虑的内容有电子商务愿景和支持战略的确定、电子商务运营模式的确定、电子商务技术模式的确定、电子商务策划书的撰写与评审，如图 1-1 所示。

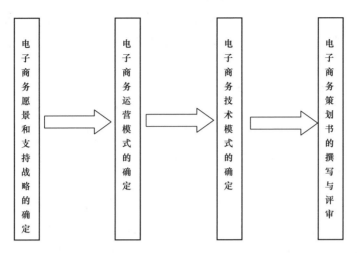

图 1-1  电子商务策划项目的生命期

1）电子商务愿景和支持战略的确定。这是实现电子商务策划的第一步。这一阶段的工作主要是进行充分的商务分析，主要包括需求分析（包括企业自身需求、市场需求以及客户需求等）和市场分析（包括市场环境、客户分析、供求分析和竞争分析等）两个方面。在对企业的行业背景和市场需求进行分析，明确了公司战略、目标市场和目标客户的基础上，电子商务的策划团队需要确定公司的电子商务愿景和目标，如改善客户满意度，增加销售额、提高利润率或者提高市场占有率。在此基础上，确定电子商务需要支持的企业战略，如是成本领先战略，还是差异化战略或者焦点战略，不同的战略对电子商务有着不同的战略需求。

2）电子商务运营模式的确定。在明确了电子商务支持的企业战略类型后，需要进一步明确企业将核心企业从传统方式转移到电子商务模式时需要采取的策略，确定企业的商务模式。商务模式规划并不直接针对企业未来需要建造的电子商务系统，其主要目标是为未来的电子商务系统规划提供依据。例如，需要确定到底是 B2C、B2B 还是 O2O 模式？电子商务的盈利模式如何？该阶段的主要任务是确定电子商务系统的商务模式，以及与商务模式密切相关的网上品牌、网上商品、服务支持和营销策略等要素。

3）电子商务技术模式的确定。根据采用的技术不同，目前企业实施的电子商务模式有三类：一是基于增值网和内联网的封闭电子商务模式。在这一模式下，企业有选择性地接收信息并控制与企业连接的用户。二是基于电子数据交换的企业外联网基础上的企业间电子商务模式。在这一模式下，允许与企业有密切业务联系的单位通过网络实现与企业的互联，并通过防火墙禁止非关联的单位或个人连接，以保证网络的安全。三是基于 Web 互联网基础上的企业间电子商务模式。这是目前使用比较多的模式。基于 Web 的企业间电子商务模式采用的是标准化的网络和标准化的电子商务协议，以及标准化的通用网络商务软件，因此网上电子商务的开展和维护更规范。

4）电子商务策划书的撰写与评审。在完成了上述工作之后，还需要进一步明确电子商务系统的功能需求，对进度的要求、最大的投资金额限制以及电子商务建设项目的投入与产出情况进行分析，在此基础上，将得到的成果文档化，形成一份完善的电子商务策划书，提交给企业的高层审查。

（2）电子商务系统项目的生命期

电子商务信息系统的生命期一般包括系统规划、系统分析、系统设计、系统实施、系统运行和维护5个阶段。电子商务系统的建设是一类典型的信息系统建设项目。显然，电子商务系统项目也可按照上述5个阶段进行管理，依次制订各阶段的任务范围、进度、费用安排以及质量要求。

1）电子商务系统规划阶段。电子商务系统规划阶段的任务是对组织的环境、目标、现行系统的状况进行初步调查，在电子商务的支持战略、商务模式和技术模式确定的情况下，对建设新系统的需求做出分析和预测，同时考虑建成新系统所受的各种约束，设计支持未来电子商务系统的功能体系结构，说明系统各个组成部分的结构及其组成，给出系统建设的实施步骤及时间安排，评估系统建议的开销和收益。在上述基础上，写出规划分析报告。

2）电子商务系统分析阶段。电子商务系统分析阶段的任务是根据系统规划分析报告中所确定的范围，对现行系统和商务流程进行详细调查，描述现行系统的业务流程，指出现行系统的局限性和不足之处，确定新系统的基本目标和逻辑功能要求，即提出新系统的逻辑模型。系统分析阶段的工作成果体现在系统分析说明书中。

3）电子商务系统设计阶段。在完成上述系统分析的基础上，在掌握电子商务成熟技术和了解最新技术进展的情况下，充分结合商务和技术两方面因素，从子系统、前台、后台、技术支持、系统流程、人员设置等各个方面全面设计电子商务系统。电子商务系统设计阶段的任务是根据系统说明书中规定的功能要求，考虑实际条件，具体设计逻辑模型的技术方案，即设计新系统的物理模型。这个阶段的技术文档是系统设计说明书。

在做电子商务系统设计时，需要注意系统的客户数目是动态增长的，而且客户量是不确定的，所以系统负荷达到峰值的速度可能是不可预估的。因此设计时一定要为未来系统的发展预留一定的空间。

4）电子商务系统实施阶段。电子商务系统实施阶段是按系统设计说明书的要求将系统的设计付诸实施。这个阶段的工作可分为两条线：一条线是按照电子商务系统设计的要求，全面调整、变革传统的组织、管理和相应的商务流程，以适应电子商务运作方式的要求；另一条线是按照电子商务系统设计的要求，全面进行计算机软硬件配置、网络平台建设、电子商务系统的开发或集成、应用系统的调试和测试，完成电子商务系统技术支持体系的建设，从技术上保障电子商务系统的正常运作。

这一阶段的任务还包括人员培训、基础数据的准备等工作。这个阶段的特点是许多互相联系、互相制约的任务同时展开，必须精心安排、合理组织。系统实施是按实施计划分阶段完成的，每个阶段应写出实施进度报告。系统测试之后应该写出系统测试分析报告。

5）电子商务系统运行和维护阶段。上述流程变革和系统建设阶段完成后，就可以将经过变革的组织、管理和商务流程与已经建好的电子商务技术平台整合起来，进行电子商务系统的试运行。再经过必要的调整、改进以后，电子商务系统就可以进入运行阶段，开始实现新一代电子商务系统在企业中的应用。

电子商务系统投入运行后，需要经常进行维护和评价，记录系统运行的情况，根据一定的规则对系统进行必要的修改，评价系统的工作质量和取得的效益。将不能修改或难以修改的问题记录在案，定期整理成新的需求建议书，为新的电子商务项目规划做准备。

（3）电子商务运营项目的生命期

电子商务利用一种前所未有的网络方式将客户、销售商、供货商和雇员联系在一起，将有价值的信息迅速传递给需要的人们。对于一个电子商务运营项目来说，一份订单或一批订单驱动了一个项目，对订单进行处理和满足的过程就是企业的商务流程，构成了电子商务运营项目的生命期。

商务流程是指企业在具体从事一次商贸交易过程中的实际操作步骤和处理过程。这一过程可细分为：商流，即商贸交易过程中的所有单据和实务操作过程；物流，即原料、产品或商品的流动过程；资金流，即交易过程中资金在双方单位（包括银行）中的流动过程；信息流，即反映商流、资金流和物流的信息过程。对于电子商务运营项目来讲，强调的是其中的商流。一般来讲，电子商务运营项目的生命期包括图1-2所示的商流：①销售商发布商品信息；②合作双方谈判和订货；③购买商支付货款；④按订单采购原材料并组织生产；⑤根据订单，进行物流配送；⑥销售商对产品进行售后服务和支持。

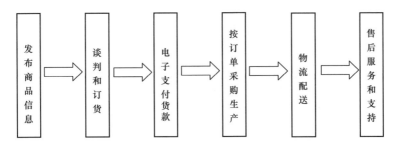

图1-2 电子商务运营项目的生命期

当然，以上各个环节不一定非得在订单涉及的双方（销售商和购买商）之间进行，作为销售商来说，可以将其中的一些环节外包，如可以将第④~⑥步中的某一步或某几步外包。例如，可以将制造环节外包给制造型企业，也可以将物流配送外包给专门的物流配送企业，还可以将售后服务和支持外包给专门的售后服务企业，从而将企业的资源集中在自己的核心竞争力上。但是，为了实现更好的客户满意度，销售商有必要按照项目的方式将整个订单处理和满足的工作流程管理起来，统一安排进度、成本和质量。

2. 电子商务项目策划与设计

电子商务项目要想获得成功，离不开周密的项目策划与设计。电子商务项目策划与设计是指项目实施前所做的计划准备工作，主要是识别需求和形成解决方案。这项工作是电子商务项目获得成功的基础。

电子商务项目策划与设计的任务是完成项目周期的第一阶段和第二阶段的全部工作，包括分析需求和提出建议、可行性分析、确认需求、制订并发布需求建议书、提出解决方案、评价选择方案、合同签约等多项任务，其工作流程如图1-3所示。

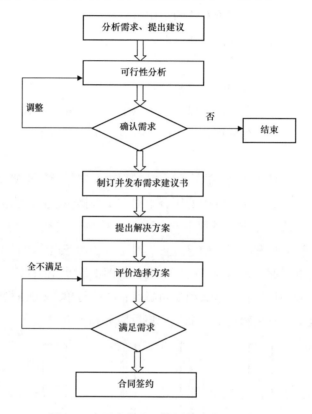

图1-3　电子商务项目策划与设计工作流程

（1）分析需求、提出建议

分析客户的电子商务需求并提出项目建议通常有两种情况：第一种情况是客户企业内部的管理人员在工作中发现需求，提出建议；第二种情况是客户企业的外部机构（如咨询公司或承建商）凭借其专业背景，对电子商务发展的认识比较深，了解的信息比较多，有的还与客户有一定的业务关系，对客户比较了解，因而比较容易发现客户的需求，并帮助客户进行需求分析，提出项目建议。

（2）可行性分析

无论是客户企业内部人员提出的建议，还是企业外部人员或机构提出的建议，企业在做决定前，一般都会进行可行性分析，初步研究项目的开展是否可行。企业通常会在内部指派专门人员来进行这项研究，或者委托咨询公司进行可行性研究，最终提出一份详细的报告供企业高层讨论决策。

（3）确认需求

这是客户企业内部的决策过程。如果企业高层不同意投资，则项目到此结束。如果企业高层原则上同意本项目，但对可行性方案不满意，则返回有关负责可行性研究的人员，继续研究并修正方案。

（4）制订并发布需求建议书

需求建议书（或招标书），是由客户针对要建设的项目提出的需求文档，其中会定义项目要达到什么目标，解决什么问题，提供什么资源，有什么时间限制，对承建商有什么要求以及各类指标的评价标准等内容。需求建议书一般由客户企业制订发布（当然也可以委托给咨询机构）。

（5）提出解决方案

在客户发布需求建议书后，相关承建商会仔细研究需求书，以决定是否投标。如果承建商决定投标，他就要提出相应的解决方案，一般包括商务和技术两个部分。商务部分主要包括承建商的资质、实力、同类项目经验、交付物以及报价等内容；技术部分主要包括电子商务系统设计、集成方案、项目实施的任务、进度以及人员组织计划、培训以及售后服务等内容。每个承建商都会以书面方式把有关信息交给客户。研究并提出解决方案是承建商为争取客户项目合同所必须完成的工作，一般是独立完成。

（6）评价选择方案

这一阶段的工作由客户企业主持。客户将所有投标人的投标书交给一个专业评审小组按照评价标准进行评议，以确定其中的最优方案。如果可以确定一个满足要求的最优方案，客户就会选择相应的投标人为本项目的承建商，与他洽商合同签约事宜。如果所有的投标书都无法满足要求，就要回头重新研究需求建议书，确定哪些要求或条件不合理，以便修正后再次发布。

（7）合同签约

合同签约是客户与承建商双方必须共同参与的工作。通常由主动的一方或有经验的一方先起草一份合同的框架，供双方代表作为讨论的基础。

以上就是电子商务项目策划与设计的整个过程以及在这个过程中每个阶段的任务和任务承担的主体分工。其中分析需求、可行性分析、制订并发布需求建议书、提出解决方案、合同签约都是技术性、方法性很强的工作，这对项目所涉及的各主体人员的素质提出了较高的要求。

3. 电子商务项目管理的内容

通过电子商务项目策划与设计的流程，可以了解电子商务项目策划与设计的成果包含多种类型的报告或文档，这些文档的内容有的不同，也有的相似或相同。综合来看，电子商务项目管理主要包含以下内容：

①电子商务项目概述。简要说明项目的要点，让读者了解整个项目的大体情况，包括项目名称、项目背景（需求和迫切性）、项目目标、项目内容（包括实现的主要功能和采用的相应技术）、项目的投资规模和建设周期、项目收益。

②电子商务需求分析。根据需求调研得到的结果，从行业、企业、市场和竞争等方面详细分析电子商务能为企业解决哪些问题，带来哪些商业机会，说明企业开展电子商务的必要性。此部分内容首先是企业业务分析，即从企业自身角度分析电子商务的需求情况。如企业简介、存在的问题、企业的电子商务需求。其次是分析企业的目标市场。目标市场分析包括两个方面：目标市场的特点，包括客户的特点、企业客户信息化情况；目标市场的电子商务需求，说明目标市场有哪些电子商务需求，电子商务是否更能满足目标客户需求等。最后是竞争对手分析。列出主要的竞争对手，分析其电子商务的开展情况以及效果，说明竞争对手可供借鉴的内容以及本企业的优势。

③电子商务项目可行性分析。从技术、经济和业务等方面分析项目实施的可行性。技术可行性是根据当前的技术发展状况，结合项目特点，从技术的角度分析项目的可行性。经济可行性需要定性和定量分析项目的经济价值，结合企业可使用资源状况，分析项目运作的经济可行性。业务实施可行性需要说明项目实施对企业商务活动、目标客户以及合作伙伴（供应商、代理商）会产生哪些影响，分析这些影响是否成为项目实施的障碍。

④电子商务项目总体规划。首先是项目目标定位，说明电子商务项目的业务领域和服务对象，以及项目建设所要达到的目的，明确项目不同阶段要达到的目标。其次是项目商务规划，包括商务模式、主要业务流程和盈利方式。再次是项目技术规划，包括系统体系结构和技术路线选择。最后是网站域名规划。

⑤电子商务平台系统设计。这一部分包括4个方面的内容：系统网站结构设计，说明电子商务系统的网络结构，绘制拓扑网络结构图；系统安全设计，说明电子商务系统在保障安全方面的考虑和措施；硬件选型方案，说明电子商务系统使用的各种硬件和网络设备选型；软件选型方案，说明电子商务系统使用的各种软件选型。

⑥电子商务应用系统设计。这一部分包括两方面的内容：一是网站形象设计，商务网站是企业从事电子商务活动的基础平台，网站的形象是指站点展现在用户面前的风格，包括站点的标志、色彩、字体、标语和版面布局等；二是系统功能设计，以图形的方式表示系统的功能结构，并用文字说明各模块所要实现的功能。

⑦电子商务实施方案。其包括项目实施的任务、项目实施人员的组织以及项目实施进度计划。

⑧电子商务项目运营管理计划。其包括电子商务系统管理计划、电子商务组织管理计划、电子商务安全管理计划和网站推广计划。

⑨电子商务项目预算。其包括实施本项目的总体预算以及明细列表。

⑩电子商务项目评估。从技术、经营、管理和市场等方面评估系统实施可能面临的风险以及可以获得的收益，并对面临的风险提出改进的策略。

## 1.3　电子商务项目管理的影响因素和成功条件

1. 影响电子商务项目管理的因素

电子商务项目范围广、技术含量高，对企业人员素质和企业能力的要求很高，因此，它具有很大的不确定性，往往由于当初对困难估计不足，低估了某些资源的成本，而造成项目目标的偏移甚至项目的失败。影响电子商务项目管理的因素主要有以下几个方面：

①企业能力是否满足电子商务项目的要求。企业能力不足，一方面体现在现在企业的管理水平难以适应电子商务项目的需要，另一方面是企业人员的素质和业务流程不能满足要求。电子商务项目与以往的标准工作不同，电子商务项目往往是并行工作，要求人员具有一定的素质，在协同工作的同时，项目成员都要承担部分管理工作。协同管理不是天生就有的，它是在管理理论的发展，技术的进步以及工作的复杂性和动态性的基础上累积形成的。

②对技术和管理的认识是否存在误区。电子商务项目需要技术的支持。现在多数企业认为建立了网络，办公实现了计算机化，与客户之间通过网络进行通信，就是在进行电子商务；也有很多人认为具有专门IT技能的人员组成的团队就能完成电子商务项目。这些都是认识误区。在项目管理中，"人"是很重要的因素。一个项目的成功与否与被雇佣的人才质量有着直接的关系，尤其是管理这些项目人员的经理。电子商务项目经理不仅要具备IT知识，还要通晓如何管理项目以及如何管理项目团队。

③任务和目标的设定以及资源配置是否合理。电子商务项目是一个复杂的系统，任务和目标具有复合性，且具有高风险性，任务和目标设定是否现实、合理是企业在实施电子商务项目中面临的主要问题之一。电子商务项目涉及多部门、多人员，他们拥有各自的信息资源，容易形成封闭的管理模式，各人员不愿将自己的资源公开，势必造成资源浪费，使电子商务项目的成本升高。同时，电子商务项目在实施过程中往往分成多个子项目，各子项目之间的资源没有统筹管理，也容易造成资源的浪费。

④对项目的实施控制是否完善。电子商务对有些企业来说是一个新兴的领域，对其实施控制管理的研究目前还处于探索阶段，没有形成普遍的标准和要求，这是电子商务项目不成功的关键因素。

⑤组织结构是否适应电子商务项目要求。电子商务项目的成功与否，与其组织结构方面的能力有着密切的关系。波士顿顾问公司在题为《电子商务组织企业：全球和亚太地区的挑战》的报告中指出，亚太地区许多公司的电子商务战略将面临失败，除非它们能有效地组织企业，以应对电子商务的特殊挑战。

电子商务项目要求组织结构具有灵活性，具备适应组织文化的能力，由于项目团队中部分成员为兼职人员，并且为跨部门工作，这就更需要组织结构便于部门间和个人间的横向交流，组织层次不宜过多，管理幅度适当，有利于协同工作。只有在以这样的组织结构作为保障的基础上，才有利于电子商务项目的成功实施。

⑥能否有效应对目标和环境变化。电子商务项目的目标不是固定不变的，而是随着技术和竞争对手的变化而变更或更新，在这种情况下要及时变更项目进度计划。同时，也会出现某些内部因素影响或外部环境变化，因此项目团队要保持积极的适应心态来面对环境的变化。

2. 电子商务项目管理的成功条件

电子商务项目是一种复杂的项目系统，具有灵活性、创新性、复杂性和动态性的特点，由于其范围广泛、并行工作，项目具有高风险性，更需要贯穿整个项目过程的协调统一管理，使得整个项目成员能够信息共享，合理资源配置，以达成协同工作。成功的电子商务项目管理需要具备以下几个条件：

①电子商务项目的目标与范围一开始就界定清楚。范围可能会随着工作而发生变化，但范围一定要随时与目标保持一致。

②根据里程碑判断整个进度表是否按时执行。电子商务项目实施过程中为可测任务划分出重要里程碑，每个子项目也划分出一系列的里程碑。管理者可以根据里程碑判断整个进度表是否按时执行。

③项目小组有良好的心态来适应来自外界和内部的变化，能积极地应对问题的出现，因为变化正是电子商务的希望所在。

④项目经理的管理不是事无巨细，也不是泛泛地管理，而是很好地监督进程，评估项目里程碑以及项目的最后结果，积极参与解决重大问题。

⑤项目团队成员高度协同工作，信息共享。团队的成员参与一部分管理工作，如界定、评估和更新自己的工作。

⑥项目管理是知识管理，是复杂的，需要现代化的管理手段。如建立"数据信息管理系统"，实现信息高度共享和资源动态调配，并逐步实现零距离沟通、实时管理和网上办公，为项目管理的实施提供强大的支持。

## 本章小结

本章从项目的概念谈起，系统地介绍了电子商务项目的概念和特点。所谓电子商务项目，是指运用电子手段和互联网技术，为公司、客户和供应商等提供独特的、复杂的电子产品或服务，而进行的是一种一次性的动态的工作。通常有三类电子商务项目：电子商务策划项目、电子商务系统项目和电子商务运营项目。电子商务项目是一个复杂的项目系统，具有角色多样性、复杂性、动态性和风险性的特点。

电子商务项目的生命期主要描述项目从开始到结束所要经历的各个阶段，根据项目管理的过程将电子商务项目分为启动阶段、规划阶段、实施阶段和收尾阶段4个阶段。电子商务项目策划与设计是指项目实施前所做的计划准备工作。其主要任务是识别需求和形成解决方案、电子商务项目总体规划、电子商务平台系统设计、电子商务应用系统设计、电子商务项目预算、电子商务项目运营管理计划以及电子商务项目评估。

## 本章案例

### 京东入局医药产业　大健康发展时代将来临

最近一段时间，医药产业又一个大新闻爆出，在万达入局医药产业之后，BATJ的又一巨头京东也开始入局医药产业。根据新闻报道，近日，"京东物流医药云仓战略签约仪式暨医药物流行业解决方案分享会"在京东集团总部召开。会上，京东物流与国药集团、红运堂、华潍药业、福康药业、广林药业、苏州恒鼎、健桥药业、怡康医药集团等8家医药流通企业签署了《京东医药云仓战略合作协议》（以下简称《协议》）。根据《协议》，双方将在医药流通领域开展全面合作。

今天我们就来分析一下，布局大健康的京东到底有何战略打算？

**和医药有不解之缘的京东**

作为我国最大的网上商城的京东，从其发展开始就一直与医药业务有着不解之缘，早在2011年京东就与九州通合作，合资重新组建"好药师"，在网上售药领域发力，然而风云际会，两年之后双方"劳燕分飞"，之后京东在医药领域的布局似乎让人有些看不清楚了，直到最近京东入局的物流，才让京东的布局清晰起来。

长期以来，我国医药领域的销售有着显著的特点，一方面，医药巨头主要进行药品的分销；另一方面，各大医药流通企业通过物流、仓储、配送服务收取服务费，从而实现了多方位赚取的目的。京东之前与九州通合作的"好药师"就可以理解为在分销领域的一次尝试，但是之前医药物流因为各种政策和环境的限制发展得较为有限，这也导致整个医药产业的物流配送服务严重落后于快速发展的电商物流产业，直到2016年《国务院办公厅关于促进医药产业健康发展的指导意见》出台，其中就明确提出：充分发挥邮政企业、快递企业的寄递网络优势，提高基层和边远地区药品供应保障能力。

政策的出台给大批的物流企业进军医药行业奠定了基础，作为我国物流领域，尤其是快速送达领域领军企业的京东，在快速配送方面有着极强的市场竞争能力，京东此次通过物流入局医药产业可以说是恰逢其时。

**京东的医药战略到底意欲何为？**

作为一个大型的互联网巨头，其布局医药产业，如果仅仅只是为了实现物流领域分一杯羹，可以说是谁都不愿意相信的，今天我们不妨以物流为出发点分析一下京东可能在医药产业的整体布局。

一是构建医药产业的物流入口。在京东退出"好药师"之后，京东其实并没有放弃其在医药领域的发展，据网上报道，京东一直都在承接医药电商药品的中小件配送服务，但正如同大多数的物流企业一样，这样的中小件配送其实只能说是沾了医药产业的一个边，距离真正的医药领域战略布局还有着相当的距离。但是京东这次与以往并不相同，它通过自己的"云仓"模式整合拥有仓储能力的社会物流资源，进一步拓展自身的仓储能力，再配合京东的一整套物流配送体系优势，毫无疑问，京东进入物流领域有着较大的市场竞争力。正如同市场上反复看到的，马云在电子商务领域的布局有两大明显的入口，第一是由支付领军整个金融体系，第二就是由物流统帅整个电子商务系统，所以同理可以认为京东布局物流绝不是说要纯粹做物流那么简单，所以物流是京东整个产业布局的基础。对于物流，我们可以认为京东通过整合医药专业资源的各种企业，将京东的物流标准在医药企业中推广，从而实现整个业务的快速扩张，让京东物流标准成为自己进军医药产业的垫脚石与敲门砖。

二是以物流为入口构建医疗体系。在京东宣布与医药流通企业合作的同一天，在浩如烟海的新闻中还有一条重要新闻，这就是2017年8月30日，银川与京东宣布签署战略合作协议，新闻显示双方将在健康大数据、医药电商、智慧医保等领域开展深度合作。在这个过程中，京东开放相关医疗资源，利用自己在物联网、大数据、云计算方面的一整套优势，整合整个银川的医疗产业数据，从而实现大数据分析的价值。从这个地方就能够发现，京东整个棋局的第二步是通过自身的医药优势将自己在APP应用、支付、数据分析等方面的优势转化成医疗产业的应用优势，从而深度介入医疗体系，这种以投资与合作并举的方式正是当今互联网企业深度介入某一产业的关键。

三是构建医疗、医药、医保的全方面闭环。在实现了物流体系，介入了医疗体系之后，京东的最终目的则是将整个医药产业掌控在自己手中。首先，通过与各地政府、医疗机构合作，实现医药大数据、医药APP的整体化布局，并通过支付打通线上线下，让病历、医疗数据全面大数据化，实现了在医疗领域的布局。其次，借助自己的物流体系，构建医药批发、零售、仓储物流的中心，从而通过自己的优势将医药的运输与分销痛点打通。最后，通过在线预约挂号、远程医疗、在线缴费、处方流转等服务实现医疗与医保的统一。

通过上述的三点布局，京东将会全面进军大健康市场，并有可能逐渐打通C端（个人用户）与B端（企业用户，特别是医药企业）之间的屏障，实现自己对整个医药产业的掌控。未来，医疗大健康领域无疑是一个巨大的蓝海，实现对整个领域的布局将会有非常重大的现实意义和投资意义，如今各大巨头都在入局医药产业，可以预计医疗大健康产业的大发展时代将要来临了。

（资料来源：http://b2b.toocle.com/detail—6414375.html）

**案例分析题：**

根据以上资料，分析京东入局医药产业的优势因素有哪些？

### 思考题

1. 什么是项目？它的特征主要有哪些？
2. 什么是项目管理？项目管理的阶段有哪些？
3. 影响电子商务项目管理的因素有哪些？
4. 简述电子商务项目管理的阶段。

# 第 2 章

# 电子商务项目的准备与启动

★学习目标

知识目标：掌握电子商务项目需求分析的主要内容，掌握电子商务项目市场与竞争对手分析的过程，了解电子商务项目企业业务及商务规划分析的流程，掌握电子商务项目可行性分析的基本内容。

技能目标：熟练运用商务网站的启动与准备管理知识。

素养目标：具备运用商务网站项目的准备与启动管理的相关知识，分析和指导具体电子商务项目管理的意识。

★案例导入

**网上花店电子商务需求分析**

"琳琳"花店是一家鲜花零售店，主要销售各种鲜花、多肉植物以及鲜花附属工具，同时经营鲜花包装、快递等业务。花店现有员工10人，每天鲜花销售额在2 500元左右，该店采用传统的营销方式，以零售为主要渠道，进货、销售、配送等都比较成熟，已积累了一批老客户。

鲜花的零售利润可达6%，十分可观，但是损耗也很大。目前"琳琳"花店计划发展情人节、母亲节、教师节等礼品配套业务，但由于店面面积以及资金影响，难以对多种货品进行展示。为解决上述问题，希望建设网上花店，实现线上销售与线下销售的双结合模式。

**分析**：该想法是否可行？如果可行，请完成该项目的需求分析。

**【案例启示】**

2015年李克强总理在政府工作报告中提出：推动大众创业、万众创新，既可以扩大就业、增加居民收入，又有利于促进社会纵向流动和公平正义。如何选择合适的电子商务项目，并对电子商务项目的需求进行分析，从而最终撰写可行性报告显得尤为重要。

## 2.1 电子商务项目需求分析

获取需求是一个确定和理解不同类型用户的需要和限制的过程，准确地获取需求是解决问题的第一步。一旦理解了需求，分析者、开发者和用户就能探索出描述这些需求的多种解决方案。由于需求获取失误造成的对需求定义的任何改动，都将导致设计、实现和测试上的大量返工，而返工花费的资源和时间将大大超过仔细精确获取需求的时间和资源，因此，这一阶段的工作一旦做错，最终将会给项目带来极大的损害。

电子商务项目需求分析，实质上就是要了解企业现阶段具有哪些电子商务需求，以便确定是否有必要开展电子商务。而要准确地发现和识别电子商务的项目需求，就必须对企业的运行状况、经营环境、竞争态势和市场机遇进行细致的观察和准确的分析。

### 2.1.1 市场调研的内容

没有调查就没有发言权。要准确分析企业的电子商务项目需求，首先要开展市场调研，掌握大量一手和二手资料，充分了解企业的内部和外部情况，作为后续分析的基础。

电子商务市场调研主要包括行业发展调研、企业业务调研、目标市场调研和竞争对手调研等几个方面的内容。在市场调研收集到大量信息的基础上，还要进行需求分析，即采用科学的方法对收集到的资料进行分析整理、归纳整合，全面地认识企业存在哪些电子商务需求，需求的迫切性以及这些需求将给企业带来哪些市场机会或多大的市场空间，并提出相应的建议。

作为企业，电子商务项目需求可能来自管理、研发、生产、营销、市场和服务的各个业务环节当中，要分析电子商务在哪些环节能有所作为，首先就要开展项目需求调研，获得企业及其所在行业、目标市场和竞争对手的资料。电子商务企业通常在以下几个方面开展调研。

（1）行业发展调研

通过查阅行业分析报告等途径，了解企业所在行业的情况，了解该企业的市场规模、特点以及电子商务发展前景。本项调研对于网络创业的项目设计是必需的。行业发展调研可能包括以下内容：

①行业规模有多大？

②行业有什么特点？

③行业发展程度如何？

④行业发展趋势是怎样的？
⑤电子商务目前在该行业中扮演着怎样的角色？
⑥电子商务发展前景如何？

(2) 企业业务调研

通过查阅企业内部档案及与业务人员访谈等方式了解企业的有关情况，以发现问题，寻找机会。企业业务调研大致包括以下内容：
①企业的主营业务是什么？
②企业目前采用的是什么商务模式？
③企业的业务流程是怎样的？
④企业拥有哪些资源？
⑤企业的优势在哪里？
⑥生产经营中存在哪些问题？

(3) 目标市场调研

通过查阅各类互联网分析报告及开展问卷调查等方式，了解企业目标客户对电子商务的接受程度和需求情况，为后续市场分析提供依据。该项调研可能包括以下内容：
①企业主要的客户对象；
②目标客户的基本特点（年龄构成、教育情况和收入情况等）；
③目标客户的区域分布；
④目标客户的信息化程度；
⑤目标客户的网上购物倾向；
⑥目标客户的个性化需求；
⑦目标客户对价格的敏感程度。

在目标市场调研中，经常会使用中国互联网信息中心（CNNIC）所做的调查报告。CNNIC作为国家级的互联网信息中心，会定期或不定期地开展互联网的有关调查，如一年两次的"中国互联网络发展状况统计调查"和不定期的"中国互联网络热点调查"等。从调查报告中能得到许多有参考价值的数据和结论。

(4) 竞争对手调研

通过问卷调查、搜索引擎搜索或对竞争对手网站进行研究等方式查找竞争对手的相关资料，了解竞争对手的电子商务实施情况，为后续的市场分析提供依据。该项调研包括以下内容：
①竞争对手是谁？
②竞争对手是否已经实施电子商务？
③竞争对手开展了哪些电子商务业务？
④竞争对手实施电子商务的效果如何？
⑤竞争对手的电子商务业务对本企业的经营造成了哪些影响？
⑥竞争对手的客户对其电子商务业务有哪些正面和负面的反映？

⑦竞争对手电子商务业务有哪些经验可供借鉴？
⑧竞争对手电子商务业务有哪些教训需要吸取？

### 2.1.2 市场调研的程序与方法

**1. 市场调研的程序**

要确保市场调研的质量，必须制订周密的调研计划，遵循科学的调研程序。市场调研通常分为制订调研计划、实施需求调研、调研资料整理和分析及撰写调研报告4个具体步骤。

（1）制订调研计划

①确定调研目标。确定调研目标就是明确本次调研要达到什么目的，是了解企业存在什么问题、具有哪些电子商务需求，还是发现电子商务能给企业带来哪些新的商机，又或者是了解企业的经营环境和竞争情况。明确的调研目标是确定后续工作内容的基础。

②选定调研对象。调研对象是指电子商务系统的使用者或者管理者。调研对象可以是一个企业事业单位，也可以是某个单位的一些部门或某些个人，也可能是相关的供应商或渠道商，还可能是普通（网络）客户。

调研对象应该尽量明确，只有通过调研人员与调研对象的直接沟通，才能取得第一手资料。

③确定调研方法。调研方法是指通过什么方式来收集资料。目前常用的调研方法包括现有资料分析法、问询法、座谈会法和观察法等。为了达到调研的总体目标，应该根据每次的调研目标、调研对象等因素采用不同的调研方法或不同方法的组合。

④确定调研时间、人员和资金预算。确定调研时间是指根据调研内容的多少和时间的要求，有计划地安排调查研究的进度，以便使调研工作有条不紊地进行。如应该何时做好准备工作，何时开始并在多长时间内完成某调研项目等。调研时间表应包括制订调研计划、实施需求调研、调研资料整理和分析及撰写调研报告等的时间安排。调研人员数量是根据调研工作量与调研时间表安排而确定的，通常由领队、调研员和需求分析人员等组成调研小组。在调研过程中，与调研对象协调是极其重要的工作，往往由调研小组的领导人员负责此项工作或者专门建立协调机制，以保证最大可能地搜集到调研对象的信息。

调研的资金预算主要包括调研所需要的交通费、场所使用费、人力资源费用和耗材费等。

（2）实施需求调研

①调研准备。在调研计划的基础上，对调研小组的每个成员进行分工，让每个调研人员了解调研目标及任务，做好实施前的准备。如对于问卷方式，要设计好调查问卷；对于座谈方式，则要对每个调研对象分别列出需要调研的问题，由此制作出有针对性的调研问题列表。

②需求调研。需求调研是将调研计划付诸实践的行为，这一工作就是以调研计划为指导，执行事先设计好的调研表中的所列任务。如采用座谈方式，就要将所列问题与调研对象进行沟通，明确业务流程与调研对象的期望，搜集相关的文字资料与数字资料。

这个环节成本最高，耗时最久，并且由于信息的质量直接影响到对其进行分析所得的报告结果的可靠性，所以在此环节一定要采取各种监管措施，保证能收集到所要的全部信息，并保证信息的准确性和可用性。

(3) 调研资料整理和分析

资料是杂乱的，有的是重复无用的，这就需要按照调研目标进行归类整理，剔除与调研目标无关的因素以及可信度不高的信息，对余下的信息进行全面系统的统计和理论分析，使资料系统化与条理化。

在进行该项工作时，首先应当审查信息的完整性，如所需信息并不完备，则需要尽快补齐；其次应根据本次调研的目的以及对所收集信息的质量要求，对信息进行取舍，判断信息的真实性；然后对有效信息进行编码和登入等，建立数据文件库；最后依据调研方案规定的要素，按统计清单处理数据，把复杂的原始数据变成易于理解的解释性材料，并应用科学的方法对其进行分析综合，从而得出有价值的结论。在分析的过程中，应严格以原始资料为基础，实事求是，不得随意扩大或缩小调研结果。

(4) 撰写调研报告

调研报告是对调研成果的文字反映，其主要内容包括调研目标、调研过程、调研方法和调研总结，是调研工作的最终成果。调研报告应当具有真实性、客观性和可操作性，能切实为企业提供有用的信息和建议，为企业规划电子商务提供各种依据和参考。

除正文以外，还应该将调研过程中的各种详细记录作为调研报告的附件，供日后参考查阅。

2. 市场调研的方法

(1) 调研资料的分类

调研资料按来源可分为一手资料和二手资料两种。

一手资料是指向被调研者收集的、尚待汇总整理，需要由个体过渡到总体的统计资料。一手资料必须由企业进行首次亲自搜集，作为本次调研专门收集的资料，它更详细、更有针对性，但同时需要花费更多的时间和成本。一般通过实地调研、访问有关人员等方式获得一手资料。在收集一手资料时应考虑成本因素，重点收集与调研目标有关的重要信息。

二手资料是指已经经过整理加工，由个体过渡到总体，能够在一定程度上说明总体现象的统计资料。与一手资料相比，其具有成本低、获得速度快，能及时使用的优点，可以节省人力、物力和财力。二手资料可以来自企业内部，也可以从外部获得。随着网络应用的普及，从互联网上可以获得大量的二手资料。

(2) 调研方法的分类

1) 现有资料分析法。现有资料分析法也称为二手资料调查法，是调研人员充分了解调研目的后，搜集内外部资料，通过衔接、对比、调整、融会等手段，综合分析后得出市场调研报告的方法。

现有资料的主要来源如下：

①企业内部档案，如财务报告、销售记录、简报和影音资料等。

②外部机构调研资料，如政府的统计调查报告、学术研究机构的调查报告和调研公司已有的调研报告等。

③外部期刊或专业书籍、杂志。

④各类展会的免费或有偿资料、展品和宣传品等。

⑤竞争者的对外宣传、公报、正面或侧面的报道和采访等。

随着互联网的高速发展,信息在网络中的发布和传送十分方便快捷,大大提高了信息容量,而且网络信息内容包罗万象。通过使用网络,现有资料分析法变得无所不能:在搜索引擎输入感兴趣的关键词,成百上千的相关信息将呈现在你的眼前;网上 BBS 和 QQ 群组有许多友好的朋友和专家,由于其开放性、自由性、平等性、广泛性和直接性等特点,搜集大量信息非常方便。互联网已逐步成为二手资料的重要来源。

现有资料分析法具有如下优点:

①成本低廉而且节省时间。对广大中小型企业来说,这无疑是最有吸引力的一点,重在平时的积累。

②提供解决问题的参考方法。决策者面对的问题很少是史无前例的。通过查阅现有资料,往往能发现已有的案例,甚至可以通过调研报告直接发现什么是正确的决策。

③提供必要的背景或补充材料,可作为一种调研支持手段。当使用不止一种调研方式时,选择现有资料做补充或支持,可以使结论更具说服力。

现有资料分析法也存在以下的局限性:

①可得性。很多问题一般没有现成的资料或资料不充分,如果找不到需要的资料,只能另外采取其他调研方式。

②相关性。经常看到由于对象、形式或方法的原因,虽然有现有资料,但缺乏相关性,无法使用。例如,看到有关建设网上书店的需求分析报告,可是因为相关性问题,无法用到时装网站的需求分析中。

③准确性。现有资料中不可避免地会存在错误或问题。合作关系上隔了一层甚至数层的来源、可信度不高的出具机构、去年或前年的数据以及研究倾向或立场差异都会造成现有资料的准确性问题。网络信息虽然来源充分,但是鱼龙混杂、真假难辨,其准确性也受到挑战。

2)问询法。问询法也称为问卷法或访问法,是通过直接或间接询问的方式搜集信息的调研方法。通常做法是由调研机构根据调研目的设计调研问卷,选定调研对象,通过调研人员对调研对象的访问得到调研的一手资料,最后经统计分析得出调研结果。问询法的具体形式多种多样,根据调研人员与被调研者接触方式的不同,可以分为访谈法、电话法、问卷法等。

①访谈法。它是指调研人员与被调研者直接面谈,询问有关问题,当面听取意见,收集大家反映的方法。通过访谈法,调研人员可以提出已经设计好的各种问题,收集比较全面的一手资料,同时还可通过被调研者的表情或环境的状况,及时辨别回答的真伪,有时还能发现意想不到的信息。访谈法需要调研人员有较高的素质,熟练掌握访谈技巧,并事前做好各种调研准备工作。访谈法可采取个别访谈的方式,也可采取小组访谈和集体座谈的方式。

个别访谈是指调研人员与被调研者面对面进行单独谈话来收集资料的方式。个别访谈有许多优点:调研人员可以提供许多不宜在人多的场合讨论的问题,深入了解被调研者对问题的看法；记录的真实性可以得到当场检查，减少调研的误差，在取得被调研者的同意后，还可以使用录音设备等辅助手段提高记录的可靠性；调研的灵活性较高，调研人员可以根据情况灵活掌握提问题的次序，随时解释被调研者对问题提出的疑问；拒答率较低。

但个别访谈也有其缺点：由于需要一个个地进行面谈，调研周期较长，调研的时效性较差，调研费用较高。个别访谈法一般适用于调查范围小，但调研项目比较复杂的调研，如要了解企业自身对开展电子商务有什么需求，对相关业务人员和管理人员的调研就比较适合采用个别访谈的方式。

小组访谈指将选定的调研样本分成若干个小组进行交谈，由调研人员分头收集信息。可以按照被调研者的特点或者调研的某个具体问题分组，每组3~5人。这样可以比个别访谈节省一些时间，同时也具有个别访谈的一些特点。

集体座谈指将选定的调研样本以开座谈会的方式收集意见，取得信息。集体座谈可互相启发，节省时间和费用，但参加人数较多，需要调研人员有较高的能力，充分了解每位参加者的意见。

②电话法。电话法指调研人员借助电话，依据调研提纲或问卷，向被调研者进行询问以收集信息的一种方法。

电话法的优点是可以在较短的时间里获取所需要的信息，节省时间和费用；电话号码是随机选取的，无须受访者的个人信息即可找到他们，非常方便。但它有一定的局限性：电话法的时间短，调研项目简单明确，所以调研的内容及深度不如面对面个别访谈和问卷调研；调研过程中无法显示照片、图片等背景信息，无法对比较复杂的问题进行调研；由于回答的真伪难以辨别，记录的准确性也受到一定的影响；拒访率高。

采用电话法时，由于时间的限制，多采用两项选择法向通话者进行询问，即要求被访者从两项选项中选择其一，这种方法可以得到明确的回答，便于汇总，但无法了解被访者的意见差别，在实际操作中还需要同时使用其他方法来弥补不足。

电话法的主要特点在于可以迅速获得有关信息，所以特别适用于调研项目单一，问题相对比较简单明确，需要及时得到调研结果的调研项目。

③问卷法。问卷法是指访问员将调研表通过书面或者互联网的形式交给被调研者，经说明和解释后留给调研对象填写，由调研人员按约定的时间收回的一种调研方法。问卷是调研者按照一定目的编制的，对于被调查的回答，调研者可以不提供任何答案，也可以提供备选的答案，还可以对答案的选择规定某种要求。调研者根据被调研者对问题的回答进行统计分析，就可以做出某种心理学的结论。问卷法已广泛应用于青年研究、教育心理学研究和社会调查等领域。

问卷法的两个主要优点是：标准化程度高、收效快。问卷法能在短时间内调查很多研究对象，取得大量的资料，能对资料进行数量化处理，经济省时。

问卷法主要缺点是：被调研者由于各种原因（如自我防卫、理解和记忆错误等）可能对问题做出虚假或错误的回答，在许多场合对于这种回答要想加以确认又几乎是不可能的。因此，要做好问卷设计并对取得的结果做出合理的解释，必须具备丰富的心理学知识和敏锐的洞察力。

3）座谈会法。座谈会法也称为客户沙龙法或焦点小组访谈法，一般由 8~15 人组成，在一名主持人的引导下对某一主题或观点进行深入讨论。座谈会法的关键是使与会者相互激发，引导话题深入进行，使参与者对主题进行充分和详尽地讨论，从而全面彻底地了解他们对某种产品、观念、组织或者社会现象等的看法和见解。

合格的受访者和优秀的主持人是座谈会法成功的关键。座谈会的小组成员应该在背景上一致，以避免冲突和陌生感。太大的差异会抑制讨论，如在员工座谈会中如果有主管在场，座谈会可能难以开展。对主持人的要求是两方面的：一方面，对于调研委托者而言，要求主持人有较高的市场调研能力，充分全面地领会调研要求，有强烈的服务意识，可靠、顽强；另一方面，对与会者而言，主持人要对人情世故有深刻的理解，在倾听、表达、观察和交流能力方面缺一不可，并且要耐心、谨慎、灵活。

座谈会法通常用于在进行大规模调研之前所进行的试探性调研中，它可以了解到参与者的态度、感受和满意程度。调研人员应避免将调研结果推广到所有的受众，毕竟这种方法的样本规模太小，很难具有完全的代表性。

4）观察法。观察法是调研人员通过观察被调研者的活动而取得一手资料的调研方法。与在调研中向人们提问不同，观察法主要是观察人们的行为。在实际操作中，一般由调研人员采用耳听、眼看的方式或借助各种摄像、录音器材，在调研现场直接记录正在发生的行为或状况。

成功地采用观察法，并使其成为市场调研中的数据收集工具，必须满足以下 3 个条件：

①所需信息必须是能够观察到的或者是能从观察到的现象中推测出来的。

②所要观测到的对象必须是充分的、频繁发生的，或在某方面是可预测的，否则成本无法控制。

③所要观测到的行为或现象必须是相对短期的，如一些家庭的汽车购买决策过程，如果是一周或数周，还可以接受，但如果是一个月或数个月，就无法使用观察法了。

观察法是一种有效的信息收集方法，它可以避免许多由于调研人员或问卷法中的问题所产生的误差和错误，更快、更准确地收集资料；观察法可以避免让调研对象感觉到正在被调研、被调研者的活动不受外在因素的干扰，从而提高调研结果的可靠性。但现场观察只能看到表面的现象，而不能了解到其内在因素和缘由，并且在使用观察法时，需要反复观察才能得出切实可信的结果，所以要求调研人员必须具有一定的业务能力。

## 2.2　电子商务项目市场与竞争对手分析

在经济全球化的今天，面对日益激烈的市场竞争，企业欲生存发展，就必须采取有效地竞争战略。在进行项目策划时，企业在确定业务领域的同时，还必须对行业发展趋势及竞争对手进行深入分析，了解所在行业和市场以及参与竞争的对手，因此市场分析与竞争对手分析成为企业电子商务项目策划中必不可少的组成部分。

### 2.2.1 市场分析

所谓市场分析，就是从企业目标客户的角度分析他们是否具有网络使用基础，能否接受电子商务方式以及有什么电子商务需求。企业业务分析研究的是企业自身是否具有开展电子商务的需求，而企业市场分析研究的是企业的客户是否需要、能否接受电子商务业务方式，二者分析的出发点是不同的。

下面介绍电子商务企业进行市场分析的过程。

要从企业目标客户的角度分析电子商务的需求，首先就要明确电子商务方式下，企业的目标客户集中在哪些人群，目标市场在哪里。确定合适的目标市场是十分重要的。如果目标市场的范围确定得太大，将会耗费大量的人力、物力和财力；如果目标市场的范围确定得太小，又很难找到利润的增长点。企业的目标市场是根据企业的产品定位或服务内容来确定的，即分析哪些人最喜欢你的产品或服务。确定目标市场的范围的基本原则是巩固现有市场，开拓潜在的新增市场。

将企业的目标市场细分为可供分析、度量的分组，为分析目标市场的特点提供基础。

统计特性：主要依据一些特定的客观因素，如性别、民族、职业和收入等。

地理特性：主要是客户所在的国家、地区、工作环境和生活环境等。

心理特性：主要包括人格特点、人生观、信仰、阅历和愿望等。

客户特性：客户的上网情况、网上购买频率和网上的购买欲望等。

根据需求调研资料，结合分析中设想的电子商务开展方式，有针对性地总结目标客户有什么特点，能否接受、是否需要电子商务。这一步骤可使用的方法很多，如将企业的客户资料和中国互联网信息中心（CNNIC）所做的统计进行比较，了解客户上网和网上购物的情况，以此衡量电子商务的市场基础；又如，可以定期跟踪与分析 CNNIC 的统计报告，以了解网民的变化情况与网上购物的发展趋势，以确定电子商务市场的发展空间。

分析电子商务给目标客户带来哪些好处。这里分析的角度有很多，例如：

①从职业需求出发，你的客户需要什么？你提供的电子商务产品或服务能与客户所需要的某些职业教育结合在一起吗？

②从家庭生活需求出发，客户需要什么？你提供的电子商务产品或服务能够为客户带来财富吗？能帮助他们开发额外的机会吗？如果你在网上为消费者提供同样品质，但价格大大低于网下的商品，一定会赢得消费者的拥护。

③从生活出发，客户需要什么？你提供的电子商务产品或服务能减轻客户的生活负担吗？一个经常乘坐飞机的人，如果能在他的移动电话上提供短信信息服务，使他了解有关飞机航班延误的信息，他将会非常高兴；如果你的产品还能在目的地为他安排一辆机场班车，来弥补损失的时间，那就更好了。

④如果客户使用了你提供的电子商务产品或服务，能够使他们节省钱财或精力方面的付出吗？

⑤你是否增进了他们的乐趣或社会地位？

通过分析，说明客户存在哪些电子商务需求（如追求廉价、方便性和个性化等），电子商务是否满足了他们的这些需求。

以文字形式表述企业市场分析的内容，大致包括企业的目标市场、目标市场的特点和目标市场的电子商务需求等几个部分。

下面仍以"琳琳"花店为例说明企业市场分析的过程。

对于琳琳花店来说，主要业务是鲜花销售，目前的配送能力范围为市区，因而其目标市场就锁定在市区范围内的鲜花消费者。那么这些鲜花消费者能否接受网上购花吗？可以用直接和间接两种方法来回答这个问题。

直接方法是根据调研得到的有关数据，经过分析得出结论。通过对实体花店的客户进行有奖问卷调查的方式，了解到实体花店的目标市场中 20~40 岁的人群占 83%，大专以上教育程度的占 75%，具有上网习惯的占 89%，月收入在 3 000~5 000 元的占 90%，能接受网上支付方式的占 73%。根据上述调研数据得出结论："琳琳"网上花店现阶段的目标市场主要集中在 20~40 岁的白领人群，其中大多数都有上网习惯，可以接受网上购花的方式。

间接方法是结合 CNNIC 的统计报告得出结论。根据 CNNIC 发布的《2017 年中国互联网络发展统计报告》，可以得出网络购物的用户年龄、学历和收入情况如下：截至 2017 年 6 月份，网络购物用户年龄以 10~39 岁为主，占整体的 72.1%，学历以中等学历为主，占比 37.9%，月收入 2 000 元以上的占 57%。说明网络购物用户以年轻、高学历和有一定的经济基础的人群为主。从花店业务的特点入手，根据经验或观察可以了解到花店的客户以有一定经济基础的、追求浪漫时尚的年轻人为主，与 CNNIC 网络购物的主流人群相重合，由此可以推论花店的目标市场具备网络购物的基础，可以接受网上购花的方式。

在确定网上花店具备市场基础后，下一步就要分析网上花店能给目标客户带来哪些好处。经过分析，有了网上花店，客户只需上网轻点鼠标，就可以完成选购鲜花和在线支付过程，无须亲临花店，节省了时间和精力，大大方便了客户。这里在线支付是关键环节，因为对于鲜花订购来说，订货人与收货人通常是不同的，不能采用货到付款的方式，所以必须提供网上支付才能达到客户足不出户实现网上订花的目的，此外，网站还可以提供各种定制服务，如允许客户通过网站设计个性化花束，以满足客户追求浪漫时尚和个性化需求。

对以上分析进行浓缩和提炼，按要求以文字形式表述出来，就完成了下面的市场需求分析。

（1）企业的目标市场

为了全面了解需求人群的情况，我们对实体花店的客户进行了有奖问卷调查，结果显示，花店的目标市场中 20~40 岁的人群占 83%，大专以上教育程度的占 75%，具有上网习惯的占89%，每月收入在3 000～5 000元的占90%，能接受网上支付方式的占73%。因此，网上花店现阶段的目标市场主要集中在20～40岁的白领人群，网上花店的各种服务以满足他们的要求为主。

（2）目标市场的特点

根据问卷调查，网上花店目标市场的特点可以概括如下：

①年龄在20～40岁的白领人群，有一定的经济基础，经常上网，可以接受网上支付方式。

②工作繁忙，闲暇时间少。

③追求浪漫时尚，讲究品位，消费观念比较开放，具有个性。

（3）目标市场的电子商务需求

以上分析说明目标市场不仅能够接受网上花店，而且会主动使用网上花店提供的服务。

由于工作繁忙，年轻的白领阶层需要以最简便快捷的方式选购鲜花。如果通过电话订花，由于订货人与收货人通常是不同的，难以采用货到付款的方式，所以支付是个困难。而客户通过在网上选购鲜花，在网上支付，节省了选购、支付和配送时间，实现了足不出户便能送花，很好地满足了他们的要求，为此实现网上在线支付是关键环节。

由于他们的消费观念比较开放，网上订购和网上支付等新的交易方式容易被他们所接受，还能满足他们追求新鲜时尚的生活态度。他们追求消费时尚，对服务有个性化的需求，网站可以采取多种服务方式予以满足。

总之，企业要做市场分析需掌握正确的方法：

①要认识到企业的目标市场、目标市场的特点和目标市场的电子商务需求3个部分之间是有内在的逻辑关系的。只有确定了目标市场，才能分析这个目标市场有哪些有利于开展电子商务项目的特点，而这些特点恰恰是目标客户产生电子商务需求的基础，三者环环相扣。

②要紧密结合企业客户的需求进行分析，牢牢抓住电子商务能给客户带来实质性的收益这一根本点。目标市场的文化程度高，是年轻白领，说明开展网上业务有基础，有基础不代表有动力，最吸引客户使用网上服务的动力还在于客户能否得到实质收益。

③要不断跟踪CNNIC的相关报告和中国电子商务研究中心的相关数据，使分析能与互联网的快速发展紧密结合。

## 2.2.2　竞争对手分析

1. 竞争对手分析的方法

所谓竞争对手分析，就是要从企业竞争对手的角度分析电子商务的需求，了解竞争对手电子商务的开展情况、运作效果，是否对本企业的业务构成威胁，是否已成为本企业开展电子商务的障碍，对其中效果良好的内容是否可以借鉴。

竞争对手的调查与分析是需求分析不可缺少的重要内容。同传统的商务活动一样，竞争对手的产品与服务一直影响着企业的管理、生产与经营，甚至造成很大的威胁。尤其是竞争对手已经在网上开展了业务,那么竞争对手的经营状况对于一个新进入企业在行业竞争中的成败是至关重要的,竞争对手在网络营运方面的优势可能是后来者进入的巨大障碍。

电子商务领域竞争对手分析可以按以下步骤进行:

①确认竞争对手。竞争对手分析首先要对本行业主要的竞争者的类型做全面的了解,大致可以分为以下几种类型:

直接竞争对手:他们的产品和服务与本企业具有极大的相似性,客户很容易转向他们购买产品或接受服务。因此,他们是最激烈的竞争对手。

间接竞争对手:他们提供与本企业相似的替代产品和服务。这类竞争者可能具有相同或相似的价值取向,所以具有相同的目标市场,只是提供的产品不同。

未来竞争对手:他们是那些虽然还没有进入,但随时都有可能进入的公司。就网上销售而言,一旦间接竞争对手看到你的产品在他们的市场取得成功,他们就会模仿,这样间接竞争对手就变成了直接竞争对手。

竞争对手可能会有数十个甚至上百个,界定已经存在的和潜在的竞争对手存在一定的难度。因此,要有所限制地确定主要竞争对手,即那些将会给你的商业活动带来现实威胁的主要竞争者。在明确竞争对手的同时,也就确定了本公司在竞争中的地位。

②分析竞争对手。建立竞争对手分析档案,并进行系统分析。竞争对手分析档案是一张内容丰富的表格。它的第一列是竞争对手名单,第一行是能反映竞争对手同质性和异质性的一组判别标准,包括从公司咨询到竞争策略的信息。同时将本公司的相关信息也列入表中,这样就可以使本公司与其他公司的市场竞争地位等相关情况一目了然。

竞争对手分析档案是很有价值的分析工具,它可以帮助企业从企业信息、产品与服务信息、客户信息以及竞争优势等几个方面对竞争对手进行比较分析。

了解竞争对手电子商务的战略和所开展的主要网上业务。企业是通过投入资产、技术以及发挥自己的竞争优势获取成功的,可以通过全面浏览、测试与研究竞争对手的网站,寻找介绍竞争对手的相关资料,来分析竞争对手的电子商务战略、网上市场定位以及在网上开展的主要业务。

③研究竞争对手网站的设计结构与运行效果。这一部分主要包括竞争对手网站的功能和信息结构分析、竞争对手网站的设计风格评价、竞争对手提供的产品种类与服务特色分析、竞争对手商务模式分析和业务流程分析、竞争对手网站客户服务效率分析、竞争对手网站信息更新频率分析等内容,通过对成功的竞争对手进行深入分析,可以让企业接受失败的教训,从而发现市场机会。总之,竞争对手调查与分析的目的是了解原来的竞争对手是否上网,洞察已经在网上开展了业务的竞争对手的情况,分析竞争对手的优势和劣势,研究竞争对手电子商务运作的效果。通过竞争对手分析,可以明确企业在竞争中的地位,以便制订本企业具有竞争力的发展战略。

**2. 电子商务市场需求识别的方法**

在电子商务新项目形成的过程中,首先是项目的市场需求识别和确定,项目的进一步成果在很大程度上依托于最初的需求定位，只有正确而清晰的需求才能将电子商务项目引入成功的轨道。

能够诱发电子商务需求的因素有以下6种：

①意外事件。每天都有意外事件产生，这些突发事件往往使企业产生对电子商务的需求。应当关注对企业产生影响的突发事件，及时分析它给企业带来的各种影响并寻找机会。有很多企业，对发展电子商务的需要在客观上是一直存在的，但这种需要未能引起管理层的充分注意，而当意外事件发生后，这种需要便凸显出来。很多项目就是由于突发事件才促成的。

②市场竞争。市场竞争是企业采用电子商务的原始动力。当一个企业的竞争对手采用了电子商务并且收到明显成效以后，这个企业必须做出应答，一般也会发展电子商务，以提高自己的竞争力，否则就有可能被淘汰。

③经济环境的变化。经济环境是开展电子商务的外部条件之一。经济发展是有周期的，在资本主义国家，有增长、衰退、萧条和复苏等不同的阶段，在我国，发展和紧缩也是周期性出现的。通常，在经济发展和高速增长阶段，各种投资项目机会就会增多；在经济衰退和经济紧缩阶段，机会就会减少。但对电子商务而言，情况有所不同。在经济衰退和经济紧缩阶段，企业需要降低成本，而采用电子商务技术可以帮助企业实现这个目标，所以企业仍有建立电子商务项目的需求。一般来说，如果经济环境发生了变化，企业采用电子商务的机会就可能增加。例如，在一带一路的大经济环境下，企业为了迎接即将到来的挑战，可能会增加对电子商务的需求。在经济萧条阶段出现经济复苏的兆头时，企业为了迎接未来的扩张，发展电子商务的需求也会增加。因此，只要以积极的心态来对待经济环境的变化，就会发现电子商务项目的机会总在身边。

④经营环境的变化。经营环境的变化对发展电子商务的影响更为直接。例如，电信系统服务降价，宽带普及范围变大，各种计算机应用软件和移动端软件的出现，物流企业的发展，网上支付的便捷和安全性提升，都有可能在一定的范围内、一定的程度上刺激企业对启动电子商务项目的需求。

⑤经营方针的改变。经营方针的改变必然会引起企业业务性质的变化和流程的重组。此外，企业的内部网、外部网以及客户关系管理系统也会随之发生变化，这也是发展电子商务项目的机会。可以认为，当今绝大多数企业在调整经营方针时，都会考虑如何利用新技术来节约成本，提高效率，提高竞争力，考虑如何在一个新的、比较高的起点上来发展新的业务，从而形成对电子商务的需求。

⑥企业业务扩张。企业业务在扩张的阶段最需要借助电子商务。一个企业到了业务扩张的阶段，往往已经积累了一批成熟的业务模式和经验，电子商务则可以帮助企业将这些模式和经验规范化地确定下来，利用计算机的快速处理能力和网络传播能力，使之可以在更大的范围内，更便利地推广应用。

## 2.3 电子商务项目企业业务及商务规划分析

### 2.3.1 企业业务分析

1. 企业业务分析的内容

所谓企业业务分析，就是从企业自身业务角度分析企业存在哪些电子商务的需求，以及采取什么方式可以满足这种需求。一般可按照以下思路进行分析。

综合分析需求调研获得的一手和二手资料，重点分析企业拥有的核心能力是什么，运作中存在哪些主要问题；电子商务能否巩固企业的核心能力，解决存在的问题。在解决问题方面，电子商务主要能帮助企业提高效率、降低成本，提高客户服务水平，低成本扩大销售范围，增加销售量等。

根据调研资料，从业务拓展的角度分析开展电子商务能给企业带来哪些新的商业机会，发现企业的电子商务需求。在业务拓展方面，电子商务主要能帮助企业扩大销售范围，增加销售量，提升品牌知名度，提供伴随互联网诞生的新的产品和服务。

针对发现的问题和机会，结合企业的发展状况和经济实力，提出需求建议，说明企业存在哪些电子商务需求，以什么方式可以满足这些需求。目前常见的方式包括到阿里巴巴等第三方平台开设商铺，建立企业商务网站，建设包括ERP（企业资源计划）、CRM（客户关系管理）和SCM（供应链管理）在内的电子商务综合应用系统等几大类。

企业业务分析的内容大致包括行业发展情况、企业基本情况、企业存在的问题、电子商务需求及建议等几个部分，其中行业发展情况分析对网络创业企业的项目设计是必需的，对于传统企业E化项目，该项内容在不影响分析结果的情况下可以省略或整合到企业基本情况中说明。

下面以"琳琳"花店为例说明企业业务分析的过程。

"琳琳"花店是以售卖鲜花为主营业务的鲜花零售店。据行业发展调研资料显示，花卉产业发展快、利润高、市场大，是典型的"朝阳产业"，而且电子商务在其中所占的份额还不到10%，存在较大的发展空间。因此，从行业角度分析，花卉业电子商务是一块潜力巨大、尚待开发的处女地。

通过企业业务调研发现，企业经营中存在的主要问题是经营成本较高，其原因是鲜花很容易枯萎，进货多会导致损耗率加大，购进1 500枝花，一般只能卖出去300～400枝，卖不出去的只有作为损耗处理。有时某些品种进货不足，又不能满足客户要求。根据目前的业务流程，每天进货的数量和种类主要凭经验，可能会造成偏差，从而致使经营成本较高。

通过企业业务调研还发现，花店存在的另一个问题就是销售规模不大。由于鲜花销售通常是区域经验，客户基于方便的原因一般按就近原则选择。花店的品牌知名度不高，只有一家实体店。

电子商务能否为"琳琳"花店解决经营中遇到的问题？经过调研分析研究得出，建设网上花店可以帮助其降低经营成本、扩大销售规模。有了网上花店，即使是距离较远的客户，只要上网，就可以直接订购鲜花，距离不是问题，客户得到方便和实惠，自然就有了网上订鲜花的市场；对于花店来说，无须开分店就可以扩大销售规模。在成本方面，有了网上订购，花店就可以改变先进货后销售的业务流程，可以直接根据客户的订单按需进货，既能满足客户的需要，又能做到进货与销售之间的偏差在可控范围，降低鲜花损耗，从而最终达到降低成本的目的。

经过分析还发现，电子商务还有助于花店拓展新的配套业务。花店可以在网上使用图片、动画等手段展示并销售礼品、贺卡和饰品等其他新商品，拓宽花店经营的种类和范围。

因此案例中项目的需求分析可以表述如下：

①行业特点。"琳琳"花店属于鲜花经营行业。2017年9月7日，全球领先的新经济行业数据挖掘和分析机构iiMedia Research（艾媒咨询）权威发布《2017上半年中国鲜花电商市场研究报告》。据数据显示，2016年鲜花电商市场规模达168.8亿元，且以较高增长率增长，2019年预计市场规模能突破600亿元。艾媒咨询分析师认为，未来鲜花电商市场会向全品类延伸，一些优势不明显的平台将退出竞争。另外，由于鲜花本身保质期较短，全地域垄断的现象暂时不会发生，把控供应链成为商家集中考虑的发展方向。

②企业简介。"琳琳"花店是一家鲜花零售店，主要销售各种鲜花、多肉植物以及鲜花附属工具，同时经营鲜花包装、快递等业务。花店现有员工10人，每天鲜花销售额在2 500元左右。该店现有实体店一家，采用传统的零售营销方式，以零售为主要渠道，进货、销售、配送等都比较成熟，已积累了一批老客户。

③存在的问题。即主要是鲜花很容易枯萎，进货多会导致损耗率加大，购进1 500枝花，最多只能卖出去300～400枝，卖不出去的只有作为损耗处理。有时某些品种进货不足，又不能满足客户要求。根据目前的业务流程，每天进货的数量和种类主要凭经验，可能会造成偏差，从而致使经营成本较高。

花店地处办公区，有一定的口碑，客户忠诚度高，但是光顾花店的客源都是附近的，由于选购不方便，加之品牌知名度不高，距离较远的客户很少。花店也曾打算开分店，并扩大宣传，以此提升品牌知名度，但投入较大，难以确定效果，风险较高，就没有实施。

花店计划发展礼品、贺卡和饰品等配套业务，但由于店面面积有限，难以对多种货品进行展示。花店还计划发展公司礼仪、生日派对等鲜花的团购项目，但相比于其他知名品牌，自身知名度不高，店面展示的鲜花品种有限，此类业务未能进展下去。

④企业的电子商务需求。为了解决上述问题，"琳琳"花店希望改变传统的经销方式，建设"琳琳"网上花店，实现线上与线下同时运行的新型鲜花营销模式。开办网上花店的需求建议如下：

将现有的预估鲜花需求数量和品种，先进货后销售的流程，改为根据客户的订单按需进货，减少进货与销售之间的偏差，降低鲜花的损耗，降低经营成本。为此可以选择第三方平台如京东、淘宝、美团等，也可以自行进行网站建设，但网站建设必须具备网上订购、网上支付和配送管理功能。

通过网络，使花店突破时间和空间限制，客户无论远近，都可以访问网店订购鲜花，拓宽了客源，扩大了销售规模。为此，项目还需考虑配送能力、配送方式、配送范围和时效等问题。

通过网店的图片、动画等手段，可以大量展示各种花卉品种及其搭配，还可以展示礼品、贺卡和饰品等其他配套商品，不会因店面面积而受限制，可以拓宽花店经营的种类和范围。为此进行网站建设，需要考虑带宽和客户响应速度等问题。

可以通过搜索引擎优化、网络广告、网络直播、新媒体、自媒体公众号等推广方式来提高花店的知名度，并且无须扩充店面或加开分店，可以大大降低实施风险。为此，项目实施将网站推广放在重要位置。

2. 企业业务分析需注意的问题

①考虑商机的可达性。通过需求分析发现的电子商务给企业带来的商机必须具备一定的可达性，站在企业的角度要既能看得见，又能摸得着，否则就是不切实际的伪需求，后面所有围绕这一不可能的需求而展开的设计都将成为空中楼阁，变得毫无意义。

②是否脱离企业业务空谈电子商务需求。理论上说，电子商务能为企业带来多项收益，如帮助企业提高效率、降低成本、扩大销售范围、增加销售量、提高客户服务水平、提升品牌知名度等。但是不同的企业，基于其不同业务和发展现状，所能得到的收益是有区别的。例如，对于电子商务能够降低企业成本，有的企业通过网上订货系统，可以按需组织生产和货源，减少材料的损耗，从而降低成本；有的企业通过网上销售，其产品可以直接和消费者见面，减少中间环节，减少对销售人员的需求，降低渠道销售费用；有的企业通过建设商务网站，无须增加营业场地就可以展示更多的产品，降低了场租费用；有的企业通过互联网将传统管理过程中许多由人处理的业务通过计算机和互联网自动完成，从而降低人工费用；还有的企业利用网上促销来降低促销费用。

③产品和服务是否适合采用电子商务方式。在企业生产经营的商品中，不同的商品对于消费者来讲，在选购和决定购买的行为上是有区别的。并不是所有的商品都适合在网上销售，因而在企业需求分析的过程中，不仅要看企业是否有电子商务需求，同时也要根据企业产品特色来选择网上开展的业务。

## 2.3.2 商务规划分析

商务规划就是确定企业业务转向电子商务后的运营方式，包括三项主要任务：确定电子商务模式、分析电子商务业务流程以及明确电子商务盈利方式。

1. 电子商务模式

（1）企业对消费者模式（B2C）

B2C的交易双方是企业和消费者，借助互联网实现企业和消费者之间的各种商务活动、交易活动、金融活动和综合服务活动，是消费者利用互联网直接参与经济活动的形式。通过网上交易平台，可以大大节省客户和企业双方的时间，提高交易效率。

B2C 模式根据其核心业务的特点，还可以进一步细分为以下几种模式：

①网上直销模式。这种模式下生产厂家直接通过网络销售自己的产品，如美国的 DELL 计算机。通过网上直销，企业可以根据客户的需求以销定产，同时由于没有分销商、批发商这些环节，因而省去了渠道费用。

②网上商店模式。这种模式下商家通过网络经销其他厂商的产品，它与传统零售模式的区别是用虚拟的店面陈列代替实体商场，消费者节省了去店面购买商品的时间以及其他成本，商家的主要收入来源是低价买进商品，高价卖出产品，赚取产品差价。网上商店主要有两种情况：一种是纯网络零售型企业，这类企业从网络起家，较早进入 B2C 电子商务领域，没有实体店，如美国的亚马逊、中国的当当网等；另一种是本身为传统的零售企业，开设网上商店是对现有实体店的补充，销售的是同样的产品，目的是拓展业务，网上网下并行运营，如苏宁易购、国美在线等。

③网上商城模式。这种模式是由第三方企业建立 B2C 电子商务平台，通过市场运作，邀请符合条件的商家到平台上开设 B2C 商店，如同在大型购物中心租用场地开设商店一样。如京东商城、淘宝的天猫商城都属于这种模式。

由于网上商城大多是由大型门户类型网站组织建设的，其天生就有巨大的流量，能为其中的 B2C 商店带来网上人气；同时平台提供的专业服务可以帮助商家低成本运营 B2C 网上商店，因而到第三方平台上开设 B2C 商店销售产品是中小企业开展网上经营的快速、高效方式。

④连锁经营模式。连锁经营模式实际上是 B2B 和 B2C 两种电子商务模式的整合。这种模式的思想是以 B2C 为基础，以 B2B 为重点，将两个商务模式衔接起来，从而形成一种新的电子商务模式。这种模式在 B2C 模式中引入 B2B 模式，把连锁企业作为销售渠道的下游引进，实现网上企业接单，异地连锁企业配送，从而有效地解决了企业配送能力不足的问题。

如上海环球鲜花礼品（全国）速递网，总部地址设在上海市，与各地鲜花礼品店进行连锁经营，使配送范围可以到达全国 30 多个省市自治区，并承诺当天订花当天送达。上海环球鲜花礼品（全国）速递网通过与各地的鲜花店合作嫁接，成功地解决了物流配送的问题，既充分发挥了自己的特长，又与其他花店结成了战略联盟，各司其职，各尽所能，互不冲突，共同获益，为用户提供了很好的异地送花平台。

⑤内容提供模式。这种模式下，企业通过网络提供各种数字化内容服务，包括新闻、热点和各种有价值的信息，以及音乐、游戏等娱乐内容，消费者在网上订阅或支付后直接浏览或消费，新浪等门户网站、人民网等专业媒体、盛大等游戏网站、新东方等教育网站都属于这种模式。要想成为一个成功的内容提供商，关键是要拥有对消费者来说有价值的信息内容。内容提供商主要通过广告和向消费者收费来盈利。

⑥网上服务模式。这种模式主要被企业用来提供职业介绍、航空火车汽车订票、医院预约挂号、旅游服务预约、美团外卖等网上服务。服务提供商通过网络向消费者提供比传统服务更有价值、更便利、更省时、成本更低的服务，使消费者在方便的同时大大提高了效率。智联招聘等人才网站、携程等旅游网站、12306 铁路订票网站都采用这种模式。服务种类的

多样性使网上服务所拥有的市场机会十分巨大,并与实际商品的市场机会一样有潜力。

上述前四种模式主要面向具有物理形态的实体产品的网络零售,其特点是产品的查询、订购和付款等活动可以在网上进行,但最终的交付不能通过网络实现,还是用传统的方式完成。网络零售盈利主要体现在两个方面,一是扩大商品销售范围和销售规模直接获利,二是降低各种费用间接获利。后两种模式主要面向无形的虚拟产品,其最大的特点就是产品以数字化的形式表现和存在,因而其查询、订购、付款和交付等一系列活动都可以通过网络直接完成。

（2）企业对企业模式（B2B）

B2B 的交易双方都是企业,指的是企业与企业之间依托互联网等现代信息技术手段进行的交易、信息、服务等商务活动。其包括企业与供应商之间的采购、企业与产品批发商和零售商之间的供货、企业与仓储物流公司之间的业务协调等。

①企业自建电子商务平台模式。此种模式是企业利用自身的信息资源建立电子商务平台,在上面发布一些与企业产品相关的信息,并进行产品与服务的交易活动。

企业建立电子商务平台,通过网络能够实现订单交互、库存信息交互和结算信息交互等,大大提高了信息共享水平,提高了交易活动效率,降低了交易活动的成本。

②第三方 B2B 电子商务平台模式。这种方式由买方和卖方之外的第三方建立电子商务平台,利用其掌握的资源优势,吸引中小企业利用这个平台了解供需信息,与潜在客户进行在线交流和商务洽谈等工作。该平台又分为两种类型:一种是综合性平台,它提供多个行业和领域的电子商务服务,如阿里巴巴、慧聪网、环球资源网和中国供应商等;另一种是行业垂直型平台,它定位于某一特定专业领域,提供专业的电子商务服务,如中国化工网、中国医药网和中国纺织网等。

第三方 B2B 电子商务平台通过会员费、广告费和竞价排名等方式盈利。

（3）消费者对消费者模式（C2C）

C2C 的交易双方均为消费者,是消费者对消费者的电子商务模式。C2C 的运作模式是为买卖双方搭建交易平台,实现个人对个人的网上交易活动。采用 C2C 模式的主要有淘宝。

2. 电子商务业务流程

电子商务模式是企业利用网络信息技术开展商务活动的方式,它是在传统的商务活动中引入电子化手段,革新企业传统商务过程中的不同环节而形成的。它以传统的商务过程为基础,但是与传统商务活动有较大差异。因而在确定了商务模式后,还要进行业务流程分析,确定要用怎样的业务流程来实现这一商务模式。

业务流程分析首先要了解现有业务的具体处理过程,然后根据电子商务目标定位的要求,修改和删除其中不合理部分,进行业务流程优化,构造适应电子商务模式的核心业务流程。业务流程分析主要包括以下内容:

①原有流程的分析。分析原有业务的整个处理过程,确认各个处理过程是否具有存在的价值,哪些过程不尽合理,需要进行改进或优化。

②业务流程的优化。原有流程中不尽合理的部分,或者与电子商务活动不相适应的过

程，可以按业务流程重构的原则进行优化。

③确定新的业务流程。以文字说明电子商务下的核心业务流程，并绘制业务流程图。

### 3. 电子商务盈利方式

互联网作为信息传递工具，在发展初期是采用共享和免费策略发展起来的，目前网上依然存在许多免费的应用项目，如免费邮箱、免费信息、免费视频和免费交易场所，这些免费的项目吸引了大量网民的眼球，这些免费策略对培育和发展网上市场起到了巨大的作用。

然而，天下没有免费的午餐，免费只是吸引眼球、培育市场的策略，企业上网的最终目的还是要盈利。策划一个电子商务项目如果没有明确的盈利方式，是不会得到领导或投资方认可的。

那么什么是盈利方式呢？盈利方式研究和关注的是企业的利润来源、生成过程及产出形式。它与销售模式和营销模式既有区别又有联系，最根本的区别在于：销售关注的是"如何卖货"，营销关注的是"如何满足市场需求"，而盈利关注的是"如何赚钱"。在实施盈利模式的企业里，产品、服务是基础，品牌是工具，营销是过程，盈利才是根本。

下面介绍几种电子商务常见的盈利方式，企业实施电子商务时应结合自身情况，综合应用各种可能的方式来实现项目盈利。

（1）网络广告收费

网络广告是电子商务企业盈利的比较普遍的方式，其种类繁多，形式多样。从文字广告、网页广告、Banner（旗帜）和Logo（图标），到Flash多媒体动画和竞价广告等，多种多样。门户网站（如新浪、搜狐）、搜索引擎网站（如必应、百度）等大型网上企业主要依靠网络广告盈利。

任何网上企业都可以网络广告作为收入来源，其前提是网站要有较高的流量和知名度，最好是拥有某一类型的专业浏览群体，这就具备了网络广告收费的条件。

（2）网上销售获利

网上销售是企业或个人转向电子商务基本的盈利方式，国外的亚马逊、DELL，国内的当当网、卓越网等都是通过网上销售获利。

①通过网上销售，企业的产品可以打破地域限制，有更多的市场空间和交易机会，能够扩大销售量，为企业获取更多的利润。

②通过网上销售，企业用虚拟的店面陈列代替实体商场，可以在不增加经营场地的情况下增加经营品种，拓展经营范围。

③利用网上销售可以实现根据业务量按需进货，以销定产，有效地管理企业库存，降低库存成本。

④通过网上直销，企业的产品可以直接与消费者见面，由于没有分销商、批发商这些环节，因而可以大大节省渠道费用。

⑤网上销售使用电子手段、电子货币等，大大降低了管理的书面形式的费用。

⑥网上销售能够加快商务周期，使商家提前回笼资金，加快资金周转，使单位时间内一

笔资金能从事多次交易，从而增加年利润。

（3）注册会员收费

这种方式通常是由企业首先建立电子商务服务平台，提供相应的服务，并通过市场运作，吸引大量的企业和个人使用平台的服务，并收取会员费盈利。阿里巴巴等 B2B 网站、智联招聘等招聘类网站、九天等音乐类网站都使用了这种模式。

（4）信息内容收费

信息内容是网络企业为满足客户需要而专门定制的一种专业性很强，有一定的实用性和实效性的新媒体。

（5）软件（或音乐等）下载

软件（或音乐等）下载可以说是网络零售的一部分，只是其销售的产品为软件（或音乐等），可以在线直接下载，而无须物流的运输过程。现有国内的软件（或音乐等）下载多为免费的形式，有许多软件公司更是利用互联网的优势继续在线升级服务，这也是促进与用户互动的良好方法。

（6）互联网上网服务

互联网的发展离不开各种上网服务，如企业网站建设、域名注册、服务器虚拟主机租用服务、网站推广服务（搜索引擎优化）和网站运营咨询服务等。随着互联网的应用普及，将有越来越多的企业需要上网服务，因而提供互联网上网服务，收取相应的服务费用也是可行的盈利方式。

## 2.4　电子商务项目可行性分析

对于电子商务项目来说，可行性分析主要是对电子商务系统实施框架进行分析，以作为系统开发实施的主要依据。可行性分析是决定该系统能否立项以及立项后大致按照什么规模、什么模式开发的决策性分析。目的是用最小的代价在尽可能短的时间内确定问题是否解决，为项目决策提供经济、技术方面有价值的依据。

### 2.4.1　电子商务项目可行性分析的内容

一般而言，电子商务项目的可行性研究要回答以下问题：技术上是否可行？经济上是否有生命力？财务上是否有利可图？需要投资多少？能否筹集到全部资金？需要多少时间完成？需要多少人力、物力资源？

1. 电子商务项目的技术可行性分析

技术可行性分析主要包括以下几方面的内容：

①技术先进性和成熟性分析。所谓技术先进性是指系统设计应当立足先进的技术，采用

最新的技术成果，从而使系统具有一个较高的起点。

所谓技术成熟性是指建设系统应选用符合标准的或者是受到市场欢迎并广泛认同的技术。电子商务项目实施是一个复杂的过程，如果选用的技术不注重标准化，将难以保证系统运行的稳定可靠，可能给企业带来损失，对企业的服务、形象等方面带来不利的影响。

企业的电子商务在技术上应坚持先进性和成熟性并举的原则。一方面，要选择先进的技术，在满足需求的基础上适度超前并具备良好的可扩充性，以保证系统建成后的性能和应用周期；另一方面，要选择一些比较成熟的技术，以确保采用技术的可实现以及日后系统运行的可靠性。

②技术支持度分析。技术支持度包括两个方面：一是项目建设的技术支持度，分析满足应用功能需要使用哪些技术以及这些技术的可得性。首先在技术的选择上要充分考虑系统功能实现的支持程度，要选择能够充分支持功能需求的技术。二是项目运行的技术支持度，分析项目建成后，企业是否具备足够的技术力量维持系统的正常运行。

③与原有技术或资源衔接程度分析。很多企业为提高生产和管理的需要，在电子商务系统建设之前已经建立了相关的信息系统，因而在考虑采用技术时，应优先选择与企业原有技术衔接程度高的技术，这样无疑可以节省大量人力、物力和财力等方面的费用。

2. 电子商务项目的经济可行性分析

电子商务项目的经济可行性研究，是通过对项目成本与可能取得的效益进行比较分析，即通常所说的成本效益分析，来判断项目的可行性程度。

（1）项目投入成本估算

电子商务系统的成本可分为规划建设成本与运行管理成本两部分，见表 2-1。

表 2-1 电子商务系统的成本

| | | |
|---|---|---|
| 规划建设成本 | 系统规划费用 | 调查分析 |
| | | 方案设计 |
| | 系统建设费用 | 软硬件购置费用 |
| | | ISP 服务费用 |
| | | 系统开发费用 |
| 运行管理成本 | 运行费用 | 网站推广费用 |
| | | 人员费用 |
| | | 耗材费用 |
| | | 域名、通信线路等费用 |
| | | 安全费用 |
| | 管理费用 | 系统完善费用 |
| | | 系统纠错费用 |
| | | 系统更新费用 |
| | | 岗位培训费用 |

(2) 项目产出效益评估

企业通过电子商务项目获得的效益可以从直接经济效益和间接经济效益两方面进行分析。

①直接经济效益。直接经验效益主要包括降低管理成本；降低采购成本；降低交易成本；时效效益；扩大销售量；销售广告版位等。

②间接经济效益。间接经济效益是指电子商务系统通过对相关业务的积极影响而获取的收益。间接经济效益的估算要困难得多。这是因为电子商务系统通过提高管理水平、增强反应和应变能力等方式，使企业的许多部门和岗位都受益，这其中有的是有形的，有的是无形的，对此做出准确估计的难度相当大。电子商务的间接经济效益主要包括以下几个方面：提高工作效率和管理水平所带来的综合效益；提高企业品牌知名度所带来的综合效益；实施电子商务后，由于信息迅速、准确地传递而获得的收益；企业通过互联网为客户提供产品的技术支持，一方面可以为企业节约客户服务费用，另一方面可以提高客户服务水平和质量。

(3) 确定项目的经济可行性分析

根据上述成本估算和效益评估，采用合适的财务评价来确定项目在经济上是否可行。值得指出的是，电子商务系统的效益并不仅仅体现在可以货币化的直接经济效益上，不是所有的投资都有足够的直接经济效益，甚至都未必有直接经济效益，有时难以货币化的间接经济效益比前者要大得多。

所以进行电子商务项目的可行性分析，一定要认真考虑项目能产生什么效益，既可以是直接经济效益，也可以是间接经济效益。这个效益的点一定要把握好，否则企业管理层不会通过项目立项。

3. 电子商务项目的实施可行性分析

电子商务项目的实施可行性分析，是指对实施电子商务而采取的业务流程重组、人力资源调整、行业利益分配等方面因素进行分析，从而得出在业务实施方面项目是否可行的结论。

电子商务项目的实施可行性主要从内部管理和外部环境两个方面加以分析。

(1) 内部管理可行性

内部管理可行性是确定企业是否在内部管理方面具有电子商务系统开发和运行的基础条件，可考虑的因素包括：

领导、部门主管对电子商务项目建设是否支持？态度是否坚决？

业务管理基础工作如何？企业现行业务流程是否规范？

电子商务系统的开发运行可能导致企业部门利益调整，如它降低了某个部门的贡献率，而目前的激励机制是基于部门的，那么这些部门能否接受？是否配合？会产生多大的阻力？

企业管理人员和业务人员对电子商务应用能力和认可程度如何？新系统的开发运行导致业务模式、数据处理方式及工作习惯的改变，他们能否接受？

(2) 外部环境可行性

电子商务系统是在社会环境中运行的，除了技术因素与经济因素之外，还有许多社会环境因素对项目的发展起着制约作用。因此，还要从外部环境上分析电子商务项目的可行性。

外部环境可行性分析可考虑的因素包括：准备开发的系统是否违反法律？准备开发的系统是否符合政府法规或行业规范要求？外部环境的可能变化对准备开发系统的影响如何？网上客户对系统提供的功能、性能和内容等诸多方面是否满意？企业合作伙伴对本企业开展电子商务是否支持？合作伙伴的利益是否受到影响？是正面还是负面影响？程度如何？

### 2.4.2 电子商务项目可行性研究报告的撰写

电子商务项目可行性研究报告是项目审批立项、领导决策的重要依据，关系到整个工程质量和投产后的经济社会效益。为了保证报告的质量，应切实可行做好编制前的准备工作，占有充分的信息，进行科学的分析、比较与论证，做到编制依据可靠，报告结构内容完整，文本格式规范，附图、附表、附件齐全，报告的表述形式应尽可能数字化、图表化，满足投资决策和编制项目初步设计的需要。一般情况下，电子商务项目可行性报告应按照以下要求撰写。

1. 可行性研究报告的格式

①项目概要说明。其主要包括以下几方面的内容：项目名称、承办单位、项目负责人和经济负责人等基本情况；承办单位和科研单位的背景（基本情况和条件）；建设项目提出的必要性和经济意义；历史状况、发展背景、理由和社会经济意义论述；可行性研究的依据和范围等。

②市场调查预测和建设规模。其主要由建设必要性和市场预测两部分组成，其中建设必要性主要说明该项目建设的重要性和必要性，市场预测则从市场需求、发展趋势和销售情况预测分析来进行具体的说明。

③产品规模和产品方案。其主要由产品规模、产品方案、产品销售收入预测和产品生产工艺四部分组成。

④项目工程技术方案。其主要从生产技术方案、网络系统技术方案、网站总平面布置和性能、主要软硬件设备选型4个方面进行阐述。

⑤机构设置、人员配置与培训。其主要包括项目建设初期的组织机构设置、人员配置与分工情况，项目建成实施后的组织机构设置、人员配置、职能分工、运行管理模式与运行机制等内容。此外，还需说明人员的来源、培训措施等相关内容。

⑥项目实施计划进度。本部分就项目实施进度做出计划安排。

⑦投资估算和资金筹措。这部分主要从投资估算和资金筹措两部分进行具体的说明。

⑧经济效益和社会效益分析。其主要从生产成本、生产支出、利润估算和投资效益等方面进行分析。

⑨项目评价。本部分应从项目投资意义、经济效益和社会效益情况得出项目可行的结论。论述应当简单扼要。

⑩结论。在编制可行性研究报告时，必须有一个研究的结论。

2. 可行性研究报告编制的注意事项

在很多电子商务项目的可行性研究报告中，往往存在一些具有普遍性的问题，使得报告失去了真实性和科学性，无法满足市场的需求。因此，在编制过程中需要注意避免以下几个方面的问题。

①缺少量化指标，结论依据不足，可靠性差。
②研究深度不够，投资估算精度差。
③工作周期短，缺乏多方案比较。
④融资方案不落实。
⑤风险性分析不详细，缺少多因素分析。

## 2.5 商务网站的启动与准备管理

本小节将以商务网站为例具体阐述如何进行电子商务网站的策划。

一个网站的成功与否与建站前的网站策划有着极为重要的关系。在建设电子商务网站的过程中，网站的策划工作在网站建设的全过程得以体现，是网站建设最重要的环节。网站策划是指在网站建设前对市场进行分析、确定网站的目的和功能，并根据需要对网站建设中的技术、内容、费用、测试、维护等进行策划。网站策划对网站建设起着计划和指导的作用，对网站的内容和维护起着定位的作用。

网站策划是一个管理决策过程，它要运用现代信息技术有效地支持管理决策的总体方案，是管理与技术结合的过程。策划人员对管理和技术发展的认识如何、有无开创精神、有无务实态度是网站策划能否成功的关键因素。

网站策划的过程一般包括网站需求分析，网站目标及经营模式定位，网站内容策划——网站总体设计，网站内容策划——网站详细设计，网站技术需求与解决方案。下面将进行详细的介绍。

### 2.5.1 电子商务网站需求分析

1. 校园网上商城需求分析

本例以校园网上商城为例进行具体的电子商务网站需求的分析。先从市场分析进行阐述。

（1）目标人群需求分析

以创业带动就业，鼓励在校大学生进行电子商务创业，各院校积极建设校园网上商城服务于创业学子，并力求教学与实践相结合，既为教师提供一个教学与实践交互的平台，又为学生提供一个将理论付诸实践的创业窗口。

（2）行业现状分析

据统计，2017年中国网络零售总额高达67 100亿元，同比增长30.1%，其中淘宝、天猫、京东三大核心零售平台占整体近83%的份额。阿里巴巴加快"新零售"进程，完成对银泰、苏宁、联华、三江、新华都、高鑫零售入股，构建线下阿里联盟；京东、腾讯推出"无界零售"，腾讯通过入股永辉加入新零售战局；京东推"京造"卡位精选电商风口；拼多多联手400品牌拦截冒牌货；无人零售受行业追捧，如7-11推出7-11 signature；沃尔玛推出自助杂货售卖亭；居然之家开设无人便利店EAT BOX；天虹也正式推出无人便利店Well Go；奢侈品电商平台"寺库"纳斯达克上市；聚美优品放弃私有化；三只松鼠、小狗电器、裂帛女装、御家汇、丽人丽妆、十月妈咪等淘品牌扎堆IPO等。

（3）竞争状况分析

面对门类齐全、内容丰富的各类C2C平台，建设网上店铺该如何选择呢？

①外部环境。威胁：在大的电子商务环境中，淘宝、卓越、京东、苏宁易购等购物网站主导着市场格局，同时又不断涌现各类特色购物网站，大学校园网上商城机会何在？

机会：大学校园网上商城是面对在校大学生和教师开办的教学结合实践的场所。在教学方面，该商城为教师提供了相应的实践场所，帮助教师实践教学；在创业销售方面，大学生是一个活跃的消费群体。无论外在环境是否存在经济危机，基本上都不会影响这一群体的消费热情。

②内部环境。威胁：校园网上商城是在校园内部完成的，往往在本院学生范围内推行，这样做势必会失去除学生以外的社会人士的关注，既降低了平台的推广程度和被认知程度，又降低了平台在社会范围的知名度，对C2C平台来说具有很大挑战。

机会：校园网上商城，一方面对创业学生而言，是一个很好的实践平台，校园网上商城可以帮助创业学生协调解决货源、物流等问题，同时又贴近教学，更受学校欢迎；另一方面在校学生有着极好的宣传后盾，这样，组成消费的两方面即供求双方都能得到满足。

2．网站策划的基本流程

一个网站项目策划的确立是建立在各种各样的需求上的，网站策划人员对用户需求的理解程度，在很大程度上决定了此类网站项目开发的好与坏。因此，如何更好地了解、分析、明确用户需求，是每个网站策划人员需要面对的现实问题。网站需求分析的基本流程如图2-1所示。

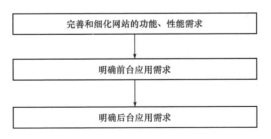

图2-1　网站需求分析的基本流程

（1）完善和细化网站的功能、性能需求

随着电子商务的日趋成熟，人们开始调整网站的建设策略和商务结构以适应现实发展的需要。但是从商务的角度来分析网站，则因为各公司组织结构和规模各不相同，产品千差万别，很难有一个固定的模式来适应各种开展电子商务企业的需要。因此，有必要对客户的需求分析进一步完善和细化，尤其在性能需求方面，要让客户更加清楚这是一个怎样的网站，所要达到的功能和性能指标是什么，网站的扩展性和适应性如何。

通常情况下，客户及业务人员在需求分析和流程分析的过程中比较注重功能上的表现和定义，但即使是做出正规的用户界面原型，对网站的需求分析也是不完整的。很难苛求业务人员能提出完整、清晰、专业的性能需求，但这并不意味着这些需求不存在。实际上，这些隐蔽的需求对网站设计和建设人员来说是极其重要的，对网站需求进行系统分析决定了客户的需求能否在网站中得到真正的体现和实施。这里可以沿用电子商务项目策划中的需求分析方法，但需要更多的技术人员的参与，并由此明确网站正常运行所需要的硬件、软件及网络技术环境。

（2）明确前台应用需求

前台界面如同人的衣着，整齐干净表现庄重沉稳，鲜艳活泼体现天真可爱，朴素淡雅体现含蓄内敛。界面设计决定用户对网站的第一感受，同时也是最直接的感受，因此，好的界面设计是赢得好感的第一步。网站的商业特性决定了其前台界面的应用需求，网站的应用类型决定了首页的复杂程度。几种典型的商业网站的前台应用需求如下：

①门户网站。对于内容提供性门户网站，国际通行惯例是在首页提供大量内容，帮助访问者快速找到自己需要的信息。例如，微软门户（www.msn.com）提供了丰富的栏目与分类；有线新闻网（www.cnn.com）提供了新闻导读与新闻资讯分类。

②搜索引擎。对于搜索引擎来说，访问者的切实需求是快速转向希望访问的站点。搜索引擎通常被设计得简洁明了，如百度（www.baidu.com）就非常典型；雅虎（www.yahoo.com）和搜狗搜索（www.sogou.com）还提供简单的栏目分类，但并不会出现太多的图片，因为图片会直接影响浏览的速度，与搜索引擎快捷方便的初衷不符。

③企业网站。企业网站通常简洁明了，栏目清晰精练。例如，索尼这样庞大的企业，其部门和子公司数量、服务范围大得惊人，但首页（www.sony.com）栏目划分抽象程度高，仅提供一些热点的产品、服务链接，以提高访问效率。

一般来说，页面大小应根据用户分析的结果予以确认，目前可以接受的公司主页应控制在 130 K 以下，内容页面应控制在 70 K 以下。企业首页上的栏目应控制在 5~7 个，因为太多的栏目会让浏览者难以记忆甚至感到厌烦。5~7 个栏目设置符合人们的思维逻辑。例如，英国多元化经营的典范维京公司涉足的行业十分广泛而又互不相干，企业首页也只使用了 8 个栏目。

（3）明确后台应用需求

后台应用需求分析主要满足以下 3 个方面的需求：

①应用需求。应用需求要求细致地挖掘和分析出用户需要通过建设这样一个 Web 平台实现怎样的功能，解决何种应用问题。

②系统需求。系统需求要求在满足系统功能需求的前提下，产生系统的平台应当具有怎样的接口标准，达到怎样的响应速度，支持多少用户同时链接等。

③扩展、变更需求。扩展、变更需求要求明确系统运营以后还可能出现怎样的需求，针对这些需求应当预先做何种考虑，或者是以后系统的哪些功能将被抛弃，哪些功能的需求将产生变化，如何应对这些可能出现的变化。

## 2.5.2 网站目标及经营模式定位

电子商务是以信息技术为基础，以商务为中心的网络化、多媒体、交互式的新型商务形态。建立一个成功的电子商务网站，面临的最重要挑战是在理解公司商务目标的前提下，选择合适的技术实现这些目标。技术方面已经有成熟的软件、硬件和相应的服务商提供解决方案，因此，准确地进行网站目标定位、有效地将公司的商务目标与网站结合在一起，成为电子商务网站策划的核心。

这里将以淘宝网为例来阐述网站目标及经营模式定位的基本流程。

1. 淘宝网的网站目标

淘宝网从模仿 eBay 起家，在 eBay 的模式上，取其精华，弃其糟粕，结合中国当时的国情与实际情况，不断创新优化出一套具有中国特色，适合于中国市场的 C2C 模式，最终成功打败了 eBay，并在 C2C 中国市场上获得了巨大的成功。

（1）围绕本土化建立运营配称

淘宝网本土化的定位在运营配称层面，为国内用户打造了线上市集的体验。线下市集是本土用户非常熟悉的概念，淘宝网为了让用户在线上也能享受便捷的交易体验，在运营配送层面围绕用户需求与习惯，做了很多创新，如免费策略，降低经营成本。不同于 eBay 收取买卖交易费、商品登录费，淘宝免收开店费、商品登录费、买卖交易费，极大降低了卖家的经营成本，吸引大量卖家在淘宝开店。2004 年 9 月，易趣正式接入 eBay 的全球交易平台，服务器搬到了美国，导致易趣的网页显示速度更慢，在繁忙时间更出现"网页无法显示"的情况。而淘宝网的网站服务器设在中国，网页显示速度明显比 eBay 易趣的快，并且淘宝网于 2003 年年底请 SUN 公司负责设计，重新架构了网站，使网站访问体验更优，最终大量易趣用户逃离，来到淘宝网平台。

（2）阿里旺旺、支付宝担保支付、全额赔付、评价体系

eBay 易趣为了确保交易收费，不鼓励买卖前进行沟通，防止买卖双方进行私下交易，这违反了国人的购物习惯，人们购物前总要对商品问个明白。由于淘宝网不收取交易费，所以鼓励买卖双方在交易前直接联系，而且淘宝网推出实时通信软件"淘宝旺旺"（现名为"阿里旺旺"），让买卖双方进行直接联系。"淘宝旺旺"的使用接口与国内另一最流行的实时通信软件"腾讯 QQ"相似，使双方更有亲切感。这样就让淘宝网的买家更放心。

eBay 在"淘宝旺旺"推出的大约两年后，即 2005 年 9 月 12 日才购入实时通信软件 Skype，但此时已失去了先机。为了让买卖双方支付交易更放心，2003 年淘宝网推出了支付宝第三方担保支付工具，买家付款到支付宝，卖家发货，买家确认收货以后支付宝才把款打给卖家，极大降低了交易纠纷和欺诈的发生概率。eBay 在 2005 年 7 月 11 日才成功引入 PayPal，但

其作用已不大了。2005年2月淘宝网推出"全额赔付",只要在交易中使用"支付宝",出现问题时,"支付宝"负责全额赔付。这样,淘宝网不但解决了网上支付问题,也解决了退款问题。2005年6月,eBay易趣表示"安付通"也实行"全额赔付",但比淘宝网慢了4个月,再一次失去先机。淘宝网把eBay百分制的好评率改成星、钻、冠的台阶式,评价不仅与好评率挂钩并且反映好评数量。

(3) 物流配套服务让卖家更省心

以往卖家需要单独和快递公司联络,且配送费昂贵。淘宝网与超过10家快递公司合作,卖家可直接选择快递公司在线发送订单,快递公司上门取货,并且淘宝网凭着已有的规模与快递公司谈收费,使快递费用从15元降到3元,进一步降低了卖家的经营成本。

淘宝网在赢得与易趣网的商业竞争之后,一路攻城略地,发展出支付宝、阿里妈妈、阿里软件、天猫商城等众多优秀的商业产品,最终实现了巩固、加强、发展自己在电子商务领域的优势地位的目标。

2. 淘宝网的经营模式定位

网站的经营模式直接决定着一个网站的发展方向、成败得失,也直接决定着网站既定的目标是否可以实现。阿里巴巴集团在2003年主要经营的是B2B业务,公司的高管意识到,B2B业务有可能受到易趣网的C2C业务的冲击,于是决定创立淘宝网,与易趣网一决雌雄,并最终打败易趣网。由C2C淘宝网的发展,延伸出B2C业务,使得集团形成了非常完整的电子商务产业链,完成了公司在电子商务领域相当强势的优势地位。

C2C的意思就是消费者间的电子商务行为。例如,一个消费者有一台电脑,通过网络进行交易,把它出售给另外一个消费者,此种交易类型就称为C2C电子商务。截至2017年10月,中国市场出现过的有影响力的C2C网站一共有四家,最终存活并发展良好的仅淘宝网一家,占据整个市场90%以上的份额。

中国C2C发展简史:

1999年:邵亦波创立易趣网,创中国C2C先河。

1999年8月:易趣网正式上线。

2002年3月:eBay注资易趣网3 000万美元。

2003年5月:阿里巴巴4.5亿元成立C2C网站淘宝网。

2003年7月:eBay斥资1.5亿美元全资收购易趣网。

2004年4月:一拍网正式上线,新浪占据33%的股权,原雅虎中国占67%的股权。

2004年6月:易趣网与美国eBay平台对接整合。

2005年9月:腾讯推出拍拍网,2006年3月13日运营。

2006年2月15日:一拍网彻底关闭,阿里巴巴收购一拍网全部股份,原属一拍网用户将导入淘宝网。

2006年12月:TOM在线与eBay合资,更名为TOM易趣。

2007年10月:搜索引擎公司百度宣布进军电子商务,筹建C2C平台,预计2008年年初推出"有啊"。

2008年5月5日：易趣网宣布任何用户只要在易趣网开店，无论是普通店铺、高级店铺还是超级店铺，都将终身免费。

2008年6月18日：百度网络交易平台正式在北京启动其在全国范围的巡回招商活动。

2008年10月8日：淘宝网总裁陆兆禧对外宣布，阿里巴巴集团未来5年将对淘宝网投资50亿元，并将继续沿用免费政策。

2008年10月28日：百度电子商务网站"有啊"正式上线，有望开创新的电子商务格局。

2009年：C2C新形式的诞生，网购导购业进驻C2C抢占市场份额。

2011年4月：百度电子商务网站"有啊"宣布关闭C2C平台，转型提供生活服务。

在C2C发展历程中，最精彩的莫过于淘宝网大战易趣网的经典商业案例。这是一个经典的商战案例，虽然表面上看，淘宝网赢在免费策略、赢在支付宝等创新，但从深层次分析，易趣网其实输在了战略定位。淘宝网打了一场漂亮的进攻战，在战略层面瞄准易趣网强势背后的软肋，加上强大的运营创新能力，成功将市场领导者易趣网挑下马，成就了淘宝网传奇。

3. 网站目标及经营模式定位的基本流程及步骤

（1）基本流程

网站目标及经营模式定位的基本流程如图2-2所示。

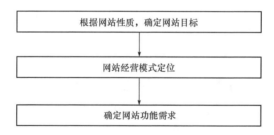

图2-2 网站目标及经营模式定位的基本流程

（2）具体步骤

1）根据网站性质，确定网站目标。根据前期的电子商务项目需求分析确定网站的性质，进而确定网站目标。明确为什么要建立网站，是为了宣传产品，是为了满足企业的运营管理，还是为了满足企业市场开拓的需要。

2）网站经营模式定位。在进行网站的目标定位后，要根据需求进行网站经营模式定位，从而确定网站的类型。网站系统策划的关键是对网站进行准确定位。不同类型的网站，不仅内容不同，主要的功能、营销的策略也有所区别。由于企业规模、经营内容不同，网站千差万别、类型繁多。有的网站包括几百个到几万个网页，有的可能只有数十个网页。这里不仅是数量的不同，而且体现了网站定位、服务内容、服务质量的差别。常见的网站经营模式有以下几类：

①宣传网站模式。面向客户、业界人士或者普通浏览者，以介绍企业的基本情况、树立

企业形象为主，也可以适当提供行业内的新闻或者知识。这种类型的网站通常被形象地比喻为企业的"Web Catalog"。这种企业一般在内部还没有建立基于网络和数据库的信息系统。该类网站定位于利用网站宣传企业的形象、机构设置、产品种类及价格、联系方式等信息，相当于放到互联网上的电子宣传手册或广告牌。

②企业门户网站模式。只要客户登录这个网站，就可以得到企业或商家提供的所有服务；主要面向供应商、客户或者企业产品（服务）的消费群体，以提供某种直属于企业业务范围的服务或交易，或者以业务范围的服务或者交易为主。这样的网站正处于电子商务化的中间阶段，由于行业特色和企业投入的深度、广度不同，其电子商务化程度可能处于从比较初级的服务支持、产品列表到比较高级的网上支付的其中某一阶段。通常这种类型被形象地称为"网上××企业"，如网上银行、网上酒店等。现在国内很多大型企业都建立了这样的网站，这些企业一般在企业内部已经建立了比较全面的管理信息系统，通过门户网站把内部管理信息系统和外部的客户及供应商连接起来，在更大范围内实现了信息的整合和共享。

③内部管理网站模式。基于 Web 的管理信息系统是现代企业信息系统的新模式。在这样的系统中，网站起到了重要的作用。内部管理网站主要定位于企业内部的管理，将企业内部各个职能部门的管理统一到网站平台上。企业内部的组织部门、业务流程和经营现状等信息一目了然，并且提供企业内部信息的发布、员工之间的交流讨论等功能。

④B2C 网站模式。B2C 的电子零售系统是目前比较成熟，也是服务于个体消费者的零售企业应用得最为广泛的一种电子商务模式。在定位该类网站时，应当满足消费者在购买过程中的各种需要，帮助消费者更好地做出购买选择。

⑤B2B 网站模式。企业与企业之间的电子商务主要有两种形式，即传统的 EDI 方式和电子交易市场方式。传统的 EDI 方式是指企业按照 EDI 的相关标准完成相互之间的交易，这种方式已经有了比较规范的定义，相对比较成熟。这里主要介绍的是基于互联网的 B2B 电子商务。B2B 的电子商务之所以被称为电子交易市场，是因为它通过虚拟的、功能完备的电子中介将不同的企业联系在一起，从而消除了传统交易过程中众多的中介环节。这样不仅使各个企业的协作和联系更为紧密，更为重要的是，由于消除了中介环节，可以增加企业的利润。

在 B2B 的电子商务活动中，参与的主要用户包括卖方企业、买方企业、中介（如银行）、物流企业（含运输企业、仓储企业、包装企业等）、政府机构（如税务机关、海关等）。

⑥电子政务网站模式。政府办公网属于电子政务系统，但电子政务和电子商务本来就关系密切。企业商务活动离不开政府部门的管理，如税收、海关、工商管理等。在一定程度上，健全的电子政务系统是电子商务发展的基础。

在实际应用中，很多网站往往不能被简单地归为某一种类型，无论是建站目的还是表现形式都可能涵盖两种或两种以上类型。对于这种企业网站，可以按上述类型的区别划分为不同的部分，每一部分都可以认为是一个较为完整的网站类型。

3）确定网站功能需求。根据公司的网站经营模式定位来确定网站的功能。不同类别的网站，其功能需求存在着巨大的差异。下面介绍几种典型网站模式的基本功能需求：

## 第2章 电子商务项目的准备与启动

①宣传网站模式的功能需求。策划该类网站时，功能定位比较简单，不提供什么服务，更不开展网上交易，最多提供一个电子邮件链接，客户可以通过链接给企业电子邮箱发送邮件。这种网站投资少、建站快，但没有充分利用网络和网站的特点，营销功能有限。当然，企业建立了网站，相当于企业在互联网上有了一席之地，具有与外界联系的窗口。如果再在网站上增加一些内容，如广告、友情链接等，也会大大增强网站的营销功能。采用宣传网站模式的企业往往采取向网络平台提供商租用网页空间或者虚拟主机的形式来运行自己的网站。

②企业门户网站模式的功能需求。一般来说，在策划该类网站时，需要包含企业基本信息发布、企业动态与新闻、企业产品与服务、搜索与索引、电子邮件与客户反馈、用户访问统计、网站访问分析与统计、个性化服务、电子社区、相关链接等功能。

③内部管理网站模式的功能需求。此类网站是企业内部为了进行广告及商品管理、客户管理、合同管理、营销管理等目的而建立的网上办公平台，因此在策划本类网站时，主要应包括如下功能：广告及商品管理，主要包括广告资源管理、计划与系统管理，可为公司的市场、销售等经营部门提供及时的信息服务；客户管理，主要包括客户管理、商务代表管理、代理商（大客户）管理等功能，可为公司营销管理人员提供最新的客户信息及相关资料；营销管理，主要包括经营预算与结算管理以及产品销售量、商务代表业绩、客户采购量、销售金额等信息的统计与分类管理功能；网站管理，主要包括用户及权限设置、数据库维护、网页设置、标志与标题设置及网站各栏目内容编辑等功能。

④B2C网站模式的功能需求。一般来说，在策划该类网站时，需要包含以下功能：用户管理需求，用户注册功能和注册用户信息管理；客户需求，提供电子目录，帮助用户搜索、发现需要的商品，进行同类产品比较，帮助用户进行购买决策；商品的评估；购物车；为购买产品下订单，撤销和修改订单；能够通过网络付款，对订单的状态进行跟踪；销售商的需求，检查客户的注册信息，处理客户订单，完成客户选购产品的结算、处理客户付款，能够进行电子拍卖，能够进行商品信息发布，能够发布和管理网络广告，进行商品库存管理，能够跟踪产品销售情况，与物流配送系统和银行之间建立接口等。

此外，从目标系统的构成上看，B2C的电子商务系统至少包括以下3个部分：商品管理子系统：商品信息管理、发布；交易子系统：处理订单、支付；客户管理或客户关系管理子系统。

⑤B2B网站模式的功能需求。B2B电子商务活动中处理的信息主要有产品或服务，如性能、规格、价格等；买卖企业：名称、特点、产品、销售历史等；供应商：名称、产品、交货方式、价格等；运输企业：名称、运输路线、运力、费用等；仓储企业：名称、仓储能力、费用等。

B2B电子商务网站的功能定位主要有以下几方面：

首先是会员管理。所有参加交易的机构必须先注册成为会员，系统会提供完善的会员管理机制。注册会员可在网上进行产品信息发布及销售（卖方）产品、浏览购买（买方）等活动。会员管理包括会员身份管理、会员资料管理和权限控制。会员身份管理：一个会员机构中将只有一个机构管理员，但可定义多个交易操作员，这些操作员可具有不同的权限。一般成员可分为两大类,管理员和一般会员。管理员负责用户角色分配、产品目录管理、组织管理及一些日常的管理工作。会员资料管理:主要包括审批交易会员及其成员的注册申请、创建新的交易会员、注销会员资格、修改交易会员信息、删除交易会员信息。权限控制:允许新的成员进入交易市场进行交易,并在注册过程中收集成员信息,这些信息可用于以后的用户个性化服务。非注册用户也可以进入交易市场,但他们的行为可能要受到限制,如只能浏览产品目录,无权进行交易等。

其次是产品目录管理。产品目录管理主要包括目录管理、目录视图、目录查找。目录管理:交易会员(卖方)可在平台上发布自己的产品信息,包括创建新的产品信息、设置交易方式、修改产品信息、删除产品信息等。目录视图:包括目录浏览、管理产品等。目录查找:用户可按产品名称、产品描述或产品交易类型进行查找。

然后是审批流程和订单管理。其中审批流程主要包括注册审批和交易审批,而订单管理是当交易会员按标准价格或合约价格采购产品时,可先将需要采购的产品放入购物车中。当采购完毕后,可进入购物车浏览选择的产品并修改购物车的内容。对购物车内容修改完毕后,可生成采购订单。若交易会员采购多家交易会员(卖方)的产品,每个买家各生成一张采购订单。

最后是交易定价、拍卖与投标采购、网络支付等。这主要包括定价销售、协议价格及请求报价;电子拍卖、电子采购和网络支付等内容。

⑥电子政务网站模式的功能需求。一般来说,在策划该类网站时,需要包含以下功能:政务公开,主要指在网上公布政府部门的各项活动,并公开政府部门的机构组成、责任职能、工作规章、工作流程以及相关信息;网上办公,主要指政府部门的内部办公系统与互联网相连,实现网上办公,如网上申报个人所得税、网上采购等。

### 2.5.3 电商网站内容模块设计——网站总体设计

这里分别以大学校园网上创业商城及淘宝网结构及内容策划为例展开。

1. 大学校园网上创业商城网站总体设计

(1) 网站主页结构

校园网上商城首页设有会员登录区、公告栏、促销栏、新开店铺等板块,采用三栏结构,有别于一般的C2C网站,简约、大方,值得学生信赖,完美地体现了教学与实践相结合的性质。会员登录区是学生开店的门槛,是学生建设店铺的第一步,公告栏可以及时反映学生在平台建设方面的政策信息,让学生清楚每个时期的相关政策,对网店在不同时期的政策及时进行调整。

(2) 内容策划

除常见的C2C板块之外,还需要设计一些专为学生提供的特殊板块。如"开店秘籍",可为学生提供开店操作的实践指南;"创业之星",不断推出校园创业的佼佼者,让其走到大家面前,秀出风采,展现技能,起到助推创业的作用。

2. 淘宝网网站总体设计

淘宝网经过多年的发展，网站内容十分庞大，但网站的内容主要是围绕更好地服务于平台上的卖家和平台发展来进行的。淘宝网主要由以下类型组成：淘宝网主站，宣传推广阿里妈妈、阿里软件、支付宝、菜鸟物流、卖家网店、供销平台、淘宝大学、服务市场等。电子商务是一个交易过程，是一个非常长的链条。一件普通的商品要想通过电子商务的方式在平台上完成交易，其中要经历产品设计，产品生产，商品拍摄，商品图片处理，商品数据包制作，店铺开设，商品上传，商品推广，商品运营，客户服务，商品打包快递，商品售后，客户关系维护等一系列复杂的过程。而作为一个平台，每一系列的活动，分别由不同的主体来完成，涉及平台的主体不仅有平台的运营，还有卖家、买家、物流快递公司、电商服务业等各种主体，每一种主体下面又分为若干个小的体系，而且处在不断变化和发展之中，共同来构建淘宝网的整个生态体系。

淘宝网主站主要是针对买家、卖家和服务商等使用的，由首页、众多频道页、活动主题页、商品搜索页、店铺页面、商品详情页等组成。其主要是为了合理展示卖家的商品，方便买家在网站上正常地浏览，愉快地挑选，顺利地下单，方便地查询各种信息。

①首页最上方用户信息与后台入口。后台入口分成买家和卖家两大系，不管是购买商品还是销售商品，都很容易找到自己的入口。基本上，大网站都会在网页的最上方或左右两侧设置一个模块，来显示用户的登录和后台的入口，如图2-3所示。

②搜索框。搜索框几乎是一个网站的标准配置，因为任何网站或信息系统，信息量一大，就必然用到分类和搜索的方式，方便用户查找。当信息量非常大时，分类的方式就不再适合了，类目太多，查找非常不方便，这时搜索框就是非常不错的选择了。但是由于搜索引擎技术相对比较高端，一般的网站没有非常好的搜索体验，

图2-3 淘宝网登录信息

淘宝网沿用了雅虎的搜索技术，同时结合自身的特色，打造了属于自己的搜索。如图2-4所示。

图2-4 淘宝网首页搜索框

③商品分类。商品分类相对于搜索，更加符合人性。在PC端，电商网站并没有像专业搜索引擎一样，而是代以、非常详细、明确、细致的多层类目展示（如图2-5所示）。不仅有大类，而且每个大类下面又细分了若干个小类，方便用户找到自己想要的内容。

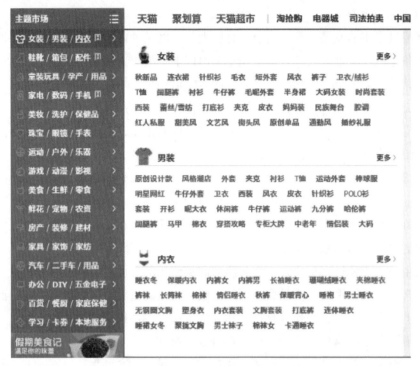

图 2-5 淘宝网首页分类

④活动模块。一些重要的活动需要在首页单列出来,用以提醒用户。单纯的搜索和文字,用以用户比较有明确意向的行为。例如,一个用户想买一条连衣裙,可以通过搜索框,搜索"连衣裙"这个关键词;也可以通过类目,找到女装,再找到连衣裙,然后点击进入。但当用户没有明确的购买目标,只是打开淘宝网随便看看时,就需要更加能吸引人的活动模块了。

活动模块不仅有漂亮的图片、鲜明的海报,还把商品的购买理由、促销情况大力地展示出来,极大地刺激了用户的浏览欲望,如图2-6所示。因此,活动模块就构成了整个淘宝网首页的主体内容。

图 2-6 淘宝网活动模块

⑤猜你喜欢。这个模块是淘宝网根据用户的浏览和购买习惯，列出用户可能喜欢的一些商品。这是一个大数据分析和人工智能的联合应用，也许现在还不是很完善，但随着技术的发展，这个结果将会越变越好，用户的满意度也会越来越高，如图 2-7 所示。

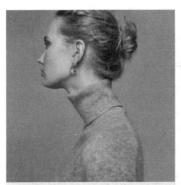

图 2-7 淘宝网"猜你喜欢"商品

⑥网站导航。该模块位于淘宝网首页右上角，鼠标停留会展示如图 2-8 所示内容，而点击细项之后则会展示更加详细的页面。

| 主题市场 | | | | 特色市场 | | |
|---|---|---|---|---|---|---|
| 女装 | 男装 | 内衣 | 鞋靴 | iFashion | 爱逛街 | 美妆秀 |
| 箱包 | 婴童 | 家电 | 数码 | 全球购 | 腔调 | 淘女郎 |
| 手机 | 美妆 | 珠宝 | 眼镜 | 星店 | 极有家 | 特色中国 |
| 手表 | 运动 | 户外 | 乐器 | 拍卖会 | 淘宝众筹 | 中国质造 |
| 游戏 | 动漫 | 影视 | 美食 | 飞猪 | 亲宝贝 | 闲鱼 |
| 鲜花 | 宠物 | 农资 | 房产 | 农资 | 天天特价 | Outlets |
| 装修 | 建材 | 家居 | 百货 | 個人购 | 聚名品 | 淘抢购 |
| 汽车 | 二手车 | 办公 | 企业购 | 全球精选 | 非常大牌 | 试用 |
| 定制 | 教育 | 卡券 | 本地 | 量贩团 | 阿里翻译 | |

图 2-8 淘宝网网站导航

3. 网站总体设计的基本流程与具体步骤

（1）基本流程

网站总体设计的基本流程图如图 2-9 所示。

图 2-9　网站总体设计的基本流程图

（2）具体步骤

1）明确网站类别，突出网站特色。Web 站点的设计是展现企业形象、介绍产品和服务、体现企业发展战略的重要途径，因此必须明确设计站点的目的和用户需求，从而做出切实可行的设计方案。要根据消费者的需求、市场的状况、企业自身的情况等进行综合分析，牢记以"消费者"为中心，而不是以"美术"为中心进行设计规划。在设计规划之初要考虑：建设网站的目的是什么？为谁提供服务和产品？企业能提供怎样的产品和服务？网站的目标消费者和受众的特点是什么？企业产品和服务适合怎样的表现方式（风格）？

根据主题、形式以及企业本身的特点，网站设计也有不同的类别，在制作网站时应明确企业的定位，设计出适合企业的站点。网站的设计类别大致可分为以下几种：

①以内容为主、设计为辅，注重速度的大型专业网站。这类网站一般为专业的 ICP、ISP 供应商制作的网站，在设计这类网站时不要太花哨，应注重信息量。

②营销类网站。这类网站是企业为了更好地宣传自己的产品、扩大销路、提升形象而制作的，其制作应结合企业产品特点，体现自身特色，相对来说比较注重产品的营销。

③形象类网站。政府部门网站通常属于这一类网站，是对外发布信息的窗口，相对来说，设计得比较严肃。

④个人主页网站。这种网站相对比较自由，不受约束，可以根据每个人的特长自由发挥。

2）确定网站整体风格。

①了解企业的 CIS。大中型企业通常会有自己的 CIS（Corporate Identity System，企业形象识别系统），CI（Corporate Identity）标准控制着企业与用户之间的"界面"。CIS 分为 3 个层面：理念识别（Minded Identity，MI）、行为识别（Behavior Identity，BI）和视觉识别（Visual Identity，VI）。网站本身就是对企业的一种宣传，所以网站建设主要体现的是视觉识别。当然，在 VI 下也能透射出企业理念，如蓝色巨人 IBM 的主页（www.ibm.com）传承了 IBM 公司的历史底蕴，充分体现了全球最大的信息工业跨国公司的气魄。蓝色与黑色的结合体现了其高科技的风格与庄严的气质，给人以安全感和信赖感。

②通过企业 CIS 确定网站的整体风格。通过了解企业 CIS，保证网站风格与企业风格一致。企业 CIS 是对企业精神、面貌及活动的最直接的体现，因此一些基本的 CIS 要素应在网站发布时得到比较严格的体现。应对企业标识的网站规格做出规范，即做出标准标识及最小标识样本；根据企业标识规范网络标识 RGB 色值及 ASCII 色值，同时建立网站配色体系；根据环境决定网站是否采用统一的色条，制作违反规范的样例等。只有对标识的含义有一个完整的把握，才能据此建立网站风格、色系，确立各种效果方式。根据 CIS 把企业风格应用到网站布局（Web Layout）中，使其具有整体感。挖掘企业风格所在，并将版式转换成这类风格。

例如，IBM 公司主页顶部的背景设计继承了 IBM 标志的线条风格，让主页和标志、企业风格保持一致性；微软公司主页顶部的栏目书签风格继承了蓝色 Windows XP 风格和 MSN Explorer 的一贯设计风格——柔滑、有立体浮雕感。

某些公司采用以产品为中心的销售模式，产品品牌的影响力要大于企业品牌的影响力，典型的公司有宝洁、联合利华等。宝洁公司（Procter&Gamble，P&G）的每个产品都具有其独特的品牌定位，因此其形象是通过各个产品投射出来的。在操作上，以产品形象为主导的策略导致网站也体现出巨大差异。例如，高端化妆品 SK-II 和中端化妆品玉兰油（OLAY）因为在产品上的形象差异很大，很直接地就反映在了网站上；儿童纸尿布品牌帮宝适（Pampers）体现了活泼幼稚的风格，而海飞丝（Head&.Shoulder）体现了干净清爽的感觉。

网站的页面结构相对来说比较简单，几乎是统一的风格，顶部的左边是网站的 Logo，右边就是它的导航栏，把各栏目的下级内容放在导航栏的下面，再往下就是各个小栏目的主要内容，由此可以整理出站点的内容框架以及逻辑结构图。

①把目标细化以整理出站点内容框架。基本目标确定后，就应该把目标细化，并初步整理出为达到这些目标，站点所需要包含的所有内容。如站点应该发布什么信息，站点需要提供什么应用程序等。把初步确定的内容纲要写下来，交给上级或业务人员审核批准。在内容纲要里，应该注明这些内容的信息来源，哪个部门应该提供哪方面的信息等。

②进一步整理出站点逻辑结构图。定下内容纲要后，画出站点的结构图。结构图有很多种，应依据内容选定，通常有顺序结构、网状结构、继承结构、Web 结构等。多数复杂的网站会综合应用到几种不同的结构图。画出站点的结构图的目的，主要是便于有逻辑地组织站点和链接，并依据结构图来分配工作和任务。例如，开发人员可根据结构图完成某个分支的内容，业务人员可依据结构图进行页面设计，并明确哪些页面需要进一步提供内容或资料，美工人员可依据结构图考虑以怎样的形式来表现内容等。

③保持网站的整体风格。这个原则与传统的印刷出版物没有什么区别。网页上所有的图像、文字，包括背景颜色、区分线、字体、标题、注脚都要统一风格，贯穿全站。这样，就可以给浏览者以专业的感觉，同时使浏览者的访问行为更加舒适、顺畅，对网站留下较好的、较深刻的印象。

3）了解用户需求，划分网站栏目。首先，要根据客户需求进行整理、归类，形成网站栏目的树状列表，用以清晰表达站点结构，栏目的策划要求写得详细、具体，主要栏目不应该超过8个。苹果公司网站（www.apple.com）只设置了7个栏目，逻辑分类一目了然。每一个栏目下设置子栏目，子栏目适当多一些通常是被允许的。

其次，以同样的方法进行二级栏目下的子栏目设置，对它们进行归类，并逐一确定每个二级栏目的页面需要放哪些具体的内容，二级栏目下面的每个小栏目需要放哪些内容，以让客户及网站开发人员能够很清楚地了解本栏目的每个细节和栏目模块功能。具体有以下几项：

①栏目概述。其中包括栏目定位、栏目目的、服务对象、子栏目设置、首页内容、分页内容。这部分起到索引的作用，让用户能对栏目有一个整体把握和了解。

②栏目详情。栏目详情就是对每一个子栏目的具体情况进行描述，其中包括各个子栏目的名称、栏目的目的（要把子栏目的目的写清楚，在实际开发过程中可与美工人员或技术人员深入沟通）。

③相关栏目。这一项用以说明本栏目和其他栏目之间的关系，之所以要有这一项，是因为想通过各个栏目之间的联系来加强网站的整体性。

④相关开发人员的交流协调。在各个栏目模块功能确定的情况下，网站策划人员需要做的工作就是让页面设计人员（或美工人员）根据栏目的划分来设计网站的页面。在这里要注意，网站策划人员应该把需要特殊处理的地方清楚地告知页面设计人员（或美工人员）。在设计网站页面时，页面设计人员（或美工人员）一定要把每个栏目的具体位置和网站的整体风格确定下来，为了让网站有整体感，应该在网页中放置一些贯穿性的元素，最终要给出至少两种不同风格的方案，每种方案都应该考虑客户的整体形象，并与客户的企业精神相结合。

网站页面设计完成的下一步就是实现，由页面设计人员（或美工人员）负责实现网页，并制作成模板，交由技术开发人员进行模块功能的实现。网站页面的设计和模块功能的开发应该是同时进行的，如果在实现的过程中出现问题，技术开发人员应和页面设计人员（或美工人员）及时讨论，以免程序开发完成后发现问题再进行大规模的返工。

### 2.5.4 电商网站内容模块设计——网站详细设计

总体设计阶段以比较抽象概括的方式提出了解决问题的方法，而详细设计阶段的任务就是把解决问题的方法具体化。

详细设计主要是针对程序开发而言的，但这个阶段并不是真正编写程序，而是设计出程序的详细规格说明。这种规格说明类似于工程领域中工程师经常使用的工程蓝图，它们应该包含必要的细节，如程序界面、表单、需要的数据等。程序员可以根据它们写出实际的程序代码。整体形象设计包括标准字、Logo、标准色彩、广告语等。首页设计包括版面、色彩、图像、动态效果、图标等风格设计，也包括菜单、标题、版权等模块设计。首页一般设计1~3个不同风格，完成后供客户选择。在客户确定首页风格之后，请客户签字确认。以后不得再对版面风格有大的变动，否则视为第二次设计。

1. 聚美优品和乐蜂网的详细设计分析

作为国内化妆品垂直B2C电商的前两位领先者，聚美优品和乐蜂网的明争暗斗由来已久。尽管聚美优品和乐蜂网都想尽快摆脱对方成为具有明显优势的"美林盟主",表面看似水火不容,但实则二者的品牌定位、商业模式、运营理念、发展路径完全不同。从商业模式看,乐蜂网采取的是"自有品牌+达人经济+社会化导购"模式,形成产业链闭环,主要借助自有品牌这一高毛利商品盈利;聚美优品则是团购起家转型为垂直B2C,以品牌代理为主,以限时特卖的形式吸引消费者,主要出售市场上20%最畅销的化妆品。

分别打开聚美优品和乐蜂网的详情页页面,从用户界面布局合理性、技术创新性、使用便利性、网站信息完整性、客户服务交互性以及经营业绩等方面,分析并评价聚美优品和乐蜂网这两个电子商务网站内容策划的优缺点以及创新性。

2. 淘宝网站的详细设计分析

淘宝网的搜索结果页是淘宝网内部进行商品推荐、商家平衡最重要的手段之一。淘宝网进行流量分配,最重要的3个渠道就是搜索、类目和活动。类目相对固定,灵活性比较差,因为一个商品属于什么类目,就只能定义成什么类目。类目属性之间的模糊界限是非常少的,即便是有,也是平台要极力减少的。活动基本上都是由小二审核过的,系统过滤过的,所涉及的商品数量更少,操作的空间也更小。真正的流量分配的大头,就在于搜索。在PC时代,搜索的流量一度占到全站流量的70%。在移动时代,屏幕变小,搜索反而变得更加重要。

淘宝网的搜索主要分为商品搜索、店铺搜索和其他搜索。相对而言,最为重要的就是商品搜索。从图2-10可以看出,淘宝网的商品搜索主要分为所有宝贝、天猫和二手。

图 2-10 淘宝网搜索结果页

搜索结果页首先是所有分类,把商品按照品牌、选购热点、尺码、细分类目、筛选条件、排序条件、商品服务等进行了分类。其中,品牌和选购热点是按照大数据进行分析后,把该关键词下面的最热门、最适合于该用户的品牌展示出来,这里面的每一项都可以看作是一个维度,每一个项目下面又由若干项目组成,不同的项目维度进行排列组合,可以从分类的角度使得该关键词下的细分类目变得种类繁多。例如，以图 2-10 的 "小西装套装女" 为例，该页面：

第一个维度：所有、天猫、二手、今日发现等 4 种类型。

第二个维度：品牌，粗略假设 200 个品牌（由于这是动态数据，所以这里只用粗略的数据）。

第三个维度：选购热点，假设 20 个类型。

第四个维度：尺码，显示有 11 种尺码，可以多选，排列组合就是 $(11+1) \times 11/2 = 66$ 种可能。

第五个维度：女装，17 种类型。

第六个维度：筛选条件，上市年份季节 20 种类型，适用年龄 10 种类型，袖长 7 种类型，风格 13 种类型，相关分类 47 种类型，如图 2-11 所示，这 5 种方式排列组合，这个维度共有 $20 \times 10 \times 7 \times 13 \times 47 = 855\,400$ 种类型。

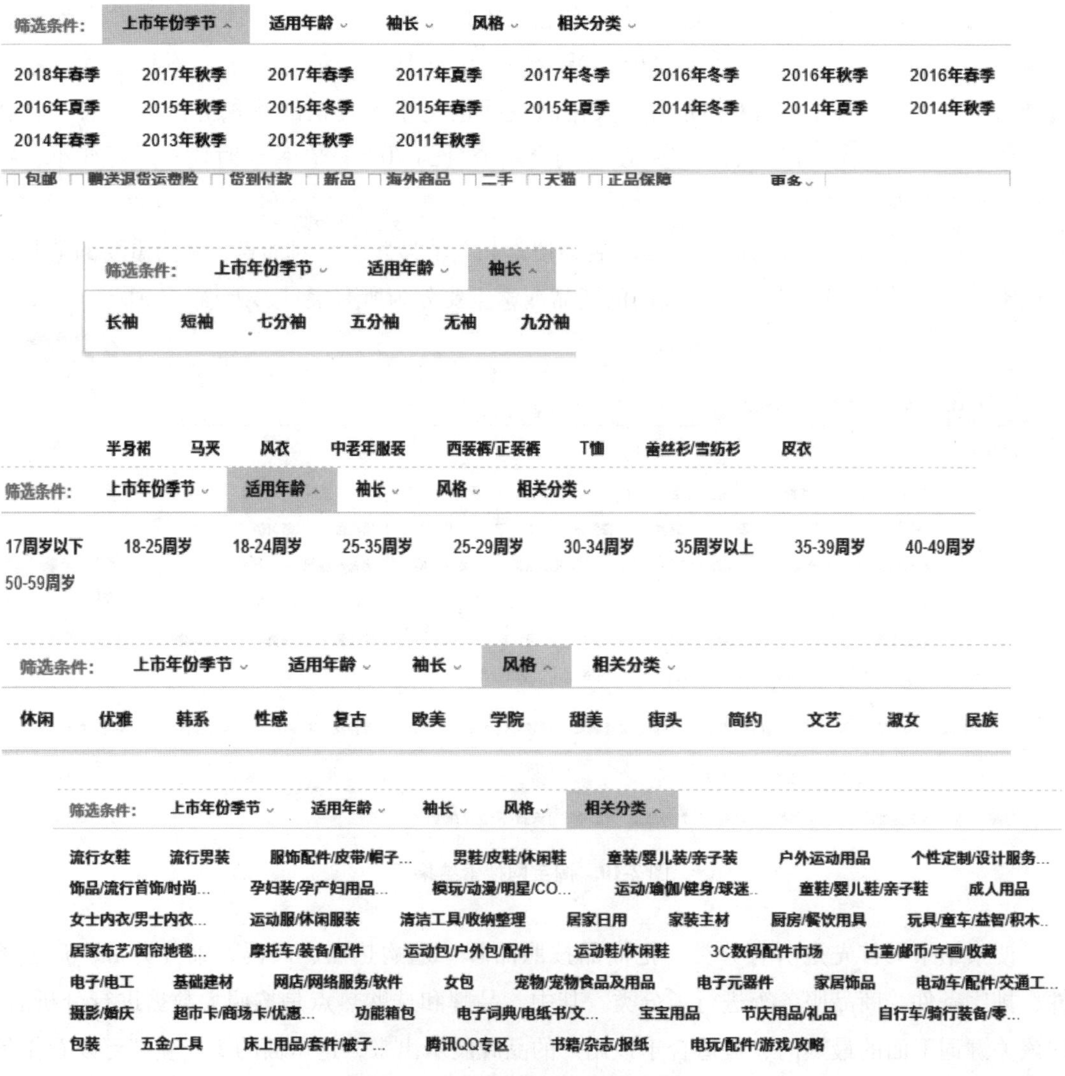

图 2-11 淘宝网搜索结果筛选条件

第 2 章 电子商务项目的准备与启动

第七个维度：综合排序、人气、销量、信用、价格（有 4 种），共计 7 种类型。

第八个维度：价格区间，假设 100 种类型，这还算是少的了，实际上 1 000、10 000 都不止。用户喜欢的价格区间有 5 种，不单独计算。

第九个维度：发货地。如图 2-12 所示，淘宝的发货地选择最低是到地级市的级别，全国有 285 个地级市，这些地区又是允许多选的，故而有 (285 + 1) × 285/2 = 407 55 种可能性。

图 2-12 淘宝网搜索结果页地址选择

第十个维度：如图 2-13 所示，商家加入的服务，有 9 种类型。

图 2-13 淘宝网搜索结果页商家商品服务

上述十个维度并不全面，但仅以上述十个维度进行排列组合，可以知道淘宝网搜索结果页一个关键词下面可以有多少种商品展示的方式，见表 2-2。

表 2-2 商品搜索结果页十个维度

| 淘宝网搜索结果页商品分类维度 | |
| --- | --- |
| 维度 | 类型数量（估值） |
| 第一个维度 | 4 |

· 59 ·

续表

| 淘宝网搜索结果页商品分类维度 | |
|---|---|
| 维度 | 类型数量（估值） |
| 第二个维度 | 200 |
| 第三个维度 | 20 |
| 第四个维度 | 66 |
| 第五个维度 | 17 |
| 第六个维度 | 855 400 |
| 第七个维度 | 7 |
| 第八个维度 | 100 |
| 第九个维度 | 407 55 |
| 第十个维度 | 9 |
| 排列组合相乘后总数 | 天文数字 |

最后商品有多少种可以展示的方式，最终是以天文数字来计算的，淘宝网用这种多维度的方式，使得一个关键词下面的网页数量就变成了天文数字，虽然这些组合下面并不一定有真实的商品，但是这样的结构却注定搜索结果页的天文数字。

然而，实际使用的情况却大不相同，以淘宝网最热门的单一操作人气和销量按钮为例，淘宝网官方给出的数据是使用人数不到5%，更不用提那些多层次、多个操作的页面了，只有电子商务专业的研究人员才会对其感兴趣。绝大多数的应用还是集中在默认搜索上。默认搜索的页面结构见表2-3。

表2-3 默认搜索的页面结构

| 淘宝网搜索结果页布局 | |
|---|---|
| 筛选条件模块若干 | |
| 44个商品，每行4个商品，展示11行。其中第一行为直通车商品或天猫商城商品，如图2-14所示 | 15个直通车商品，每行展示1个商品 |
| 5个直通车商品，每行展示5个商品 | |

如图2-14所示，搜索结果页一共有44+15+5=64个商品，其中广告商品占了4+15+5=24个，占37.5%。直通车是淘宝网最重要的收入之一，由此可见一斑，当然，淘宝网在需要时，可以随时在另外40个搜索结果中加入自己的广告商品，真正从免费走向了收费。实际上另外的40个商品也并非全部是免费，商城占据了很大比重，而商城就不再是免费。

图 2-14　淘宝网搜索结果页第一行直通车商品

这 40 个结果中，体现了淘宝网的公平与优选原则。公平原则体现在淘宝网店铺卖家按信誉等级分为无心到 5 金冠，一共分为 4 等 20 级（见图 2-15）；天猫来自淘宝网店铺，商城店铺虽然没有信誉等级，但依然按销售量的多少分成了 20 级。

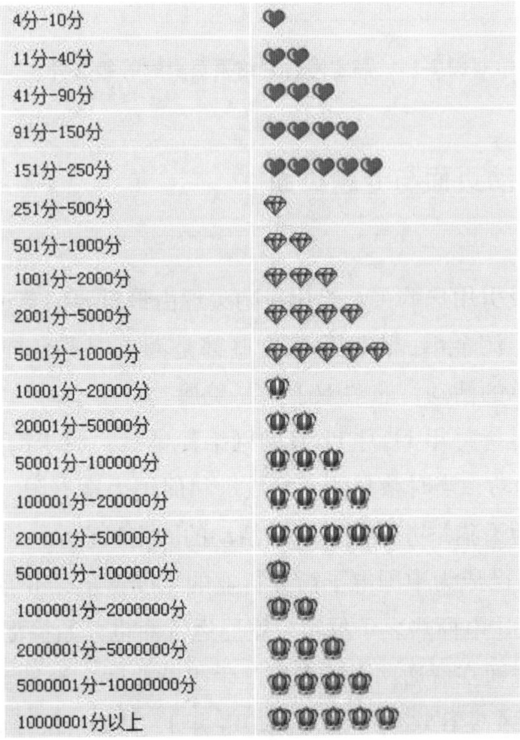

图 2-15　淘宝网店铺卖家信誉等级

淘宝网搜索结果页中,为了保持平台的公平性,各个等级的卖家都会有商品出现,而并不是一般人所料想的——一个心级卖家的商品与大量皇冠卖家的商品相比,完全没有优势,不能出现在第一页。实际的情况是,心级卖家有心级卖家的位置,钻级卖家有钻级卖家的位置……商城各级别卖家都分别有自己固定的位置。跨等级的卖家商品在某种程度上不互相竞争,这在一定的程度上保证了卖家的公平性,如图 2-16 所示。

| 第1页第28位 | | 白色衬衫女长袖韩范纯棉修身职业装… | 69.00 | 2415 | 2642 | 3552 | 衣木香旗舰店 | 4.7 | 同l似 | 👑 |
| --- | --- | --- | --- | --- | --- | --- | --- | --- | --- | --- |
| 第1页第29位 | | 范思蓝恩雪纺白衬衫女长袖2017新… | 149.00 | 1050 | 1063 | 1677 | 范思蓝恩旗舰店 | 4.8 | 同l似 | 👑 |
| 第1页第30位 | | 端庄大气气质2017秋季新款女装名… | 188.00 | 410 | 406 | 624 | bwag杰 | 4.7 | 同l似 | 👑 |
| 第1页第31位 | | 春装新款职业装女装套装OL西装工… | 99.00 | 2324 | 3684 | 5771 | 兮葼总店 | 4.7 | 同l似 | 👑 |
| 第1页第32位 | | 2017秋季新款女装休闲两件套韩版… | 178.00 | 1351 | 1349 | 1867 | 尔岚服饰旗舰店 | 4.8 | 同l似 | 👑 |
| 第1页第33位 | | 德玛纳秋款白衬衫女长袖休闲纯棉白… | 119.00 | 1789 | 1834 | 5515 | 德玛纳东瑞唐狮专卖店 | 4.8 | 同l似 | 💎💎💎💎 |
| 第1页第34位 | | 2017秋冬新款上衣长裤两件套韩版… | 198.00 | 648 | 653 | 1219 | 尔岚服饰旗舰店 | 4.8 | 同l似 | 👑 |
| 第1页第35位 | | 包臀裙ol半身裙高腰一步裙女夏秋中… | 79.00 | 1607 | 1691 | 10609 | gueigueiyu | 4.8 | 同l似 | 👑👑👑👑 |

图 2-16 淘宝网搜索结果页卖家等级各异

### 2.5.5 淘宝网活动页面与专题页面

**1. 淘宝网活动页面**

营销的主要目的是吸引用户购买,给用户购买理由最重要的莫过于活动。双十一、双十二、天天特价、淘抢购、淘金币、聚划算,这些都是淘宝网平台推出并经过检验的优质活动。淘宝网平台上最出色的活动,非"双十一"莫属。

双十一购物狂欢节是指每年 11 月 11 日的网络促销日,源于淘宝商城(天猫)2009 年 11 月 11 日举办的促销活动,当时参与的商家数量和促销力度有限,但营业额远超预想的效果,于是 11 月 11 日成为天猫举办大规模促销活动的固定日期。

近年来,"双十一"已成为中国电子商务行业的年度盛事,并且逐渐影响到国际电子商务行业。"双十一"不仅让电商热衷于促销,就连运营商也开始搞促销活动。2015 年 11 月 9 日至 11 月 19 日,中国联通在联通网上营业厅、手机营业厅、天猫旗舰店及京东商城等多个平台同时开展"11.11 沃 4 G 狂欢节"活动。2014 年 11 月 11 日,阿里巴巴"双十一"全天交易额 571 亿元。2015 年 11 月 11 日,天猫"双十一"全天交易额 912.17 亿元。2016 年 10

月 24 日 0 点，天猫"双十一"红包正式开抢，时间为 2016 年 10 月 24 日 00：00：00 至 2016 年 11 月 10 日 23：59：59。2016 年 11 月 11 日 24 时，天猫"双十一"全天交易额超过 1 207 亿元。2017 年，阿里巴巴平台"双十一"全天交易额为 1 682 亿元，如图 2-17 所示。

图 2-17　2017 年天猫"双十一"交易额

2. 淘宝专题页面

淘宝网的营销活动在前台是以模块的方式展现的，但淘宝网结构庞大，活动展现的区域非常复杂；而在卖家后台，淘宝网把大多数的活动都归入"淘营销"，如图 2-18 所示。

图 2-18　淘营销活动首页

在淘营销中，主要是淘宝网官方的一些活动，大量的淘宝网小二分成若干个小组，自己设计策划活动，从平台争取到一定的资源，面向卖家进行活动的招商。各种新的营销创意和想法在这里汇聚，转变成为平台上面实实在在的产品。经过淘宝网进行多次活动的尝试，最终把适合于当前市场的活动做大做强，就诞生了双十一、双十二、淘抢购等经典的营销方式。活动页面和专题页面没有固定的模式，最终以实际的效果和当前的创新为主，如图 2-19、图 2-20 和图 2-21 所示。

图 2-19　天天特价活动页

用户的需求永远在变化，而营销的手法和方式也不是一成不变的。活动永远没有停止的一天，而创新是永恒的追求。一个好的创新点会直接带动平台的飞速发展，而一个普通的创新又会很快消失。消费者永远是多变的，营销就永远需要创新。

图 2-20 淘抢购活动页

图 2-21 聚划算活动页

### 2.5.6 淘宝网商品详情页

1. 淘宝网商品详情页特点

淘宝网商品详情页是整个网站网页数量最多的一种类型。作为一个电商网站,最基本的职能就是展现商品,让用户进行浏览并最终实现购买。淘宝网作为流量的分发中心,不管是搜索首页、搜索结果页还是专题页,最终导向的网页都是商品详情页。作为电子商务的龙头网站,淘宝网所创立的商品详情页,几乎是电子商务网站的标准样式,主要有以下几个特点:

①商品主图以 5~6 张缩略图形式展现。图片以缩略图的形式展示,可以节省网页空间,防止主图所占比重过大。放大镜效果可以使用户清楚地看到一张图片的明细。5~6 张图片的展示,基本上可以让用户对商品有一个大概的了解。

②商品标题+商品卖点的模式。商品标题最多 30 个字,构成搜索的最重要组成部分。一个商品通过哪些关键词可以搜索出来,标题几乎占了 70% 的比重。将一整页商品详情浓缩成不到 30 个汉字,使得购物搜索的关键词数量大大减少,并不像通用搜索引擎一样,可以使用比较长的自然语言进行搜索。商品标题是给系统而非给用户看的,基本上是语句不通的关键词堆砌,语义、语法基本上是混乱的。商品卖点正好弥补了这一缺陷,提炼出商品的重要特点,以自然语言的方式推荐给买家,如图 2-22、图 2-23 所示。

| 排名 | 关键词 | 关注指数 |
| --- | --- | --- |
| 1 | vivo手机 | 92317 |
| 2 | 恒压一体阀 | 28829 |
| 3 | 潜水泵 | 14672 |
| 4 | 舞台 | 15143 |
| 5 | 零食 | 18661 |
| 6 | 电脑桌 | 17576 |
| 7 | 线眉笔 | 18355 |
| 8 | 钓鱼用品 | 13859 |
| 9 | led灯泡 | 14787 |
| 10 | 卫衣2017新款女 | 17449 |
| 11 | 反应釜 | 16594 |
| 12 | 针织衫女 | 17636 |
| 13 | 外套男 | 18856 |

图 2-22　商品卖点

图 2-23 商品标题关键词

③商品价格的多样化。如图 2-24 所示,该商品有一口价 999 元,有打折后的常规价格 398 元,还有本店的活动,满 168 元包邮,满 1 088 元可使用 100 元优惠券等。价格随渠道而变,不同的渠道,实际购买商品的价格并不相同;价格也随时间而变,促销活动往往有一定的时间限制。这种多样性,使得商品的销售渠道与销售方式变得多样,无数的创新在其中爆发出来。

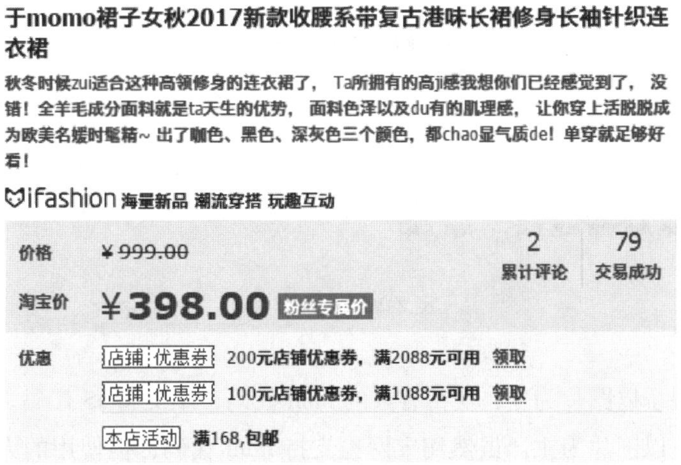

图 2-24 价格多样性

④商品属性多合一，方便用户选择。以服装产品为例，尺码和颜色是最常见的属性，两者排列组合，使得商品的库存单位（SKU）大大增多，但商品的款式只是一种。一种款式用一个页面代替，而并非一个 SKU 一个网页。如图 2-25 所示，该商品有三种颜色、三种尺码，放在仓库之中就是 9 种 SKU，而首图展示的只是这三种颜色中的一种，用户购买的，也只会是这 9 种 SKU 中的一个。但这个商品详情页，要将三种颜色的特点都展示出来。这种以款式而定，多个属性合而为一的方式被大多数网站所使用。当然也有例外，如亚马逊网站，就采用一种颜色一个页面的方式。

图 2-25　商品属性多合一网页

⑤商品属性的选择性展示。如图 2-26 所示，商品属性均来自后台卖家的填写，因为作为买家、卖家、平台三方，很显然只有卖家最了解商品，也只有卖家才能准确填写商品属性。这里的属性选择一部分买家需要了解的展示出来，一方面有利于买家了解商品的信息，另一方面也可以减少买家和卖家对于商品信息的一些争议。

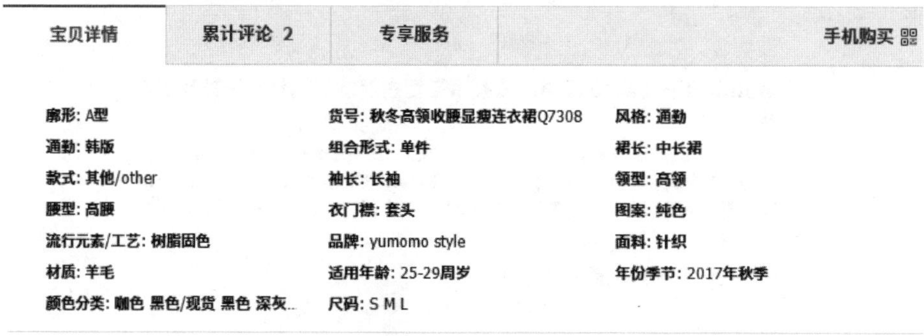

图 2-26　商品属性

⑥商品详情展示以图片为主，支持有限的 html 代码，不支持 JS 代码。淘宝网的商品详情页现在基本上是以图片为主。虽然淘宝网也支持 html 代码，但使用的人非常少。其中的原因就是：作为一个电商美工，并不一定需要熟悉 html 代码，而且 html 代码比较容易出现兼容性问题，造成页面显示的错位。所以淘宝网详情页慢慢就发展成为全图片的模式了。这是因为所需要的电商美工技能更少，做的事情更加单一。只需要做图，不需要再考虑代码问

题。既降低了电商从业人员的门槛,又由于工作重复,提升了制作图片的质量。如图 2-27 所示,尺码表如果使用 html 代码表格,占用空间更少,加载速度更快,但实际上一般都采用图片的模式。

◆尺码信息/Size Info:

| 尺码 | 后中长 | 肩宽 | 胸围 | 袖长 | 袖肥 |
|---|---|---|---|---|---|
| S | 98.0 | 35.0 | 86.0 | 57.0 | 13.5 |
| M | 100.0 | 36.0 | 90.0 | 58.0 | 14.5 |
| L | 102.0 | 37.0 | 94.0 | 59.0 | 15.5 |
| -- | -- | -- | -- | -- | -- |

尺码是纯手工平铺测量,可能存在1-3CM的误差,数据仅供参考!

图 2-27　商品详情页内的尺码表图片

不支持 JS 代码,是为了避免有人在 JS 代码中进行逻辑计算,形成一定程度的难以避免的作弊问题。因为 JS 代码是在浏览器端运行的,所以展示的结果并不一定是淘宝网服务器所展现的,可以是用户进行自定义,这会严重干扰数据的真实性。例如,如果支持 JS 代码,明明销量是 0 的商品,卖家可以在详情页加入 JS 代码,使用户看到的销量变成 999,对消费者构成较为严重的误导。所以几乎所有的电商平台网站,都不允许使用 JS 代码。对于店铺首页等必须使用 JS 代码的区域,也是分别由自己定义好函数库,规定好有限的几种功能,让用户自己来调用。同样是严格禁止用户自由发挥的。

⑦评价信息与晒图展示。如图 2-28 所示,网上购物摸不着,看不到,而且图片大多是经过处理过的。两种完全不同质量的衣服,一种卖 9.9 元,另一种卖 999 元,在图片上经过处理之后,即使是最专业的人士也无法分辨出来。用户在进行购买时,往往会参考其他买家的意见和反馈,评价和晒图就显得尤为重要。

评价和晒图是买家的自发行为,一个买家如果给出好评,起码说明她购买的商品对她造成了相对意外的惊喜,符合或超出了她的预期。买家反馈良好从一个侧面反映了商品的优质性。

上述七点,几乎构成了各大电商网站的标准配置。随着技术的发展,在这些方式的基础上,也在不断添加新的元素。例如,主图添加 6 秒短视频,商品详情页内加入视频短片等。创新无止境,技术无止境,商品详情页的发展,也必将越来越高档,越来越先进,越来越受到消费者的喜欢。

2. 网站详细设计基本流程和具体步骤

(1) 基本流程

网站详细设计基本流程图如图 2-29 所示。

(2) 具体步骤

1) 整体网站设计。网页美术设计一般要与企业整体形象一致,符合 CI 规范。要注意网

图 2-28　淘宝网商品详情页评价

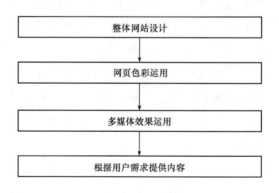

图 2-29　网站详细设计基本流程

页色彩、图片的应用及版面策划,保持网页的整体一致性。在新技术的运用上要考虑主要目标访问群体的分布地域、年龄阶层、网络速度、阅读习惯等。

网页设计应该考虑的问题包括以下几方面:

①页面内容要新颖。网页内容的选择要不落俗套,重点突出一个"新"字。这个原则要求在设计网站时不能照抄别人的内容,要结合自身的实际情况创作出一个独一无二的网站,要把功夫下在选材上。选材要尽量做到"少"而"精",必须突出"新"。

②网页命名要简洁。一个网站往往不是由一个网页组成的,它有许多子网页,为了能使这些页面有效地被链接,用户要给这些页面起一些有代表性而且简洁易记的网页名称,这样

既有助于以后管理网页,又会在向搜索引擎提交网页时更容易被检索到。在给网页命名时,最好使用自己常用的或符合页面内容的小写英文字母,这直接关系到页面上的链接。

③注意页面视觉效果。设计 Web 页面时,一定要用不同的分辨率来分别观察。许多浏览器使用不同的分辨率,这使得在高分辨率模式下看上去很有吸引力的 Web 页面,在低分辨率的模式下可能会黯然失色。因此应制作一个相对普适的模板,之后根据不同的浏览,如不同的分辨率、不同的浏览器,制作比较综合的可供方便调用的几套模板,并在各种环境下进行严格的测试。要合理地策划文字与背景颜色的搭配方案,注意不要使背景颜色冲淡了文字的视觉效果,使网页内容看起来不够清晰。一般来说,采用浅色背景深色字。另外,按当代中文的阅读习惯,最好让文本左对齐,而不是居中。

④网站导航要清晰,容易查找。所有的超链接应该清晰无误地标识出来,所有导航性质的设置(如图像按钮)都要有清晰的标识,让人看得明白。链接文本的颜色最好用约定俗成的形式:未访问的——蓝色;点击过的——紫色或栗色。如果想别出心裁,链接的文本就要以别的方式加以突出,如加粗体、加字号、两侧加竖标,或几者兼用。总之,文本链接一定要和页面的其他文字有所区分,给浏览者清楚的导向。清晰的导航还要求浏览者进入目的页的点击次数不能超过三次。

⑤重点信息放在突出醒目的位置。整个网站空间排序适当,在内容上要开门见山、直截了当,让浏览者能在最短的时间内了解网站要呈现的内容;标题意义清晰、描述性强,把最吸引人的内容放在突出醒目的位置,然后慢慢展开;立体策划内容,将所有内容按一定的构架分别纳入不同层次的页面,要把最重要的内容放到首页,其他的内容依次安排。要留出可调整的位置,用于满足临时性或短期营销活动的宣传需要。

2)网页色彩运用。

①根据企业 CIS 选择网页主色调。网页主色调不必与企业 CIS 一模一样,可以根据具体需求而有细微不同。要与客户讨论网页主色调,并最终选择某一种颜色作为主色调。主色调是整个页面的第一视觉印象,这些视觉印象将在使用者的心中映射成一种感受,并可以用语言表述出来。例如,黑色是庄严的、红色是热烈的、白色是干净的、黄色是耀眼的、蓝色是幻想的、绿色是充满生机的等。

②选择一种颜色作为突出色。突出色通常与主色调形成鲜明的对比,在色相上可能表现为相反色相,在亮度上可能表现为亮度反差,在对比度上可能表现为强烈的对比。突出色可以起到引导浏览者视线的作用,辅助访问者阅读。

③选择三种左右的颜色作为辅助色。辅助色能起到丰富页面色彩、减轻浏览者压力的作用。但通常情况下,辅助色的选择也要谨慎。一般情况下,辅助色和主色调是比较接近的。另外,白色和黑色是相对安全的颜色,它们几乎可以和所有颜色搭配使用。在浅色的背景下,通常使用黑色作为文字颜色,而在黑色背景下,使用白色作为文字颜色也是非常常见和安全的。色彩运用得当,将搭配出一种很另类或很和谐的美感,让人觉得欣赏网站是一个非常愉悦的过程。设计师要恰当使用渐变色以及色彩效果,避免整体风格的不协调。网站的各

个栏目一般可以采用不同的色调来表达不同的主题,也可以在局部使用色彩绚丽的色条或色块来区分不同的栏目。

④探讨网页色彩搭配的内涵。网页色彩搭配方法,对那些完全没有美术基础的人来说的确是个难题,通常有如下的基本配色方案:

红色的色感温暖,性格刚烈而外向,是一种对人刺激性很强的色。红色容易引起人的注意,也容易使人兴奋、激动、紧张、冲动,同时也是一种容易造成视觉疲劳的颜色。

在红色中加入少量的黄,会使其热力强盛,趋于躁动、不安。

在红色中加入少量的蓝,会使其热性减弱,趋于文雅、柔和。

在红色中加入少量的黑,会使其性格变得沉稳,趋于厚重、朴实。

在红色中加入少量的白,会使其性格变得温柔,趋于含蓄、羞涩、娇嫩。

黄色的色感冷漠、高傲、敏感,具有扩张和不安宁的视觉印象。黄色是各种色彩中最为娇气的一种色。只要在纯黄色中混入少量的其他色,其色感和性格均会发生较大程度的变化。

在黄色中加入少量的蓝,会使其转化为一种鲜嫩的绿色,其高傲的性格也随之消失,趋于一种平和、潮润的感觉。

在黄色中加入少量的红,则具有明显的橙色感觉,其性格也会从冷漠、高傲转化为一种有分寸感的热情、温暖。如果橙色中黄的成分较多,则其性格趋于甜美、亮丽、芳香。

在黄色中加入少量的黑,其色感和性格变化最大,成为一种具有明显橄榄绿的复色,其色性也会变得成熟、随和。

在黄色中加入少量的白,其色感会变得柔和,其性格中的冷漠、高傲被淡化,趋于含蓄,易于接近。

蓝色的色感寒冷,性格朴实而内向,是一种有助于人头脑冷静的色。蓝色的朴实、内向性格,常为那些性格活跃、具有较强扩张力的色彩提供一个深远、广阔、平静的空间,成为衬托活跃色彩的友善而谦虚的"朋友"。蓝色还是一种在淡化后仍然能保持较强个性的色。如果在蓝色中分别加入少量的红、黄、黑、橙、白等色,均不会对蓝色的性格构成较明显的影响。

绿色是具有黄色和蓝色两种成分的色。绿色将黄色的扩张感和蓝色的收缩感相中和,使黄色的温暖感与蓝色的寒冷感相抵消,从而性格最为平和、安稳,是一种柔顺、恬静、满足、优美的色。

绿色中黄的成分较多时,其性格就趋于活泼、友善,具有幼稚性。

在绿色中加入少量的黑,其性格就趋于庄重、老练、成熟。

在绿色中加入少量的白,其性格就趋于洁净、清爽、鲜嫩。

紫色的明度在所有彩色中是最低的。紫色的低明度给人一种沉闷、神秘的感觉。

紫色中红的成分较多时,其知觉具有压抑感、威胁感。

在紫色中加入少量的黑,其感觉就趋于沉闷、伤感、恐怖。

在紫色中加入白，可使紫色沉闷的性格消失，变得优雅、娇气，并充满女性的魅力。

白色的色感光明，性格朴实、纯洁、快乐。白色具有圣洁的不容侵犯性，如果在白色中加入其他任何色，都会影响其纯洁性，使其性格变得含蓄。

在白色中混入少量的红，就成为淡淡的粉色，鲜嫩而充满诱惑。

在白色中混入少量的黄，则成为一种乳黄色，给人一种香腻的印象。

在白色中混入少量的蓝，给人一种清冷、洁净的感觉。

在白色中混入少量的橙，有一种干燥的气氛。

在白色中混入少量的绿，给人一种稚嫩、柔和的感觉。

在白色中混入少量的紫，可诱导人联想到淡淡的芳香。

3) 多媒体效果运用。

①Flash 动画及图片的运用。很多网站采用大幅的 Flash 广告条，但通常都着眼于如何来表现 Flash 动画的酷、炫感觉，使得浏览者过于关注 Flash 而忽视了页面的其他内容。好的 Flash 动画应更好地服务于网站的主题，服务于页面的整体目标，要与整个页面合理搭配，并与文字、背景巧妙配合。

②设计排版。考虑到可读性，很多栏目的文字编排都应简单，以利于阅读为原则。在一些内容较少的页面，如网站的广告或宣传页，其排版则要富于变化。每屏中的文字与图形的布局既要考虑重点突出，还要给人以和谐的感觉，不能让图形淹没文字，也不能因图形太少而让人觉得单调。毕竟视觉的吸引力和诱惑力是不能低估的。

界面的设计通常包括如下规范：尺寸规范、层级样式（Caseded Style Sheet，CSS）规范、文件大小规范、文件类型规范、操作规范等。

尺寸的一般规范主要有：页面标准按分辨率 800×600 制作，实际尺寸宽度为 770～778 像素；页面长度原则上不超过 3 屏；每个非首页静态页面含图片字节不超过 60 K，banner 不超过 14 K；几种 banner 国际标准尺寸为 468 像素×60 像素、234 像素×60 像素、88 像素×31 像素、120 像素×900 像素、120 像素×60 像素；中文标准字号：12 像素、14 像素；

中文标准字体：宋体；英文、数字标准字体：verdana 和 arial。

通常，其他类型字体因为无法细致显示，或是因为客户方面没有安装，都应当转化成图片形式。

CSS 的定义一定要规范，否则或多或少地都会出现问题。另外，规定重定义的最先、伪类其次、自定义最后，以便于自己和他人阅读。

字号通过使用样式表实现，不允许出现 <font size = "??" > 这样的标记。

文件类型规范主要有：站点目录中不允许出现没有链接上的无效文件；文件按逻辑关系安排在相应的文件夹内，如广告文件放在同一个 ad 文件夹里；静态图片标准类型为 gif、jpg、jpeg、png；标准动画格式为 gif、swf；页面文件类型为 htm、html、asp、jsp、php、shtml、aspx 等；数据库文件类型为系统支持的相应数据库文件；声音文件类型为 mid（网页中出现 MIDI 是很不明智的，除非有特殊需求）。

操作规范主要有：网页中尽量减少图片数量与大小，空白部分或纯色部分可以用表格填充；尽量不使用大表格，尽量将表格横向拆分；尽量不使用背景音乐。

考虑浏览速度、浏览分辨率、浏览器兼容性等问题，在同一页面中使用动态图片或动画不超过3个。虽然动画能够吸引用户的注意力，体现页面的浏览重点，但动画太多会让页面显得杂乱无序，主体不明。

认真填<head>区的代码，包括版权注释、显示字符集、制作者信息、网站简介，搜索关键字、CSS、网页的到期时间等。

网站的设计要使其看起来很有层次感，而这个层次感不是通过制作几个立体字来体现的，通常通过添加简单的图片或文字阴影效果和巧妙地利用构图来形成视觉上的差异，这种设计能够使网站的立体效果得以体现。

4）根据用户需求提供内容。网站内容是网站吸引浏览者最重要的因素，无内容或不实用的信息是不会吸引匆匆浏览的访客的。因此，可事先对人们希望获取的信息种类进行调查，并在网站发布信息后调查人们对网站内容的满意度，以及时调整网站内容。

一般来说，一个企业网站的主要访问者有直接用户、经销商、设备和原材料供应商、竞争者等几类，前两类访问者是公司的现有用户和潜在用户，也是网站内容应该重点满足的对象。

至于供应商，除去那些具备BTOB功能的综合性电子商务网站外，大多数以信息发布为主的企业网站很少涉及，因此也不是一般企业网站的重点满足对象。

至于竞争者，来访的目的无非是了解公司的新动向，或者网站的设计水平，是否有值得借鉴的地方。对此，在发布有关内容时应该给予适当的"防御"，而不是让竞争者满载而归。

既然企业的现有用户和潜在用户是网站的重点满足对象，那么就要认真分析他们需要什么信息。一个用户或潜在用户访问某企业网站的目的大致有以下几种：看看有什么新产品；对比不同规格产品的性能和价格；与其他品牌的同类产品进行对比；查询本地销售商和保修地址等；订货方式；支付手段；送货时间和费用；退、换货政策等。因此，这些内容应该作为网站的重点。

每个企业都有自己特定的产品或服务，网站的内容理应围绕企业的核心业务设置。一般企业网站应包括：公司简介；产品介绍；服务内容；价格信息；联系方式；网上订单等基本内容。电子商务类网站还要提供如下内容：会员注册；详细的商品服务信息；信息搜索查询；订单确认；付款；个人信息保密措施；相关帮助等。

### 2.5.7 网站技术需求与解决方案

网站基本上是由前台和后台两个方面构成的，用户只能看到最终的使用界面。而很多新推出的网站和很多想做网站的人却没有把站点技术看得很重要，认为网站最重要的是内容，只要把内容做好是就可以了。但事实上，用户界面的质量直接取决于网站后台结构的建设。

网络技术的进步，使网站应用系统的开发模式可以有多种选择，达到同样的目标可以采用很多不同的方式，现代的应用系统越来越成为一个庞大的集成方案，需要考虑不同的操作平台、不同的应用服务器、不同的数据库、不同的编程语言、不同的传输介质等。例如，现在有 Windows、UNIX、Linux 等各种服务器操作平台，有 SQL Server、Oracle、DB2、Sybase、MySQL 等数据库，有 Java、PHP、ASP、CGI、JSP、C++、VB、Delphi 等工具。那么如何确定是 Windows + SQL Server + ASP 好，还是 UNIX + Oracle + Java 好呢？这就要求在网站开发时根据网站的功能进行网站结构设计，明确网站技术需求。网站结构设计是一个多维的、立体进行的过程，设计最终是要给用户提供一个易于使用的网站。多维的设计过程包括了对网站高性能、可扩展性、可使用性、可维护性及安全管理等多方面的考虑。因此，确定网站的技术解决方案时，通常要解决网站可使用性、交互性、高性能要求、可扩展性、可维护性和网站的安全管理等几方面的问题。

1. 基本流程

网站技术解决方案的基本流程如图 2-30 所示。

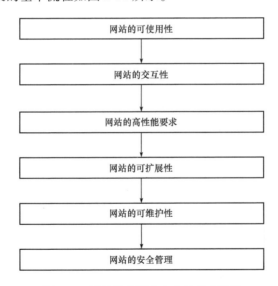

图 2-30　网站技术解决方案的基本流程

2. 具体步骤

（1）网站的可使用性

网站必须设计得易于使用，不能只是信息的简单堆砌。这一要求最直接地与网站的版面设计和服务器的功能定义相关联。网站的可使用性包括以下几点：

①网站要有好的导航功能，便于用户浏览。网站上的每一个网页都应能链接到网站的主页和逻辑上的前页后页、上页下页，当网站网页超过 100 页时，应考虑提供站内搜索引擎服务。

②网站网页要有好的被检索设计。大型网站要提供站内搜索功能，为了让检索出来的结

果能够反映网页内容的相关性,应该用简洁明了的文字来撰写网页的标题。同时注意用好网页最前面的二三十个文字,以准确地反映网页的内容,这是因为搜索引擎会摘录网页的这部分内容再现给用户。此外,应定义好网页的关键词,以增大被检索到的概率。

③网页要有可读性。网页需要有结构,对于长篇的网页,可以考虑把网页分成多页,或者提供网页之内的链接,使用户可以很快地跳跃过部分篇幅;要有节制地使用网页上的动态画面和动态标题,因为过度使用将影响用户阅读。

注意图像编辑、色调、色彩与剪裁,使其与总体相称。调整网页容量,提高网页的下载速度。再好的网页,如果下载时间超过 10 秒,也将会失去用户。网页的下载速度将涉及网站的高性能问题,在网站容量恒定的情况下,注意网页图像文件的多少和大小是控制网页下载速度的最有效的办法。

④网站应能让用户快速地达到其使用目的。这是一个笼统的概念,其中包含了广泛的内容。例如,用户在使用网站的电子邮件功能时,以下几方面的设计都将影响其使用效率:第一,用户界面的设计;第二,电子邮件服务器的响应时间和处理速度;第三,网络传送的速度;第四,网站和应用软件的兼容性。网站的可用性其实涉及网站技术结构的总体。

网络的迅速渗透,尤其是在线经济的发展,使得网站在日常生活中所承担的角色越来越重要,人们对网站的可用性要求将会越来越高,网站下网所造成的后果会越来越严重。通常情况下,提高网站的可用性有以下几项措施:

①严把网站的软件质量关。

②在进行网站结构设计时,适度添加网络连接与服务器的安全盈余。这样,当主服务器出现故障时,可以转换到备用服务器上。

③实施有效的数据备份,以避免因故障造成的永久性数据丢失。

④在设计网站时,积极考虑网站的可维护性。

上面几种做法是相辅相成的。前面两种措施具有很好的防御性,数据备份可以杜绝灾难性后果,但是这些措施均无法把故障发生的概率降为零。一旦故障发生,必须讲求网站的可维护性。

(2) 网站的交互性

内容呈现是网站开发的一项重点,它直接影响一个网站的受欢迎程度。其最基本的要求是用户必须能有效地使用网站和浏览网站的内容。内容呈现除了直接与网页的版面和图像设计有关之外,更深一层的是与网站的技术结构设计相联系。目前,静止网页的用途已降到次要位置,网页的内容均以交互方式呈现。交互方式并不只是网页语言 HTML 的延伸,交互方式的实现需要网页背后网站服务器中大量软件的支持。

交互性网站是网站发展的主流趋势。网站的交互有人机交互和人人交互两种。网上的多媒体点歌、在线购物、在线订票就是典型的人机交互,这种交互性增强了网站的实体感。电子邮件、BBS、聊天室等就是典型的人人交互。利用网站的交互性,可以为用户提供一个良好的沟通环境。网站设计应提供足够的交互渠道,如提供反馈信箱、BBS、聊天室等应用功能，同时注意融合新的交互技术与手段。网站的交互应用大大增加了对网站的处理功能、存储容量、网络带宽的要求。

（3）网站的高性能要求

网站的可使用性和交互性的实现，决定了网站所必须具备的高性能。具体来说，高性能可以用系统响应时间、处理时间、用户平均等待时间、系统输出量等几方面指标来衡量。网站技术结构设计的目标之一便是高性能，即建立系统输出量大、响应快、处理及时、用户平均等待时间短的系统。

提高网站性能首先要考虑的是容量计划。容量计划是根据网站需要满足的用户数目及网站应用所需的计算处理量来确定网站所需的服务器计算功率、内存及存储容量、网站连接速度及相应的网络设备要求。在确定了用户数目和所支持的应用范围之后，就可以设计出合理的服务器群组织结构和网络连接方式。该步骤对网站最终性能有着决定性的影响，需要思考很多因素。这一技术步骤也没有现成的方法去拷贝，通常需要考虑以下问题：

①独立式超级服务器与多台分布式服务器群的选择。尽管目前多台分布式服务器群渐渐成为网站服务器内部结构的首选，但其中涉及的技术问题仍值得一提。

独立式超级服务器集多项网站处理功能于一身，具有易于管理的优点。同时超级计算机的制造技术已使这类服务器的可靠性相当高，达到近99.9%的可用性。另外，这类服务器也有相当的可维护性，硬件添加在一定范围内可以不用关机。使用独立式超级服务器的缺点是价格昂贵，尤其在性能价格比上不及多台分布式服务器群；另外，存在单一故障点，只要独立服务器出现问题，整个网站即告下网。

多台分布式服务器群采用了分布系统策略。每台服务器并不超能，但因为多台服务器可以并行工作，从而使总体处理速度加快。另外，每台服务器价钱不贵，设置冗余服务器的成本并不高。冗余服务器在正常运行情况下也分担计算处理量，只是当主要服务器出现故障或需要维修时才全部转换到冗余服务器上。冗余服务器的设置既增加了系统的整体可靠性，也增强了系统的处理能力。

目前的网站技术基本基于成熟的"客户——服务器"计算模型，客户端软件较为单薄，最重要的都在服务器上。随着网站技术的发展，一个网站将要融合越来越多的新型服务器。在多分布式服务器群里添加新的服务器以运行新型服务器软件，比在现有的独立式超级服务器上再运行额外的服务器软件似乎更合理。但与独立式超级服务器相比，多台分布式服务器群增加了内部网络连接的额外要求。

②服务器群的网络连接。服务器群的网络连接采用现有的局域网技术，最关键的是要提供足够的转换带宽和避免流量瓶颈。所以，吉位以太网络交换机因性能价格比高而被广泛采用。另外，在设计网络连接时，一些新型的交换机产品值得考虑。首先可以考虑采用带有路由功能的网络交换机；其次是考虑采用最新的带有第四层（即信件运输层）转换功能的交换机。

网络连接采用的最基本的以太交换机只提供数据通信中所说的第二层交换功能。服务器群网络需要通过额外的路由器才能连接到互联网上。从第三层IP协议的角度来讲，服务器只用第二层交换机相连，网络呈平线式，缺乏 IP 层次感，不利于未来扩充，而且无法对某部分网络实行专门管理。带路由功能的第三层 IP 交换机，从交换效率、扩展性和管理难易程度上更值得选择。

最新的第四层交换机比 IP 转换器更为智能化。为使网站服务器之间的信息传输加快，关键是要把一段语意完整的信息（网络技术中称为信件，不同于一般所说的电子邮件）最快地在服务器之间传送。对此，第三层交换机尽管能够转换组成信件的 IP 数据包，却无法保证组成一个信件的所有 IP 数据包能够连串地被转换到目标服务器上。第四层交换机能够通过更深一层地探测 IP 数据包里的信息来确定属于同一信件的所有数据包，然后对它们进行连串交换，从而实现高效的信件交换。可见，第四层交换机由于高性能和易于服务器群的扩展，将会越来越多地被采用。

③服务器的硬件配置。服务器的硬件配置包括中央处理器（CPU）、内存（Memory）、内存公共连接（Memory Bus）、交换空间（Swap Space）、硬盘、网络适配器。在考虑服务器的硬件配置时，除了一般常识外，注意不要让任何一部分成为瓶颈或阻碍，同时注意留下一两年内所需的扩充余地。在网站运行过程中，要对服务器的使用情况进行监视，从而确定哪部分需要扩充。

④服务器软件的设计和实施。服务器软件的设计和实施同样对网站的性能，尤其对软件所提供的网站应用性能有着极大的影响。

首先，对编译语言要有选择。解释性语言如 UNIX Shell Script，运行起来比较慢，不适合用在有实时要求的软件和经常使用的软件中，用 C/C++ 编写的程序运行速度最快，但最难写而且不便于调试。

其次，要对程序进行优化。避免多余的输入和输出操作，提取公共和反复使用的程序行作为子程序，而且可以考虑用 C/C++ 来编写上述子程序，以达到最快的运行速度。

（4）网站的可扩展性

一个高性能的网站能很快地吸引用户。当用户增加时，网站管理人员必须考虑以下问题：

①现有的网站高性能以目前网站服务器的容量能维持多久？

②当现有容量无法支持更多用户时，将如何升级现有系统？

③这次升级能维持多久就要面临再一次升级？

这一连串问题从网站结构设计的一开始便要考虑清楚，要规划好技术结构的扩展路径，以满足网站扩展的需求。

网站的可扩展性设计有以下两项设计目标：

①保护现有的设备投资。

②尽可能减少因扩充系统而造成的下网时间。

在上面讨论网站高性能时，已经提到多台分布式服务器群结构优于独立式超级服务器，而带 IP 层次感的服务器网络连接优于平线式连接。多台分布式服务器群结构和网络的 IP 层次连接，都是可扩展网站设计的极好出发点。

在此基础之上，随着服务器数目的增加，需要注意网络带宽的相应增加和网络 IP 范围的调整。另外，个别集中式服务器，如防火墙、目录服务器和用户数据库自身的容量也需要扩展。

(5) 网站的可维护性

一个好的网站，除了易于使用和具备高性能外，还必须注意控制因故障或技术维护而造成的下网时间。下网时间将直接影响网站的可用性。

可用性有别于前面提到的可使用性。准确地说，网站的可用性指的是系统在某时间段内总共运行时间占这段时间长度的百分比。网站的可用性至少应在 90% 以上，否则很快就会无人问津。重要网站的可用性更是应该得到充分保证。例如，IBM 公司的银行交易系统已经运转超过了 3 年而从未停机维修，就是因为这个系统承担着至关重要的任务，任何停机都会造成重大的经济损失。

一个可维护的网站应具有很好的故障检测性。一般来说，计算机系统故障排除所占用的时间中，故障检测时间占了近 90%。绝大多数的计算机系统故障源于一两行的程序错误，俗称软件虫。这类故障的修复时间与再测试时间并不长。所以，最重要的是以最快的时间把故障检测出来。

有了好的故障检测性，一个可维护的网站对于排除故障所需要的时间才会有可预见性。在运作一个网站时，这种可预见性有时比排除故障本身还重要。当一个网站因故障下网时，首先要告诉用户何时网站可以重新运作。这意味着网站技术人员必须在很短的时间里诊断出毛病，能够从问题的表现很快地看出问题的所在。故障检测与排除所需时间的可预见性都反映一个网站的可维护性。通常保障网站的可维护性需要考虑以下几方面的问题：

①网站必须由功能范围分明的技术模块组成。这样当故障出现时，可以逐个模块地检测。

②网站必须采用技术功能分化方式。技术功能分化通常采用功能模块的物理分离或功能模块的逻辑分离。功能模块的物理分离是指在网站服务器群中，各个服务器分担着不同的任务，它们集合起来完成一项任务，支持网站用户的每一个需求。在设计这种分布系统时，除了要考虑前面提到的网站高性能所需的同步处理、资源共享外，还需要考虑将保持系统可维护性所需的功能分开。例如，电子邮件和音乐试听是两个很受欢迎的网站服务，如果把这两个服务器软件放在一台机器上运行，其后果是当音乐软件系统出现故障需要维修时，电子邮件系统也无法使用。这显然不是一个有效的设计。在这种情况下，电子邮件和音乐试听应由两个分开的服务器来支持。功能模块的逻辑分离不同于功能模块的物理分离方式，其功能是以逻辑关系来划分的。

③在软件设计和系统实施时，提供足够的系统检查信息和调试手段。计算机软件的错误在很多情况下可以从其运行过程输出的事件记录中检查出来。

④注意保持服务器软件的平台无关性。这样不管服务器使用什么操作系统，服务器软件都无须更改而能正常运行。

(6) 网站的安全管理

网站的安全管理包括防止对网站服务器的非法直接侵害和防止非法盗用他人保存在本网站的

秘密资料。毋庸置疑，安全管理是相当重要的。网站的安全漏洞如被利用，其危害就难以估量。

对于网站安全管理而言，有一点必须强调：没有使网站绝对安全的管理办法，只有使网站更安全的管理办法。因此，加强网站安全管理是延续不断的过程。在这一过程中，新的漏洞将会被发现，新的有效的技术措施将会被制订，经验也会进一步地积累。就现今而言，比较有效的网站安全管理措施有以下几种：

①在网站服务器群结构中，设置前置防火墙。

②为避免暴露服务器群内部的服务器分布架构，可以采用 IP 网址翻译法（Network Address Translation）或 IP 遮盖术（IP Masquerade），使得内部服务器的网址与名字不从网络外泄。即使有人从其他途径得到以上信息，也无法从外围直接不通过防火墙而进入内部服务器。

③利用现有的用户使用目录协议（Directory Access Protocol）实施用户控制。这一技术比以前常用的网络信息系统（Network Information System）更进了一步，实行了多层次用户管理。

④一般计算机系统运用管理常用的办法。例如，从服务器上卸载如 Mail 和 Tenet 这类容易被网络黑客利用而进入系统的应用程序，以减少被攻击的可能性。

⑤融合现有的防火墙和服务器安全管理产品，而不用自己去开发同样的产品。Sun、Cisco、Microsoft、Netscape 均有这类商业产品，Linux 也提供可免费下载的软件。

## 本章小结

在开展电子商务项目时首先要进行需求分析，避免项目投资的盲目性，其过程和作用对于电子商务项目管理来说是至关重要的。市场调查是需求分析的基础。电子商务市场调研包括行业发展调研、企业业务调研、目标市场调研和竞争对手调研。市场调研的程序和步骤是制订调研计划、实施需求调研、调研资料整理分析和撰写调研报告。目前常用的调研方法有资料分析法、问询法、问卷法、座谈会法和观察法等。电子商务需求分析包括企业业务分析、市场分析和竞争对手分析。电子商务市场需求识别的方法有 6 种。

电子商务项目可行性分析的内容有电子商务项目的技术可行性分析、电子商务项目的经济可行性分析、电子商务项目的实施可行性分析。

进行可行性研究后，将研究的内容撰写成可行性研究报告。可行性研究报告应用规范的格式。

电子商务策划项目以商务网站的策划为例展开，从网站需求分析、网站目标及经营模式定位、网站内容模块设计——网站总体设计、网站内容模块设计——网站详细设计、网站技术需求与解决方案等方面分别结合不同的案例进行。

## 本章案例

**药品 O2O 的需求分析及前景论断**

最近的药品 O2O 产品尤其多，毫不夸张地说，几乎每天都会冒出一个新项目。这些药品 O2O 大多是 1 小时送药 APP，如市面上的药给力、快方送药、叮当快药、药快到、药快好、药去哪等。

据一项"恐怖"统计，1 小时送药 APP 可能多达上百个，这其中包括上线但未运营的产品。这类模式较好地解决了医药电商"最后一公里"的配送痛点，解决了急需用药，不用 1 小时就能送货上门，甚至半小时以内就能到货，还提供夜间送药服务，打造了一种速度上堪称极致的用户体验，这也是众多创业者及医药企业扎堆在 1 小时送药 APP 上的重要原因。

药品 B2C 从 2005 年诞生第一张牌照开始，至今已有 10 多年的发展时间，其间发展了 300 多家玩家，而药品 O2O 不到一年的时间已经有数十甚至上百个玩家，发展速度不免过快，这可能与整个 O2O 行业发展过热有关。

在 O2O 领域有个共识：能长远做下去的公司在 1%～2%，换个说法，98% 的公司都会倒下。为什么这么艰难？因为资本市场太火爆了，你看到的大部分用户全是用钱砸出来的。一个 O2O 企业如果两年不盈利，还没有明确的方向，想继续用投资人的钱来补贴用户基本上是不可能的。鉴于此，人们需要给 1 小时送药"降降温"，仔细研究与论证：1 小时送药的场景是否客观真实存在？需求量有多大？能够支撑这么多玩家吗？

**需求到底有多大？**

传统医药电商的配送速度为人所诟病，批判者的理由是药不能停、药不能等，有时送药到手病都好了，所以 1 小时送药大有市场。事实上是这样吗？所有的 O2O 都在致力于解决一个传统的场景问题，将应用场景搬到互联网上，解决一些生活中的不便。但是这里面就会存在悖论：大部分的场景是人为臆造的，或者很多看上去没有那么强需求的场景也有不少人在用，本质是因为背后的补贴。

快书包首创了"一小时送货"，但最后却倒闭了。其创始人徐智明坦承，一小时到货有需求，如阴雨天的雨伞、晚餐前的茅台等急需品，但是靠这些需求支撑整个公司快速增长确实很困难，"我们努力挖掘更多具有这种特征的商品，但四年来，找到的还是不够多。"

快书包曾经与金象网合作过 1 小时送药，徐智明告诉记者，药品里需要快速配送的品类并不多，基本上就是感冒、发烧、拉肚子这几类，而且药很便宜，客单价很低。餐饮外卖是最火的 O2O 行业，因为用户对餐饮的送货速度要求非常高，人饿了不能等，而药品与餐饮相比，对速度的刚性需求还不够。"许多 1 小时送药号称订单量每天好几千甚至上万，我推测是虚报的，或者用补贴砸出来的，这些免费补贴的举措只能买用户一时，却无法买用户一世。"

在 1 号店创始人、壹药网董事长于刚看来，药品分为快药和慢药。快药需要马上就买到，否则就过了治疗时间，需要通过 O2O 的方式；慢药大多是高血压、心脑血管等慢病用药，价格和医保支付是关键，送货时间不是关键，通过惯常的电商物流配送即可。这两类药品一定要区分开来，精细化管理。

曾任中国海王星辰连锁药店 CEO、现为问药 APP 创始人的吴兴华也表示："做过实体店的都知道，真正需要送药的人群是有限的。"

1小时送药在场景上还存在一些问题。据数据显示，每天晚8点至晚10点，已成为在线购物不容小觑的"黄金档"时间，在这个时间段购物，用户不会选择1小时送货上门，因为涉及隐私及安全问题。另外，如果用户在办公室下单，药品一旦涉及隐私，用户通常不希望1小时送货到办公室，而是选择送货到家。

O2O本质上解决的是信息不对称性问题，但获取这种信息并不一定要用APP来满足，而用户的使用频次又不是很高，那么这个APP的价值对用户来说就很低。在实际中，当用户使用你的APP送药上门后，合作药店完全可以让用户下次直接给他打电话，同样会给用户优惠。

在O2O领域，高频需求是热门投资领域，因为在同一类用户需求中，假如你先充分做好了一个用户频次更高的需求，再去切入另一个频次相对低一些的需求领域中时，你会更具备天然优势。这是京东到家切入健康领域的思路，希望用高频养低频，超市生鲜是高频，健康是低频。

不是说低频行业的O2O就很困难，而是如果低频、低价，公司立足的市场先天就小，那就困难了；同时，如果是低频、低价又没有可扩张的行业，没有入口价值的想象力，那就要更困难一些。这是所有1小时送药APP创业者应该慎重考虑的问题。

**能否颠覆B2C？**

根据徐智明的判断，在一、二、三线城市的线上商品竞争格局已经完成，用户已经形成了买3C到京东、买书到当当的认知，接下来便是服务的竞争和非标准品的争夺。送餐、美甲上门服务等O2O项目本质拼的是服务。

"药品的领域比较滞后，商品的竞争格局还未形成，没有经历过价格血洗，此时，从业者应该从商品和价格入手，而不是去拼服务。医药电商最大的机会在于处方药，处方药有重复使用的特性，对价格敏感，用户会选择那些价格低、品种全的电商网站。"徐智明指出。

徐智明抛出一个问题：谁是中国商品最全、价格最低的网上药店？这个形象还未被一家医药电商所占据。1小时送药的模式也做不到品种最全、价格最低，它的SKU数量和价格受制于合作商家，因为货品从合作商家的门店中提取，没有供应链，做不到规模采购。

2017年中国医药B2C全年交易规模达到77.9亿元，占中国药店市场总规模的比重为2.7%，一般零售行业的电商占比已经达到10%，个别占比高的行业如图书行业已经达到50%，而2016年最大的医药电商仅仅卖了6亿多元，这样的体量还未让线下药店感受到实质性的影响。当电商占图书20%的比例时，书店才开始倒闭，大革命才真正开始。这时应该有医药电商站出来，赶紧融资，不要挣钱，所有的药品赔10%卖，血洗这个行业，走京东和当当网当年走过的路。

"指望药品O2O打败药品B2C，这个思维是不对的，完全是在自嗨。药品B2C这个行业尚未建立，你把2.7%变成10%才是应该做的事情，争取出现销售上百亿元的医药电商，而不是用户的'温饱问题'还未解决，你就想给他们'穿花衣服'。"徐智明表示。

1小时送药不是不能做，而是不能作为医药电商的主菜。"B2C与1小时送药O2O可以两条路一起走，1小时送药作为亮点，让用户有机会获得极致的服务。"徐智明说。

（资料来源：http：//B2B.toocle.com/detail—6275667.html）

**案例分析题：**

1. 结合本案例，分析药品O2O的需求分析有哪些。
2. 电子商务项目需求分析的重要意义在哪里？

## 思考题

1. 什么是电子商务项目需求？它主要有哪些？
2. 什么是电子商务项目的可行性分析？
3. 简述电子商务可行性分析的主要步骤。
4. 学习电子商务项目需求分析有什么重要意义？
5. 学习电子商务项目市场调研的主要方法有哪些？

# 第 3 章

# 电子商务项目的范围与计划管理

## ★学习目标

知识目标：了解电子商务项目管理中范围管理、进度管理、成本管理所承担的任务，掌握各个项目管理的基本规范。

技能目标：熟练运用电子商务项目管理的计划与实施阶段的知识。

素养目标：具备运用电子商务项目管理的相关知识分析和指导电子商务真实项目的意识。

## ★案例导入

### 九州通医药集团的互联网+转型之路

九州通医药集团（简称九州通）成立于1999年3月，总部位于湖北省武汉市，是一家面向医疗机构、批发企业、零售药店的销售中西药、器械的大型医药商业企业集团，董事长为刘宝林。九州通于2010年11月2日在上交所成功上市。据其官网介绍，目前，九州通在全国共有27家省级子公司、43家地市级分子公司以及近400个终端配送点，经营品种达20多万种，上游供货商7 000多家，下游客户80 000多家，取得了国内240多种药品的全国或区域总经销或总代理资格。根据其在2015年8月25日发布的2015年半年报显示：截至2015年6月30日，九州通共有零售连锁药店850家，比2014年年底的835家增加了15家。

九州通实力雄厚，在湖北民营企业百强榜上多次位居榜首。在全国工商联发布的"2015中国民营企业500强"榜单上，九州通以营业收入410.68亿元位列第82位。在《财富》杂志于2015年7月8日发布的"2015年财富中国500强排行榜"中，九州通排名第138位，比2014年排名上升20位。

在电子商务的浪潮下，九州通非常积极地进行互联网+转型。目前，九州通已经建设了多个电商平台,并投入运营,包括其医药器械 B2B 电商平台"九州通医药网"、中药材 B2B 电商平台"珍药材"、医药健康 B2C 电商平台"好药师"、医药 O2O 平台"去买药"等。

**医药器械 B2B 电商平台"九州通医药网"**

九州通是国内较早的重视电商的医药流通企业。早在 2000 年,九州通就成立北京九州通达电子商务有限公司,负责九州通的电商工作。2001 年,九州通医药网正式开通,但当时仅提供医药信息服务;2004 年 3 月,九州通医药网投入使用,开始进入医药电商时代。为顺应移动互联网时代的潮流,2014 年 9 月,九州通上线移动应用 APP"九州通医药网"。

九州通医药网基于其在全国各个省市的分子公司的互联网销售平台。客户首先选择的是所在省市,网站上显示的是当地分子公司的库存商品。当地医药公司不仅负责批发、零售的业务,还负责 B2B 电商平台订单商品的配送。目前,九州通医药网上销售中药、西药、医疗器械、计生用品以及其他生活日用品等。

**中药材 B2B 电商平台"珍药材"**

目前,中药材市场面临严峻的质量以及品牌缺乏的问题,中药材是我国的瑰宝,而质量参差不齐、假冒伪劣等问题严重影响了中药材的品牌和疗效。为应对混乱的中药材市场,2015 年 5 月 28 日,九州通上线中药材 B2B 电商平台"珍药材"。珍药材是提供中药材的撮合交易和信息以及其他服务的平台。除销售自身中药材外,珍药材还作为一个其他中药材厂商的第三方销售渠道。其他的中药材厂商可以在珍药材网上申请将中药材存入九州通的仓库,完成配送后,由珍药材进行药材质检以及入库存储。珍药材为中药材厂商提供销售流量平台,并从存储以及交易中收取一部分费用。

在 2015 年 9 月中国中医药发展大会上,刘宝林介绍道:"目前珍药材库存现货 2 万多吨,未来还将继续增加。"

**医药健康 B2C 电商平台"好药师"**

早在 2010 年,九州通就创立了好药师网,但是发展较慢。2011 年 7 月月初,九州通与京东达成合作,合资开展医药电商——京东好药师,九州通以 51%的持股控股京东好药师,京东持股 49%。到 2013 年,因京东筹备上市想要控股好药师以及九州通不愿失去控制权,九州通与京东"分手",好药师平台去除了京东的字样。此后,好药师探索多渠道发展道路,先后入驻各大电商平台,如天猫、1 号店等。2014 年 1 月,好药师与微信进行合作,开通微信商场和微信小店。2014 年 9 月,好药师与春雨医生达成合作,借助春雨医生为好药师的用户提供购药指导。此外,好药师还与春雨医生进行 O2O 方面的合作,用户在春雨医生平台上下单后,由好药师负责把需求分发到最近的药店,然后由药店进行配送。

2015 年 1 月 13 日,九州通旗下北京好药师大药房连锁有限公司与北京中环肛肠医院签订战略合作协议。好药师将利用北京中环肛肠医院的医生资源、技术及人才优势,探索网络医院。此外,好药师还积极与医药生产销售企业如康缘药业等进行合作。

据公开数据显示,2013 年好药师交易额为 2.04 亿元,2014 年交易额约 4 亿元,用户数突破 600 万。根据其发布的 2015 年半年报显示,上半年 B2C 业务实现销售 2.19 亿元,同比增长36.88%。然而，因进行医药电商团队及技术研发投入，2015年上半年九州通利润为 –2 444.05万元。

目前，好药师网上销售的商品主要是中西药品、家用医疗器械、保健用品、计生用品、个人美妆、食品百货以及母婴用品等。在跨境电商火爆初期，好药师也上线了全球购业务，开通了美国馆、澳洲馆、日本馆等，主要销售的是海外的保健美妆用品。

**医药O2O平台"去买药"**

随着移动互联网时代的到来，市场上逐渐兴起了一种与传统电商完全不同的模式——消费者通过手机应用就可以购买附近药店的药品，由药店或平台完成配送。这种新型的O2O模式比传统的电商在及时性上有很大的优势。亿欧此前曾盘点过目前市场上主要的医药O2O玩家，有的是纯互联网企业做医药O2O，如快方送药和药给力等；也有的是传统医药零售企业涉足医药O2O，如江西仁和集团推出的叮当快药，悦康药业集团推出的悦康送等。

在这种潮流下，九州通上线了基于O2O模式的"去买药网"和"去买药"手机APP，与线下药店合作，利用LBS定位技术，为消费用户提供500米范围内的药店药品信息及交易平台。消费者下单后，由药店进行配送上门。但亿欧记者体验发现，目前"去买药"覆盖的区域仅有湖北省的武汉市以及湖南省的13个城市。此外，九州通还在微信上推出"药急送（与目前市场上的一个药急送APP是不同的）"等功能，也提供这种医药O2O的服务，由用户附近的药店抢单并且负责配送。

（资料来源：https://www.iyiou.com/p/21448）

**【案例启示】**

如何针对目前企业存在的问题运用电子商务的项目管理理念进行规划，如何对项目采取实施有效的管理，这是很多初创企业和转型企业进行电子商务化必须首先要了解的事情，只有解决了这一系列问题才能够促进整个企业的长远发展和经营规模效益的提高。

## 3.1 电子商务项目范围管理

项目范围对项目的影响是决定性的。只有完成项目范围中的全部工作项目才能结束，因此一个范围不明确或干系人对范围理解不一致的项目不可能获得成功。范围不明确最可能的结果是项目的范围蔓延，项目永远也做不到头；对范围的理解不一致的结果往往是项目组的工作无法得到其他干系人的认可。

### 3.1.1 电子商务项目范围界定

**1. 电子商务项目范围的定义**

电子商务项目范围是指以项目章程和双方签订的合同为依据，把已经确认的项目交付物分解为更加具体的任务，以便于管理和实施。即通过电子商务项目范围的定义为项目划定一个界限，明确哪些方面是属于本项目应该做的，哪些是不应该包括在项目内的，从而界定项目管理工作的边界，确定项目的目标和主要可交付的成果。与传统项目比较，电子商务项目的目标可能会随着科技的发展而更新变动，范围会随着竞争对手业务的开展情况有扩展的趋势，电子商务项目范围定义重点是要分清什么不是工作实施范围中的事情。电子商务项目范围定义的作用有两个：一是防止项目"镀金"，即保证实现"该做的一定要做好，不该做的一点都不做"的管理目标；二是通过项目工作分解，可以实现把一个大的项目分解成多个具体的子任务，便于项目实施和分模块管理。当电子商务范围定义不明确时，就会不可避免地出现变更，并破坏项目的节奏，进而造成返工、延长项目工期、降低项目团队成员的士气和工作效率等一系列恶劣的影响，从而造成项目最后的成本大大超出预算。电子商务项目范围的定义不仅确定了项目的工作边界，而且是制订其他项目计划的基础。如项目的成本计划、进度计划都是根据项目的工作范围来安排确定的，项目成员分工也是以项目的工作范围为基础。

2. 电子商务项目范围管理的主要过程

电子商务项目范围定义的过程就是采取合理的方法来保证项目的范围与初始的合同保持一致。项目范围定义是相对的，范围定义过程是动态变化的，同一个项目随着深入进展，范围定义将会逐步从模糊到清晰。

（1）规划范围管理

项目范围管理师依据项目章程、项目与组织的外界环境因素等，对项目范围如何进行管理而制订一个指导性文件，其他的输出就是范围管理计划，它说明项目范围如何管理以及范围变更如何纳入项目中，是项目范围的计划及管理的一般性指导文件，一般应当包括：如何控制项目范围，当发生范围变更后如何处理；对项目范围的稳定性进行评估，即项目范围变化的可能性、频度与程度等；如何识别项目范围变更，以及如何对范围变更进行分类。

（2）定义范围

制订详细的项目范围说明书，作为将来项目决策的根据。范围定义就是根据范围管理计划要求，基于收集到的用户需求，逐步详细阐述产生项目产品的项目工作（项目范围），并将其形成文字的过程，其输出是范围说明书。范围说明书明确了项目目标与项目可交付成果，形成了项目与项目客户之间协议的基础，为今后的项目决策以及在干系人中确认或建立对项目范围的共识提供了一份有案可查的依据。随着项目的进展，范围说明书可能需要修改或完善，以反映项目范围已批准的更改。

（3）创建 WBS

在范围定义的基础上，再通过工作分解结构（Work Breakdown Structure，WBS）的方法对项目的工作内容进行进一步的分解。该方法将在下一小节进行介绍。

（4）范围确认

范围确认是项目发起人、项目实施方、项目最终用户或客户等项目干系人对项目范围正式接受的过程。它包括两个方面的工作：一方面是在计划阶段对项目范围定义的审核，要求各利益相关者对项目未来的可交付成果进行审查，检查范围说明书和范围界定中对项目可交付物的描述是否准确到位或令人满意；另一方面是在验收阶段对完成项目范围进行审核，通过审核项目的产出物和工作结果，保证所有工作已经达到项目的合同要求，可以进行验收。这时范围审核的结果就是正式验收，表明客户或甲方已经接受项目阶段产品或者主要可交付成果，可以撰写验收文件，并准备验收。

电子商务项目范围计划的难度与电子商务项目的类型和规模有关。对于不同类型的电子商务项目，其范围定义的难度不完全一样。例如，相对来说，对于时间较短的电子商务运营项目的范围定义就相对简单清晰些，而电子商务系统开发项目由于跨度相对大些，涉及因素较多，范围定义可能就相对困难，不一定能够在项目规划阶段就把范围定义清楚。同时，对于同种类型但不同规模的电子商务项目的范围定义，其难度也不完全相同。

### 3.1.2 项目的工作分解结构

工作分解结构（WBS）是将项目逐层分解成一个个可执行的任务单元，这些任务单元即构成了整个项目工作范围。项目工作范围的结构分解，强调的是结构性和层次性，即按照相关系统规则将一个项目分解，得到不同层次的项目单元，然后对项目单元做进一步的分解，得到各个层次的活动单元，清晰反映项目实施所涉及的具体工作内容，最终形成工作分解结构图，项目干系人可以通过它看到整个项目的工作结构。

通过项目的工作结构分解，可以加强项目组成员对项目的共同认知，保证项目机构的系统性和完整性，还可使项目易于检查和控制。最重要的是，WBS 是制订进度计划、成本计划等其他项目管理计划的基础。

1. 工作分解结构的形式

较常用的工作分解结构的表示形式主要有树型图和缩进表两种。

①树型图。树型结构类似于组织结构体，如图 3-1 所示。树型图的优点是 WBS 层次清晰，非常直观，结构性强，适用于与企业的高层和用户交流。

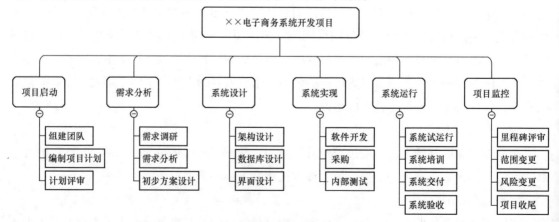

图 3-1　××电子商务系统开发项目的 WBS

②缩进表。缩进表又称为列表式，类似于分级的图书目录，见表3-1。缩进表能够反映项目所有的工作要素，但直观性较差。对于一些大的、复杂的项目而言，内容分类较多、容量较大，用缩进表的形式表示细节比较方便，也可以装订成手册。

表3-1　××水果电子商务网站的 WBS 缩进表

| 工作编号 | 工作名称 | 负责人 | 资源描述 |
| --- | --- | --- | --- |
| 1.1.0 | 项目启动 | | |
| 1.1.1 | 组建团队 | | |
| 1.1.2 | 编制项目计划 | | |
| 1.1.3 | 计划评审 | | |
| 1.2.0 | 调研准备 | | |
| 1.2.1 | 需求调研 | | |
| 1.2.2 | 确定目标/可行性分析 | | |
| 1.2.3 | 初步方案设计/选择 | | |
| 1.3.0 | 系统设计 | | |
| 1.3.1 | 网站功能结构/界面风格设计 | | |
| 1.3.2 | 软件功能构架设计 | | |
| 1.3.3 | 数据库设计 | | |
| 1.3.4 | 系统物理配置方案设计 | | |
| 1.4.0 | 系统开发 | | |
| 1.4.1 | 硬件采购 | | |
| 1.4.2 | 网站平台建设 | | |
| 1.4.3 | 数据信息资料收集/网页制作 | | |
| 1.4.4 | 网站功能测试/初发布 | | |
| 1.4.5 | 系统整合/功能测试 | | |
| 1.5.0 | 系统试运行 | | |
| 1.5.1 | 操作人员培训 | | |
| 1.5.2 | 修正系统功能 | | |
| 1.5.3 | 提交测试报告 | | |
| 1.5.4 | 制订管理制度 | | |

续表

| 工作编号 | 工作名称 | 负责人 | 资源描述 |
|---|---|---|---|
| 1.5.5 | 专职人员到位/正式运行准备 | | |
| 1.6.0 | 系统正式运行 | | |
| 1.6.1 | 系统交付 | | |
| 1.6.2 | 系统验收 | | |
| 1.6.3 | 项目评估 | | |
| 1.6.4 | 系统运行管理 | | |
| 1.6.5 | 系统维护管理 | | |
| 1.7.0 | 项目监控 | | |
| 1.7.1 | 里程碑评审 | | |
| 1.7.2 | 范围变更 | | |
| 1.7.3 | 风险变更 | | |
| 1.7.4 | 项目收尾 | | |

工作分解结构的编码设计与结构设计是有对应关系的，结构的每一层次代表编码的某一位数，WBS编码由三位数组成，第一位数表示整个项目；第二位数表示子项目要素（或子项目）的编码；第三位数表示具体活动单元的编码，见表3-1。

2. 工作分解结构的编制

创建WBS是指将负责的项目分解为一系列明确定义的项目工作，并作为随后计划活动的指导文档。在分解之前，首先要把握以下分解原则：

①分解后的每项工作应该是可管理的，可以对该工作包进行成本和工期估算，能够安排进度、做出预算、分配负责人员。

②最底层的活动可直接分派到个人来完成，并且其所需时间和成本是容易估算的。每个任务原则上要求分解到不能再细分为止。

③下一层的活动对上一层是充分与必要的，充分性说明下一层的子活动是足够的，不能有漏项；必要性说明下一层的每个子活动都是必需的。

④每一个工作分解结构的层数不要太多，一般不要超过4~5层。由于人的管理能力是有限的，试想如果有一个20级的工作分解结构，则较低层次的工作单元对于项目管理层没有任何意义，因为其无法关注这么多层。对于大型或特大型的电子商务系统，可以有多个不同层次的工作分解结构，有的工作分解结构是较粗的，适用于项目总监或总指挥从整体上管理项目；有的可能是某一个子项目的工作分解结构，适用于子项目的项目经理。

通过两个"凡是"的标准对照检查 WBS：凡是在 WBS 上的都是应该做的工作；凡是未在 WBS 上的都是不应该做的工作。前者用于检查有无多余工作，后者用于检查有无遗漏工作。

3. 创建 WBS 的方法

创建 WBS 的方法主要有以下几种：

①自上而下法（系统思考法）。这是构建 WBS 的常规方法，即从项目的目标开始，逐级分解项目工作，直到管理者认为项目工作已经充分地得到定义。由于该定义可以将项目工作定义在适当的细节水平。因而对于项目工期、成本和资源需求的估计比较准确。这种方法对具备较好系统思维能力的人而言，可以说是很好的方法。

②自下而上法（头脑风暴法）。让各个成员从不同的角度思考可能的各项具体任务，然后将各项具体任务进行整合。有了这些零散的思路，再归纳就相对容易了。想到什么就记下来，然后不断补充，不断归纳。对那些全新的系统和项目采用这种方法较好，通过该方法也可促进全员参与，加强项目团队的协作。

③模板参照法。如果存在 WBS 模块，就会容易得多。如图 3-1 就是一个模板，其他的电子商务系统开发项目可以参考。

4. WBS 的分解

WBS 的分解可以采用多种方式进行，包括：

①按产品的物理结构分解。例如，对于电子商务系统，可分解为数据层、逻辑层和表现层等。

②按产品或项目的功能分解。根据产品的不同功能，分解为若干个模块。

③按照实施过程分解。根据项目的专用生命期进行划分，有利于项目管理。

④按照项目的地域分布分解。有的系统可能是跨区域性的，有时也可根据地域进行分解。

⑤按照项目的各个目标分解。按目标分解与按功能分解有些类似，但这里所说的目标多指项目的交付物。

⑥按部门分解。根据项目的工作部分进行分解，如分解为软件部、硬件部、采购部等。

不同的分解方式适合不同的项目。如按项目目标或最后交付物进行分解的方式比较适合交付物容易分解为多个独立的子产品或产品部件单元的项目；而按项目阶段进行分解比较适合不易分解交付物的项目。例如，对于电子商务开发项目，可能最后交付的主要就是一个整体的软件系统，构成系统的各模块间存在较强的关系，对这种项目，就难以按系统模块进行分解，一般采用按项目阶段进行分解；而对于电子商务运营项目，则可能更适合按交付物分解方式编制工作分解结构。在实际中，上述两种分解方法可以结合使用，如在按阶段分解的基础上，再对某个阶段的工作按模块分解，这需要项目经理灵活应用各种分解技术。

同一个项目分解时，在不同层次的分解可能采用的分解方式不一样，即一个项目可能采用多种分解标准。但在同一层次,其分解标准应该相同,而且第一层的分解对于整个项目的分解尤为关键,在很大程度上,项目工作分解结构决定项目管理方式,而第一层的分解又在很大程度上决定整个工作分解结构是否合理。一般可参考以下标准权衡决定第一层的分解标准:

①哪一种更高级的标志最有意义?这里所说的"有意义"包括有利于任务分配或者有利于项目的进度、成本或者目标管理等,总之,要选择一种最有利于项目管理的方式分解。

②任务如何分配?一般一个项目组包含多个项目小组,每个项目小组负责一个模块工作,在分解时最好能够实现第一层分解后的每一个活动能直接分给各个项目小组。

③具体的工作将如何去做?这要求在进行工作分解时,要结合项目的分阶段生命期,要兼顾项目是如何进行管理的。

5. 以潮流宝贝淘宝网店建设项目工作分解为例

以潮流宝贝淘宝网店建设项目为例,阐述如何进行工作分解。该项目利用淘宝网搭建一个网上商店,主要经营 0~10 岁儿童服装与饰品,店铺经营理念是"宝贝也可以时尚潮流"。该项目的工作分解树型图如图 3-2 所示,项目建设工作缩进情况如表 3-2 所示。

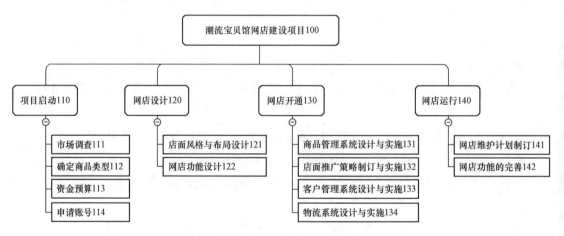

图 3-2  潮流宝贝馆项目建设树型图

表 3-2  潮流宝贝馆项目建设工作缩进

| 工作编号 | 工作名称 | 负责人 | 资源描述 |
| --- | --- | --- | --- |
| 110 | 项目启动 | | |
| 111 | 市场调查 | | |
| 112 | 确定商品类型 | | |
| 113 | 资金预算 | | |
| 114 | 申请账号 | | |

续表

| 工作编号 | 工作名称 | 负责人 | 资源描述 |
|---|---|---|---|
| 120 | 网店设计 | | |
| 121 | 店面风格与布局设计 | | |
| 122 | 网店功能设计 | | |
| 130 | 网店开通 | | |
| 131 | 商品管理系统设计与实施 | | |
| 132 | 店面推广策略制订与实施 | | |
| 133 | 客户管理系统设计与实施 | | |
| 134 | 物流系统设计与实施 | | |
| 140 | 网店运行 | | |
| 141 | 网店维护计划制订 | | |
| 142 | 网店功能的完善 | | |

## 3.2 电子商务项目进度管理

项目管理的首要任务是制订一个构思良好的项目，以确定项目的范围、进度和费用。在给定的时间完成项目的重要约束性目标，能否按进度交付是衡量项目是否成功的重要标志。因此，控制项目进度是项目控制的首要内容，是项目的灵魂。同时，由于项目管理是一个带有创造性的过程，项目不确定性很大，项目的时间管理是项目管理中的最大难点。

项目时间管理就是采用一定的方法对项目范围所包括的活动及其之间的相互关系进行分析，对各项活动所需要的时间进行估计，并在项目的时间期限内合理地安排和控制活动开始和结束的时间。

### 3.2.1 电子商务项目进度计划的编制

电子商务项目是根据项目范围定义得到的各活动及其先后顺序，以及各工作需要的时间来确定项目及其包含的各项工作的开始时间和结束时间。编制进度计划是电子商务项目进度管理的两大任务之一（另外一个任务是进度控制）。其中，编制进度计划是进度控制的基础，也是进度控制的基准。制订一个合理的进度计划，可以使项目不偏离运行轨道，顺利完成各阶段的任务。

不但要做计划，而且要经常根据内外环境的变化和客户需求的变化而调整项目进度计划，使项目进度计划是动态的和更新的。这是因为在项目管理实践中，进度提前或拖延是难以避免的，特别是对于受内外环境影响更大的电子商务项目而言。进度计划只是根据预测而对未来做出安排，由于在编制计划时事先难以预见各种问题，在计划执行过程中总会有各种各样或大或小的风险事件发生，这就要求对现有计划不断做出调整，得到新版本的计划。所以，调整计划并不是对原计划的否定，相反，而是为了更好地与实际情况保持一致。

项目进度计划编制的主要过程分为活动定义、活动排序、活动历时估计、编制进度计划。

（1）活动定义

活动定义就是根据项目范围说明书中规定的可交付成果或半成品，确定项目必须进行的各种具体活动（工作）。活动定义的主要方法有分解法和模板法。活动定义和项目范围定义经常是联系在一起的。实际上，在项目范围确定并得到项目分解结构后，就可以列出项目活动清单，在对活动名称进行规范化后，就完成了活动定义。对于规模较小的项目，对项目范围定义和活动定义也不做明确的区分。

（2）活动排序

活动排序就是把各活动按发生的先后顺序组成一个时间序列，所以在制订进度计划之前要确定各活动的先后顺序。活动排序过程就是确认并编制活动间的相关性的过程。活动必须被正确地加以排序，以便今后制订可行的进度计划。活动排序时要考虑到的因素主要有各活动间的依赖性、本项目活动与外部间的相关性、相关约束及假设条件等。

（3）活动历时估计

活动确定并排序后，接下来就是估计各活动工期。活动工期包括一项活动所消耗的实际工作时间加上间歇时间。活动工期估计除了可以估计一个最可能的历时，对于不太常做的新项目类型，根据需要可以估算3个时间：悲观的历时估计、乐观的历时估计和正常的历时估计。

（4）编制进度计划

在完成了项目活动定义、活动排序和活动历时估计后，就可以计算出各活动的开始时间和期望完成时间，并估算整个项目的工期，从而可以得到整个项目的进度，并形成项目进度计划。项目进度常用的表示形式有甘特图、里程碑图等。甘特图将在后面重点阐述。里程碑图主要用于识别项目的完成时间，关注各个里程碑事件。在项目计划中，通过关注这些关键点，可以使项目负责人能够随时监控项目进度，及时发现问题，并快速做出反应。

### 3.2.2 甘特图

1. 甘特图的定义

甘特图又称为横道图，是以图示的方式通过活动列表和时间刻度形象地表示出任何特定项目的活动顺序与持续时间。甘特图是在第一次世界大战时期发明的，亨利·L·甘特制定了第一个完整地用条形图表示进度的标志系统。由于甘特图形象简单,在简单、短期的项目中,得到了最广泛的运用。甘特图包含3个含义:以图形或表格的形式显示活动;现在是一种通用的显示进度的方法;构造时应包括实际日历天和持续时间,并且不要将周末和节假日算在进度之内。

2. 甘特图的绘制步骤

甘特图的绘制步骤如下:

①明确项目牵涉的各项活动、项目。内容包括项目名称(包括顺序)、开始时间、工期、任务类型(依赖/决定性)和依赖于哪一项任务。

②创建甘特图草图。将所有的项目按照开始时间、工期标注到甘特图上。

③确定项目活动依赖关系及时序进度。使用草图,按照项目的类型将项目联系起来。此步骤将保证在未来计划有所调整的情况下,各项活动仍然能够按照正确的时序进行,也就是确保所有依赖性活动能并且只能在决定性活动完成之后按计划展开,同时避免关键性路径过长。

④计算单项活动任务的工时量。确定活动任务的执行人员及适时按需调整工时并计算整个项目时间。

3. 使用甘特图应注意的问题

①将任务以概要形式列出,并为任务加上编号;

②安排活动顺序,如果安排可以同步进行的工作同步进行,就可以缩短整个项目的周期;

③绘制甘特图时,任务中缩写词要注意统一,一般甘特图上方数字表示时间,左侧是各项工作的名称,表格中横线的长度表示工作持续时间。如图3-3所示。

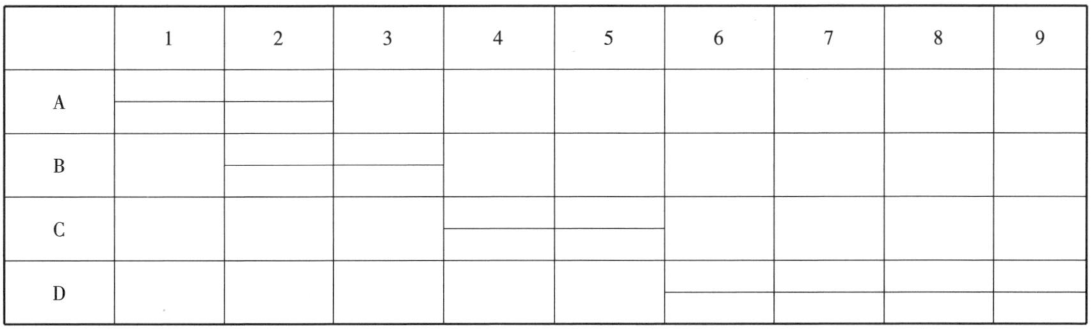

|   | 1 | 2 | 3 | 4 | 5 | 6 | 7 | 8 | 9 |
|---|---|---|---|---|---|---|---|---|---|
| A |   |   |   |   |   |   |   |   |   |
| B |   |   |   |   |   |   |   |   |   |
| C |   |   |   |   |   |   |   |   |   |
| D |   |   |   |   |   |   |   |   |   |

图3-3 甘特图

在甘特图上可以看出各项活动的开始和结束时间。在绘制各项活动的起止时间时,也考虑它们的先后顺序。但在甘特图中各项活动的关系却没有表示出来,同时也没有指出影响项目生命期的关键所在。因此,对于复杂的项目来说,甘特图就显得不能适应需要。

4. 甘特图的优缺点

(1) 优点

甘特图易于归纳和理解;甘特图清楚而简单地表现了活动的进程;甘特图可以用来传递

和发布进度信息；对决策功能进行管理时，甘特图是关键资料；甘特图有专业软件支持，无须担心复杂计算和分析。

（2）缺点

①甘特图无法明确地表现活动之间的顺序和相互关系。在一个复杂的项目中，如果一个活动超前或者延迟，它对其他活动的影响通常不是很容易看出来。

②在一个活动使用甘特图之前，必须同时考虑一系列因素并做出决定。潮流宝贝馆项目工期估计见表3-3。

表3-3 潮流宝贝馆项目工期估计表

| 工作编号 | 工作名称 | 所需工期（共：天） | 工作开始时间 | 工作结束时间 |
| --- | --- | --- | --- | --- |
| 110 | 项目启动 | 52 | 2016.06.01 | 2016.07.24 |
| 111 | 市场调查 | 14 | 2016.06.01 | 2016.06.15 |
| 112 | 确定商品类型 | 5 | 2016.06.01 | 2016.06.05 |
| 113 | 资金预算 | 2 | 2016.06.08 | 2016.06.09 |
| 114 | 申请账号 | 3 | 2016.06.10 | 2016.06.12 |
| 120 | 网店设计 | 1 | 2016.06.15 | 2016.06.15 |
| 121 | 店面风格与布局设计 | 7 | 2016.06.16 | 2016.06.22 |
| 122 | 网店功能设计 | 8 | 2016.06.23 | 2016.06.30 |
| 130 | 网店开通 | 16 | 2016.07.01 | 2016.07.16 |
| 131 | 商品管理系统设计与实施 | 3 | 2016.07.01 | 2016.07.03 |
| 132 | 店面推广策略制订与实施 | 3 | 2016.07.06 | 2016.07.08 |
| 133 | 客户管理系统设计与实施 | 5 | 2016.07.09 | 2016.07.13 |
| 134 | 物流系统设计与实施 | 3 | 2016.07.14 | 2016.07.16 |
| 140 | 网店运行 | 8 | 2016.07.17 | 2016.07.24 |
| 141 | 网店维护计划制订 | 5 | 2016.07.17 | 2016.07.21 |
| 142 | 网店功能的完善 | 3 | 2016.07.22 | 2016.07.24 |

## 3.3 电子商务项目成本管理

电子商务项目的成本计划是对完成项目的各种资源（包括人员、设备和材料等）的费用进行合理的估算、预算的计划过程。编制电子商务项目的成本计划就是估算为完成每项任务，所需资源的费用，得出项目的费用估算。

### 3.3.1 项目资源计划

项目资源计划过程就是以工作分解结构、项目进度计划、资源安排描述、组织策略和相关历史信息为依据，通过分析和识别资源需求来确定本项目的资源。从总体上来讲，资源计划可以分为两步：首先，项目经理要搞清楚有哪些资源可以为本项目所利用，这是前提；然后，根据项目的进度安排、签订合同的截止日期以及项目团队的成员结构，决定该项目需要哪些资源。

在有些情况下，尤其是工期比较紧张的情况下，就尽可能多地利用所有能利用的资源；但有时尽管有很多资源可以利用，但工期不是特别紧，这时，项目经理也可能不需要所有的资源，因为有时资源多并不一定是好事。例如，项目团队成员多了，需要培训的工作量就大，而且成员越多，项目团队的沟通交流也越复杂。所以，项目经理要根据工期和团队建设等实际情况有选择地挑选合适的资源。

项目资源计划的过程实际上就是回答本项目包含的各项工作需要投入怎样的资源（如硬件资源、软件资源和人力资源等）以及确定资源的种类、数量和投入时间。项目资源计划的结果就是制订资源需求计划，编制资源计划说明书。它对各种资源的需求情况和使用计划进行了详细说明。

常见的费用成本包括：人工成本（各种劳动力的成本）；物料成本（消耗和占用的物料资源费用）；顾问费用（各种咨询和专家服务费用）；设备费用（折旧、租赁费用等）；其他费用（如保险、分包商的法定利润等）；不可预见费用（为预防项目变更的管理储备）。

项目资源计划方法主要有专家判断法、类比评估法、自下而上法和资源均衡法等。

(1) 专家判断法

专家判断法通常是由相关领域的专家根据以往类似项目的经验和对本项目的判断进行合理预测并制订项目资源计划的方法。专家判断法主要是专家在仔细阅读项目的有关资料以及对项目的计划和目标进行深入的调查和研究后，通过座谈会、讨论会等形式，汇总各位专家的意见，制订出项目资源计划方案。

(2) 类比评估法

类比评估法是指项目组参考以往类似项目的历史统计数据资料，计算和确定项目资源需求计划。它要求所采用的历史资料不但与本项目有足够的可比性，还要求历史资料足够详细，有很强的可操作性。通常来讲，这种方法比较适合于那些创新性不强、大众化的项目。

(3) 自下而上法

自下而上法是编制项目资源计划最基本、最可信的一种方法。项目组根据项目工作分解结构图所列出的项目工作任务一览表，确定出每项任务所需的各种资源，再将其汇总，编制出项目资源计划表。

(4) 资源均衡法

资源均衡法是一种辅助的资源计划编制方法，它是在运用其他方法编制出资源计划后，对资源计划进行优化，平衡各种资源在项目各个时期投入的一种常用方法。通过这种方法，确定出该项目所需的各种资源的具体投入时间，并尽可能均衡使用各种资源来满足项目要求的完工进度。该方法的具体操作相对烦琐，需要对非关键工序的总时差或自由时差进行多次分配，选择其中最优的方案，通常要借助项目管理软件来完成。

需要说明的是，项目资源计划的编制是一个不断修改、不断调整的过程。在项目的初始阶段，由于积累的经验不足以及在项目实施过程中所固有的种种不确定性，对资源的需求只能是一个定性的和粗略的估计，很难将项目所需要的各种资源准确地分配到各项活动中。随着项目的进展，项目对资源的需求也逐渐明朗，这时要根据实际情况，不断修改和调整项目资源计划。因此，项目资源计划过程是渐进明细的，它贯穿项目的整个生命期。

### 3.3.2 项目成本估算

1. 项目成本估算概念

通过项目资源计划，就基本确定了项目所要使用的资源（软件、硬件、人力、资金等），接下来就要把这些资源分配到各活动中，并估算各活动的费用，从而得到项目的总费用。项目成本估算是指根据项目的资源需求和计划，以及各种项目资源的价格信息，估算和确定项目各种活动的成本和整个项目总成本的一项项目成本管理工作。而在实际运用执行过程中常用项目费用估算来制订项目的成本预算。

项目费用估算是指为了实现项目目标、完成项目的各项活动，预估完成项目各工作所需资源（人、材料和设备等）的费用的近似值。它与资源计划是相对应的，和工作的质量的结果相联系。通过费用估算，并以此为基础进行项目成本预算。项目费用估算的过程中应该考虑各种形式的费用交换，如在多数情况下，延长工作的延续时间通常是与减少工作的直接费用相联系的；相反，追加费用将缩短项目工作的延续时间。因此，在费用估算的过程中必须考虑附加的工作对工程期望缩短的影响。

费用估算时要考虑两种费用：直接费用和间接费用。直接费用是指与最后的产品或服务有直接关系的费用，如电子商务运营项目中的订货数量；间接费用是指与最后的产品或服务没有直接关系的费用，如各种管理费。电子商务项目费用的多少与项目所耗用的资源的数量、质量和价格有关；与项目的工期长短有关（这是因为项目所消耗的各种资源包括人力、物力、财力等都有自己的时间价值）；与项目的质量结果有关（因质量不达标而返工时需要花费一定的费用）；与项目范围的宽度和深度有关（项目范围越宽、越深，项目费用就越大；反之，项目费用越小）。

项目费用与项目造价是两个既有联系又有区别的概念。项目造价中不仅包括项目费用，还包括项目组织从事项目而获取的盈利，即项目造价=项目费用+盈利。项目费用是项目组织做出项目报价的重要考虑因素之一。

项目费用估算的结果就是得到以摘要或详细形式描述的项目所需要的各种资源的费用，包括人力资源费用、原材料费用、外包费用、租用设备费用，以及其他辅助性费用等。此外，还应该有一个相关的支持性细节文件，对项目费用估计的依据、背景信息进行详细说明。

进项项目费用估计的主要依据有工作分解结构图、资源需求计划、资源价格、工作的持续时间、历史信息、会计表格、经济形势。

2. 项目成本估算方法

项目成本估算与项目活动历时估算方法类似，可以采用参数模型法、类比估算法等。

参数模型法即项目团队根据单位规定的参数模型进行估算。例如，在确定每项具体活动的工作量后，除以单位生产率，就可得到活动所需时间。类比估算法是指利用过去类似项目活动的实际所用时间作为基础，估算新项目活动所需的时间。在项目的早期阶段，往往采用这种方法估算项目各项活动所需的时间。当项目某些方面的信息难以获得时，常常采用类比估算法，尤其是当前项目与类比项目较类似的，使用这种方法最有效。对于电子商务系统开发项目，还可以采用功能点估算法和软件代码行法。

### 3.3.3 项目成本预算

1. 项目成本预算概念

项目成本预算的目标就是得到一个以时间轴的成本基准线，即确定在哪段时间需要多少费用。项目成本预算以工作分解结构为基础，将项目成本估算分配给单个工作项。它是一个基于时间维度的项目成本计划，从中可以清晰地反映在各时间段的人力资源、合同分配的资金和管理储备的分配情况。

项目成本预算的作用有3个：一是控制成本，使项目在预定的成本计划内完成；二是按计划分配资源，可以保证各项目工作能够获得所需要的各种资源，并使资源得到充分利用，提高资源的使用效率；三是可以通过成本预算来控制项目进度，如果在某时刻发现实际支出低于当前预算，则有可能是项目进度落后。所以成本预算不但可以用于成本管理，而且可用于进度控制。

项目成本预算的依据有项目费用估算、工作分解结构、项目进度计划。项目成本预算的结果包括项目各工作的成本预算和总项目的成本基准计划。

2. 电子商务项目成本计划方法

电子商务项目成本计划包含项目资源计划、项目费用估算和项目成本预算。所以从这三方面讲述制订电子商务项目成本计划方法。

项目资源计划编制方法包括：专家判断法，是制订资源计划最为常用的，通常是由项目成本管理专家根据以往类似项目的经验和对本项目的判断，经过周密思考，进行合理预测，来制订项目资源计划。项目成本管理专家可以是任何具有特殊知识或经过特别培训的组织和个人,主要包括项目组织中的其他成员、专家和顾问、咨询组织等。制订项目资源计划经常采用的是专家判断法和德尔菲法;选择确认法,通过制订多种资源安排计划,由专家选择,最常用的是头脑风暴法;资源分配法,项目资源分配是指通过分析和识别的资源需求,包括人员、设备、材料和资金等,确定各种项目活动需要的资源种类、数量、质量和资源投入时间,从而确定项目的成本估算。

在电子商务项目计划中,资源分配主要指人员的分配,指定了时间资源以后,应该指定人力资源。一项工作任务是否能够完成,所需要的时间和人员是两个最主要的变量。在一定的范围内,时间和人员是可以互换的。即增加人员会缩短工作时间;延长时间会降低对人员的需求量(但这种观点的缺点在于管理者往往会认为所有的活动都可以)。

## 3.4 商务网站的范围和计划管理

### 3.4.1 商务网站的范围和进度

1. 商务网站的进度管理

进度管理就是在规定的时间内,制订出合理的、经济的进度计划,然后在该计划的执行过程中,检查实际进度是否与进度计划相一致。若出现偏差,要及时找出原因,采取必要的补救措施。如有必要,还要调整原进度计划,从而保证项目按时完成。

进度管理是项目管理的最重要内容之一,也是项目管理的重要目标。进度的加快,依赖于正确的思想和方法。甘特图和网络图等作为进度管理的硬技巧,受到了普遍关注。但是直接影响IT项目进度的还有许多软技巧,其中重要的3个是:进度要与项目范围成本、质量、采购相协调;掌握正确的需求调研方法;缩短团队的组建与磨合时间。

项目范围会影响IT项目进度。一般来说(假设其他要素不变),项目范围越大,项目所要完成的任务越多,项目耗时越长;相反,项目范围越小,项目所要完成的任务越少,项目耗时越短,因此如果项目进度很紧,或者进度拖延非常严重,就可以考虑与客户讨论,是否能够将范围进行收缩。如果客户同意缩小范围,那么进度就能得到有效缩减。

项目的成本、质量也会影响进度。一般来说,追加成本可以增加更多的资源,如设备和人力,从而使某项工作能够并行完成或者加班完成。如果项目不能按进度完成,可以考虑将有些原定任务外包出去,这是项目采购管理与进度管理的协调内容之一。

显然,在缩减进度时,可以考虑上述各专项管理之间的协调,即砍掉部分任务、降低部分任务的质量、分包部分任务、追加部分任务的成本等。

2. 网站进度管理案例

某公司是一个以网站开发为主的软件公司,规模比较小,只有30多人。公司采用的是项目承包制度，也就是合同签订后，公司领导根据该项目需求核定工作量（如工作量是10人月，即相当于5人做2个月或者2人做5个月），然后规定1万元1人月，也就是说这个项目10万元承包给项目组，等验收时，用这10万元减去该项目组的所有花费就是该项目组的项目奖金。项目经理每月对该项目组成员进行考核，考核成绩体现在工资中，另外，可以根据项目进展情况，增加或者减少项目组成员，还有分配项目组成员奖金的权力。

自这种制度推行以来，项目组积极性很高，也大大节约了成本，项目奖金也很可观。但是也带来了一个问题，如项目核定工作量是10人月，项目经理为了节约承包费用或者自己多赚钱，就让一个人做，做七八个月才验收；或者开始两个人做，最后5个月才验收。但实际上公司跟客户签订的合同要求4个月验收，这样拖延工期对客户关系和项目回款产生了很大的影响。在公司中采用这种管理方式，成本是节约了，但进度受到了极大的影响。

### 3.4.2 商务网站的进度计划

1. 基本流程

编制网站的进度计划基本流程如图3-4所示。

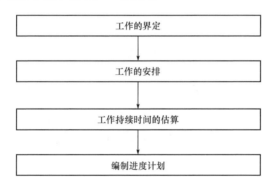

图 3-4 编制网站的进度计划基本流程

2. 具体步骤

（1）工作的界定

为完成各种交付成果，应确定必须进行的各项具体活动，并将可交付成果分解为较小的且易于管理的单元。编制进度计划，首先必须对任务进行分解，并向网站开发人员分配工作责任。大型的、复杂的电子商务网站的工作任务分解，就是要建立一个WBS。任务分解和责任分配见表3-4。

表3-4 电子商务网站建设项目任务分解和责任分配

| 活动编号 | 活动名称 | 任务的详细说明 | 负责部门 |
| --- | --- | --- | --- |
| 1 | 网站规划 | 对网页的数量、内容、网站运行方式进行总体安排 | 公司决策部 |

续表

| 活动编号 | 活动名称 | 任务的详细说明 | 负责部门 |
|---|---|---|---|
| 2 | 资料收集 | 收集图片、文字宣传资料,通信地址和联系人名单,汇款账号等,收集有关宿主的资料 | 公司客服部 |
| 3 | 数据库结构设计 | 对公司的数据库进行结构上的设计 | 公司技术部 |
| 4 | 宿主选择 | 选择ISP,购买虚拟主机空间,洽谈服务条款和价格 | 公司技术部 |
| 5 | 文本编制 | 设计网页内容结构,编写产品主说明、简介、服务承诺书、问题与解答和其他网页上的文字内容 | 公司运营部 |
| 6 | 数据库开发 | 设计和开发产品数据库和网上登记、查询、订货、反馈系统 | 公司技术部 |
| 7 | 网页设计 | 根据文本和图片设计网页,要求美观大方,浏览便捷 | 公司技术部 |
| 8 | 网站调试 | 网站调试包括网页链接、数据库功能测试、数据图片和文字的衔接 | 公司技术部 |
| 9 | 网页上传 | 将调试好的网页传送到ISP服务器上,利用企业原来的域名和账号 | 公司技术部 |
| 10 | 在线测试 | 从互联网上登录,检查预定的各项指标是否符合要求,如有问题予以解决 | 公司运营部 |

(2) 工作的安排

识别项目工作清单中各项活动的相互关联与依赖关系,并据此对各项工作的先后顺序进行安排。目前,经常采用网络图的方法来反映各项活动之间的逻辑关系,这样有利于任务执行过程中各工作之间的协调和控制。

下面依然以大学商城网站建设项目为例来说明如何绘制网络图。

绘制网络图可以使用不同的规则。一种形式是用节点或方框表示活动,称为节点法(Activity On the Node,AON),又称为单代号法;另一种形式是用箭头表示活动,称为箭头法(Activity On the Arrow,AOA),又称为双代号法。为便于理解,以下都采用节点法。

①活动的表示。每项活动在网络图中用一个方框表示,对该项活动的描述都写在方框内,如图3-5所示。给每个方框指定一个唯一的活动号。在图3-5中,活动"宿主选择"给定的活动号是"4"。

图3-5 用方框表示活动

②活动之间逻辑关系的表示。活动之间有先后次序关系，这种关系用箭头表示。箭头线表明哪些活动在其他活动开始以前必须做完。连接活动方框的箭头表示先后次序的方向。一项活动只有在通过箭头与它联系的所有前面的活动完成后，才能开始。如图 3-6 所示，只有在"网页调试"活动完成后，"网页上传"才能开始。

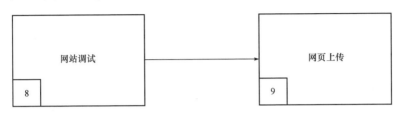

图 3-6　活动之间先后次序的表示

当有并行的活动出现时，必须等所有的并行活动全部结束，箭头指向的后续活动才能开始。如图 3-7 中的"数据库开发"必须在"数据库结构设计"与"资料收集"工作都结束后才能开始，"网站调试"必须在"数据库开发"和"网页设计"都结束后才能开始。

图 3-7 是用节点法绘制的电子商务网站建设项目网络示意图，注意图中附加了负责部门。

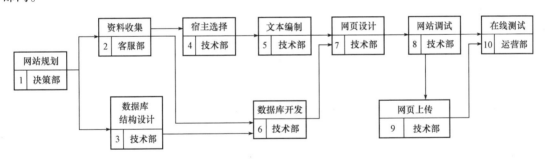

图 3-7　电子商务网站建设项目网络示意

（3）工作持续时间的估算

工作持续时间的估算即对项目确定的各项工作的时间长度进行估算。工作持续时间估算错误主要有如下两个方面：

①工期估计过长。进度超期的首要原因是每个工序的计划时间过长，使项目最后没有足够的余地（或称为缓冲区），如果有阻碍因素发生就很难按时完成项目。其次，不确定因素对任务计划有影响。由于不确定性因素的影响，任务完成者为了确保任务完成，一般会考虑安全因素，并做出最悲观的时间估计。

②工期估计过短。工期估计一般要客观地综合考虑员工的工作效率、工作的复杂度和历史经验。项目管理人员单凭主观估计不可能得出好的结果，容易导致项目处于混乱状态。估计时间过短一般有两个方面的原因：一方面是公司与同行竞争，为了中标压缩了项目时间；

另一方面是设计者对问题估计过于乐观，没有从技术方面做具体全面的分析，只是凭借以往的经验估计。

当任务分解成活动并将每项活动的责任分配到个人之后，每项活动的责任人就可以根据其经验和可以得到的资源来估计完成本项活动所需要的时间，如对图3-7来说，工期估计的结果见表3-5。

电子商务网站建设的活动工期是一个可变的因素，如数据库开发这项活动，有人可能需要3个月，但换另外一个人操作，可能只需要3个星期；另外，同样的活动，一个人去做与3个人去做，工期可能明显不同。因此，活动工期的估算，必须与可获得的资源数量和必须达到的质量标准联系在一起。而不同资源的使用、不同的质量标准，对应于不同的成本。

表3-5　电子商务网站建设的活动工期

| 活动编号 | 活动名称 | 负责部门 | 时间估计/天 | 备注 |
|---|---|---|---|---|
| 1 | 网站规划 | 决策部 | 1 | |
| 2 | 资料收集 | 客服部 | 2 | |
| 3 | 数据库结构设计 | 技术部 | 1 | |
| 4 | 宿主选择 | 技术部 | 3 | |
| 5 | 文本编制 | 运营部 | 5 | 需要助手2～3人 |
| 6 | 数据库开发 | 技术部 | 22 | |
| 7 | 网页设计 | 技术部 | 5 | |
| 8 | 网站调试 | 技术部 | 2 | |
| 9 | 网页上传 | 技术部 | 1 | |
| 10 | 在线测试 | 运营部 | 1 | |
| 合计 | | | 43 | |

（4）编制进度计划

根据项目工作顺序、工作时间和所需资源编制项目进度计划。制订进度计划就是决定项目活动的开始和完成日期。根据对项目工作进行的分解，找出项目活动的先后顺序，在估计工作时间之后安排活动的进度计划。如果没有制订切实可行的进度计划，项目就不可能如期完成。另外，随着项目的进行，会获得更多的数据，那么进度计划也将不断更新。

在活动顺序大体确定之后，可以采用甘特图对进度计划做个简单的安排。例如，对上述电子商务网站建设项目来说，可以根据其活动顺序和表3-5提供的活动工期绘制甘特图。有了每项活动的工期，又有了各项活动的总体安排，项目的总体工期估计就是一项比较容易的工作。

### 3.4.3 商务网站的运营

俗话说得好,"打江山难,守江山更难"。建设一个网站,对于大多数人来说并不陌生,尤其是对已经拥有自己网站的企业和机构而言更是如此。但很多企业往往在建站之初"兴师动众",网站做好后便万事大吉,最后网站变成了一个死站,充其量是在名片上多印一个"www"的标志。随着网络应用的不断深入,网络营销知识的不断普及,越来越多的企业开始意识到建一个一两年都不会更新的网站或建一个做得精美但没有多少人知道的网站,完全是在浪费资源。可见,网站建设只是企业开展电子商务的第一步。网站若想得到好的回报,就应当进行运营,而且是科学地运营。从目前我国互联网发展的趋势来看,网站的运营应当融入企业的整体经营体系中,使网络与原有的机制有机结合,这样才能发挥网站及网络营销的商业潜力。那么,网站在实际中是如何运营的呢?

1. 商务网站的运营流程

商务网站运营的基本流程如图 3-8 所示。

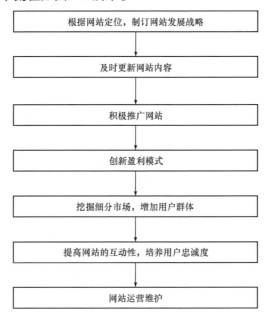

图 3-8　网站运营基本流程

2. 具体的步骤

(1) 根据网站定位,制订网站发展战略

网站发展战略是网站运营的第一步,更是网站将来发展和壮大的核心。一个没有发展战略的网站,一定是没有竞争力的网站。因此,对于商务网站而言,在确定网站的定位后,应该制订一个网站的发展战略,以明确将来的发展方向。

阿里巴巴在国内的网站定位是服务 3 000 万中小企业以及与之相关的市场需求。一方面,中国有数量庞大的中小型企业在苦苦地寻求全国以至全球的市场机遇;另一方面,国内和国际上急速增长的需求也在积极地寻找合适的采购对象。从阿里巴巴的业务模式和发展路线来看,其战略方针是为世界上的商人建立一个较为完善的综合信息交易服务平台。

(2) 及时更新网站内容

对于商务网站而言,迅速更新内容是非常重要的,因为客户渴望了解最新的商品信息以及订货以后商品的发运情况。为了保证商务网站的及时更新,可以采用以下措施:

①不同商务网站之间信息共享。这里的信息共享指的是链接其他公司的站点以便共享信息。它不仅包括直接的超文本链接,而且包括 Web 站点间真正的信息共享和通信,如许多专业的证券网站提供即时的股票行情,而在商务网站中也可能需要提供即时的股票行情。

②与企业内部信息系统链接。即从企业信息系统中直接获取信息。例如,客户订购了商品之后,一定非常焦急地想知道何时能够收到商品以及现在商品的位置。这时,如果能够在网站中提供检索功能,那么客户只需要输入订单号,便能立即检索到相关的文档,了解到所订购商品的有关信息。

(3) 积极推广网站

如果把互联网比作整个夜空,那么一个商务网站只是众多繁星中的一颗。所以,对于企业而言,即使是创意新颖、设计精美的网站也不能坐等客户上门,而是要想方设法让更多的网民知道自己的网站,尽最大可能地提高网站的访问量,吸引和创造商业机会,这就是网站推广。

如阿里巴巴的网上会员近五成是通过口碑相传知道并使用阿里巴巴的;或者依靠传统媒体以及依靠搜索引擎和网站间的交叉链接方式进行推广。无论是传统媒体还是网络技巧,都是很重要的营销推广方式。依靠广告宣传的同时,应尽可能多地在网上建立链接方式,并通过各种搜索引擎(如百度、Yahoo 等)来保证网站有较大的客流量。同样地,可以登录导航网站,发布自己的网络广告。例如,推荐给网址之家,即便被其收录在内页一个不起眼的地方,也能给网站带来每天 200 人左右的流量。

(4) 创新盈利模式

公司需要的不仅是一个会花钱的"推广超人",而且需要他能为公司带来实际的利润,这就需要网站的运营人员具有独到的眼光和市场嗅觉,不断地创新网站的盈利模式,拓宽财路,广进财源。

2017 年,中国在线短租行业逐渐进入爆发期。Airbnb 推出中文品牌名"爱彼迎",并发布面向中国市场的一系列新计划;途家线上平台、线下业务拆分后,线上平台顺利完成 E 轮融资;小猪短租也宣布完成 1.2 亿美元新一轮融资,正式步入独角兽行列。目前小猪短租拥有 2 000 万活跃用户,房源总量超过 20 万套,覆盖国内 322 个城市及海外 100 个城市。

分享经济,尤其是新技术所驱动的社会资源的再分配,正不断挖掘存量资产价值,提高资产运营效率。中共十九大报告中提出,在中高端消费、创新引领、绿色低碳、共享经济、现代供应链、人力资本服务等领域培育新增长点、形成新动能。自 2012 年上线以来,通过 5 年的摸索,小猪短租开创了国内住房分享的商业模式,并通过构建保洁、摄影等上下游服务体系,从零开创并推动了一个充满活力的双边市场。对于小猪短租而言,构建中国房屋分享行业的基础设施一直是其工作的核心,在未来,谁能进一步降低分享的门槛,提升分享的体验,谁就将掌握竞争的核心。为此,小猪短租除了搭建众包平台为房东提供支持外,还坚持实名制体系,为房东房客提供免费的保险,保障每一笔交易等措施。接下来小猪短租将投入更多资源引入生物识别等技术,并完善管家服务、智能设备系统以及云管理体系,进一步巩固房屋分享的安全壁垒,为行业树立绿色平台的生态系统。

(5)挖掘细分市场,增加用户群体

用户是企业的衣食父母,一个成功企业的标志之一就是用户的不断增长。对于商务网站来说,如何增加它的用户群体呢?这不仅需要做好宣传推广工作,同时还要不断地进行市场细分,为更多的用户提供服务。

如阿里巴巴以地理细分为依据,不断开拓市场,采用本土化的网站建设方式,将各国市场有机地融为一体。目前,阿里巴巴已经建立运作4个相互关联的网站:英文的国际网站(http://www.alibaba.com)面向全球商人提供专业服务;简体中文的中国网站(http://china.aliaba.com)主要为中国内地市场服务;全球性的繁体中文网站(http://chinese.alibaba.co田)为中国台湾、中国香港、东南亚及遍及全球的华商服务;韩文的韩国网站(http://kr.alibaba.com)针对韩文用户服务。这些网站相互链接,内容相互交融,为会员提供了一个整合为一体的国际贸易平台,使之成为汇集全球178个国家(地区)的商业信息化的、个性化的电子商务社区。

(6)提高网站的互动性,培养用户忠诚度

互动性是一个网站的灵魂,也是一个网站成功的标志。作为一个网站运营者,一项最主要的作用就是加强网站与用户的互动,提高用户与用户之间的沟通和交流,激励用户的参与和贡献。总之,一定要让用户对网站产生依赖,只有这样才能提高网站的活跃用户数和忠诚度。

宝洁公司网站(www.pg.com),除为其每一种品牌设立专栏专页外,还设立了以美容服务为核心的"封面女郎"网站(www.covergirl.com)。它以"轻松愉快美容法"为宗旨,以"让您月月卓尔不群"为题,引导女士们挑选宝洁公司的一组品牌搭配化妆品,并附上各种组合的美容方案示范。如果客户对自己的皮肤性质、化妆品品牌、色彩搭配等存在疑问,站点还有热线答疑、效果咨询等栏目。

(7)网站运营维护

网站运营维护包括前台网页维护、交互性组件维护、网站更新、网站后台数据维护等。

①前台网页维护。即对网站前台显示内容的维护。例如,修改和更新网页内容,以保证信息的准确性和有效性;添加新的内容;删除过期的网页等。

②交互性组件维护。网站中交互性组件包括留言簿、BBS、客户邮件等,要定期对这些组件上的信息进行维护。例如,对时间较长且没有什么价值的信息以及恶意的、带有攻击性的信息要及时删除;对访问者提出的问题要及时回复。

③网站更新。企业网站发布后,随着企业的发展,经营项目、经营环境和竞争优势会不断发生变化,网站内容也应该进行更新。例如,完善内容、更新内容、更换风格等。

④网站后台数据维护。即对网站后台日常交易数据的维护,如客户信息管理、订单管理、新闻管理、广告管理等。

## 本章小结

在对电子商务项目进行需求分析和可行性分析后,接下来就要开始项目的启动与准备阶段,在这一阶段需要进行项目的范围与计划的管理,主要包括项目范围的确定、进度管理和成本管理。

电子商务项目的范围管理主要从范围的界定、工作分解结构的具体做法及举例具体说明。电子商务项目的进度管理从时间进度管理、甘特图等内容进行阐述。电子商务项目的成本管理从项目资源计划、成本估算、成本预算进行阐述。最后以商务网站的范围界定和进度管理为例进行具体的流程说明。

## 本章案例

### "C2B+O2O"是怎么玩的?

这是一件里程碑的事件,阿里巴巴包下了美的、九阳、苏泊尔等十个品牌的12条生产线,专为天猫特供小家电。阿里巴巴通过所掌握的数据以及分析成果,来指导这些生产线的研发、设计、生产、定价。

这是一种典型的C2B模式。

C2B反向定制模式是用户需求驱动的产品生产模式。百度百科对其的解释是,用户根据自身需求定制产品和价格,或主动参与产品设计、生产和定价,产品、价格等彰显用户的个性化需求,生产企业进行定制化生产。

最为业界所熟知的莫过于戴尔,通过直销网站实现了用户先定制方案,戴尔再组织生产。手机行业出现了青橙、百分之百等定制手机,用户可以选择手机配置、外壳颜色、预装应用等。在尚品宅配家居网上,用户可以深度定制家居产品。SuperSofter曾登载过上汽MG5极客版汽车采用C2B模式满足用户个性化需求的报道,用户可选择配置、座椅、系统、保险、车贷,甚至车上语音助手对主人的"称呼"。

C2B模式大致可分为以下三种:

第一种是通过成熟的模块组合快速形成个性化,而这些个性化方案可以满足一个群体的需求,基于此实现了一定的规模化。戴尔、青橙手机就属于此类。这种模式被称为"模块化定制"。

第二种是让潜在用户参与产品的设计中。小米等互联网公司将这个做成了粉丝经济,让粉丝通过互联网更加充分地参与对未来产品功能的讨论、投票中,然后快速迭代进行满足。

第三种是先收集需求再生产的预售模式。这时厂商实现收集的不是用户的个性化需求,而是只关心用户有没有这样的需求,有就先下单交款。这样做的目的既可以提前一步得到货款,又可以最大化降低库存,甚至还可以通过控制预售规模做饥饿营销。小米对此模式游刃有余,现在智能硬件行业十分青睐此模式,众筹网站被很多智能硬件作为预售网站。

前面的种种C2B模式,用户都需要主动参与其中。互动、调研、预售、团购、定制、选配都是主动行为。

**消费者的C2B需求来源于哪里?**

C2B,可以用很通俗的话来解释,称为个性化需求个性化满足,相对于传统产品市场而言,标准化的产品必然无法满足所有人群,因此一部分基于客观需求,或者个人需求的独特消费群体油然而生,从经济承受角度而言,会产生两种个性化需求人群,一种是能够为此支付高昂服务费的,另一种是能够支付比标准品稍微多一些费用的消费群体。

但这里要注意一点,个性化定制实际上有广义和狭义之分,如果客户要像购买艺术作品一样,客户所得到的完全是按照客户的构想所定制出来的,那客户得花费相对应的代价,当然市场上也有提供这种服务的公司。一个做高端皮具的朋友曾说过,他们公司的个性化皮具,一套价格在数万元,那换作一套家居呢?

所以,定位为中高端市场,或者大众市场的品牌,他们的定制不可能是完全个性化,完全按照客户所想要的来实现。这种定制一定是基于某种模板之下,然后进行个人需求爱好的组合,或在某些特殊元素上进行个性化的提供,如房型上、特别的尺寸上、家居的搭配上。

所以,中高端市场的C2B,是基于某种程度上的个性化,而并非完全个性化,并且这种"半程度"的个性化完全可以做到大规模生产,所以C2B才能称为一种商业模式。

**C2B更有利于商家销售**

既然打出了C2B这个口号,必然存在个性化的服务。一般这种服务包括最前端的接待咨询、介绍品牌、需求沟通、现场量尺、个性化方案制作、交款下单。这一系列的过程下来,需要耗费消费者和商家的大量时间,请注意,这种付出非常值得,这也就是互联网里经常提到的"免费策略"。

客户需要付出的是时间而不是金钱,双方交流的时间越长,互动的时间也越长,消费者对品牌的理解也会越多,最后转化成购买也越多。

因此对商家而言,C2B实际是更加有利于促进商家的销售,反观传统成品市场,消费者一看二摸三问价,直接进入主题,买和不买就在现场的几十分钟决定,商家很难通过简短的时间促使客户下单,除非该客户在进店之前对该品牌有过深刻的了解。

而且这种个性化的定制,有助于商家避免所谓的电商价格战,价格完全可以由双方进行掌控,消费者预算不足,即可进行简单的个性化定制,就像装修一样,消费者也可以按照自己的喜好省去不必要的组成部分,实实在在地为自己省钱。

**C2B才是O2O真正的引爆点**

为什么团购网站喜欢采用O2O?首先,因为大家对团购这种模式的接受,只要网站本身具有一定的说服力,如美团、拉手,消费者寻求到适合自己的订单即会支付;其次,团购网站的客单价本来就不高,产品也较标准化,而且有评论作为支撑,因此消费者的付单率会很高。

但反观家居一类的大众产品,这类真正需要O2O才能撬动的行业,线上提前支付几乎很难。

一个是消费者在没有确认下单之前,没有理由在线上进行支付,给自己添麻烦,虽然很多行业里有售卖"抵付卡"这种模式,但也就20元到100元而言,对于动不动就上万元的家居行业而言,根本算不上什么,所以依靠线上支付,把消费者绑到线下几乎很难,过往的各种促销、打折等,消费者早已疲倦,所以从线上到线下的转化率很低。

但C2B服务不同,由于客户前期付出了一定的时间成本,再加上销售人员前期与客户进行过互动,能够把握消费者的需求点,所以很容易通过"服务+把握诉求"引导客户进店进行体验。

所以,C2B才是O2O最好的引爆点。

**C2B+O2O真的需要大数据吗?**

首先,什么是大数据?大数据其实是一个很实际的概念,就是你掌握的客户数据积累,如客户的C2B案例,不同类型客户的销售成功经验,不同网络渠道来源的客户转化经验,C2B+O2O的运营试错经验,等等,这些都可以称为大数据。

那这些所谓的大数据是如何运用的呢?

(1)工厂的运作需要大数据。由于每个订单的规格都是不同的,所以产品的各个部件需要分到不同的流水线生产,当同批次的订单量达不到一定的规模时,生产成本就会很高,所以订单的数量需要大数据。

(2)设计师的经验需要大数据。如若没有一定量的客户积累经验,在面对"免费服务"和客户的博弈之下,客服人员在分配客户时,如何把有限的设计师资源调配给最有潜力的客户等,这些都需要"经验的大数据",也是决定整个运营质量关键的根本。

(3)与客户产生互动需要大数据。客户在线上与商家进行互动时,一般都会寻找到自己最熟悉的模板,全国这么多的楼盘。如果没有一定的设计案例大数据积累,如何去满足互联网上各种客户?没有这些案例,如何能引发客户和商家之间的互动呢?

(4)线下服务需要大数据。互联网是开放式的,当线上的互动客户数量急剧累积时,线下的服务要跟得上,才能给客户提供服务。然而门店和服务人员的分布又不可能像食杂店一样,到处布点,所以需要根据历史客户的楼盘分布,进行线下门店布局和服务人员的数量布局,所以线下的运营需要线上的大数据进行驱动。

当然,从实际操作层面而言,要想真正操作好O2O+C2B,真不是一般的企业有实力实现的,文中所提到的公司,之所以能在这个领域稍微做出一些成色,是因为与整个集团最初的布局有很大的关系,从开始的软件,到门店,到工厂,再到电商,都是围绕C2B+O2O这样一个壁垒而进行建立,才有了今天的成绩。

**案例分析题:**

1.结合本案例,分析C2B+O2O的含义,其中C2B和O2O分别指的是什么?如何界定？

2. 如果你是某定制公司的项目总负责人，如何进行 C2B 和 O2O 的转型及计划管理？

## 思考题

1. 什么是电子商务项目的范围？如何进行范围的界定？
2. 什么是甘特图？
3. 什么是电子商务项目的进度管理？
4. 如何进行进度管理？
5. 如何进行项目资源计划？
6. 简述商务网站进度管理的主要步骤。

# 第4章

# 电子商务项目的实施与控制管理

### ★学习目标

知识目标：了解电子商务项目管理中范围控制管理、进度控制管理、成本控制管理以及质量管理所承担的任务；掌握各个项目管理的基本规范，明确各个项目管理的实施以及相关的规范。

技能目标：熟练运用电子商务项目管理的实施与控制阶段的知识。

素养目标：具备运用电子商务项目管理的相关知识分析和指导电子商务真实项目的意识。

### ★案例导入

#### 新零售借力"双十一"坐大

2017年"双十一"落幕，电商交易额再创新高。据第三方大数据平台星图数据监测数据显示，2017年"双十一"当日全网电商销售额最终锁定2 539.7亿元，较2016年"双十一"的1 708.7亿元大幅增长48.63%。

业内认为，在消费升级的大趋势及"新零售"概念的拉动下，2017年"双十一"电商平台表现抢眼。一方面，反映出电商经济仍有强劲的增长潜力；另一方面，"新零售""全球共振"等新的商业形态正在从概念变为现实，这将加速推动传统零售业向数字化商业转型，并将引领新一轮产业机遇。

**新高——全网电商销售额达2 539.7亿元**

在消费升级的大趋势及"新零售"概念的拉动下，2017年"双十一"电商销售再创佳绩。据星图数据监测数据显示，"双十一"当日，天猫销售额占比达66.23%，京东销售额占比达21.41%。

据阿里巴巴数据显示,"双十一"当日天猫销售额为1 682亿元,较2016年"双十一"的1 207亿元大幅增长39.35%;无线成交占比90%,支付峰值达到25.6万笔/秒,全天物流订单达8.12亿个,交易覆盖全球225个国家和地区。

据京东数据显示,2017年"双十一"期间(11月1日到11月11日)京东累计下单金额突破1 271亿元,同比增长超过50%,累计销售商品7.35亿件。结合星图数据的数据测算,京东"双十一"当日销售额约为543.75亿元,占其"双十一"期间销售额的42.78%。

业内认为,2017年"双十一"电商平台销售额再创纪录的同时,仍保持了显著的增速,这意味着电商经济仍有巨大的增长潜力。中国电子商务研究中心发布的《2016年度中国电子商务市场数据监测报告》显示,2016年中国电子商务交易额为22.97万亿元,同比增长25.5%。随着宏观经济企稳,供给侧改革稳步推进,以及"互联网+"向传统产业不断渗透,未来我国电商交易额仍将保持快速增长。

在我国经济保持高水平增长、国民收入不断增加的背景下,一股消费升级的热潮正在席卷,这被认为是未来持续推动电商经济健康发展的主因。阿里巴巴CEO张勇表示,随着我国城市化不断推进,中产阶级人群数量持续增长,使得消费升级的需求不断释放,特别是消费者在健康、个性化等新领域的需求,给电商经济带来了新的发展动力。

**发力——"新零售"概念加速落地**

如今的"双十一"已不再是单纯的"电商卖货",在销售之外,一大批新的商业概念和商业模式借机得到展示和推广。2017年"双十一",几乎所有的电商平台均在"新零售"上大做文章。业内认为,2017年"双十一"使得"新零售"概念深入人心,这将加速相关商业形态从概念变为现实。

2016年10月,阿里巴巴董事局主席马云首次提出"新零售"概念,指出"未来的十年、二十年,没有电子商务这一说,只有'新零售'"。业内普遍认为,"新零售"是指企业以互联网为依托,通过运用大数据、人工智能等先进技术手段,对商品的生产、流通与销售过程进行升级改造,进而重塑业态结构与生态圈,并对线上服务、线下体验以及现代物流进行深度融合的零售新模式。

2017年"双十一"期间,阿里巴巴携手全球14万种品牌1 500万种商品,海内外超100万商家打通线上线下服务。2017年参加天猫"双十一"活动的商家包括100 000家智慧门店、600 000家零售小店、50 000家金牌小店、4 000家天猫小店、30 000家村淘点。据阿里巴巴数据显示,"新零售"正在帮助更多传统品牌线上线下叠加式增长。优衣库2017年全国500多家门店都支持了天猫下单、门店自提服务,至11月11日下午5点,优衣库成交额就已达到2016年"双十一"全天全渠道成交的4.5倍;绫致集团成交额也达到2016年全天全渠道的173%。

京东方面,"双十一"期间在全国线下已布局的超过160家京东之家和京东专卖店、近200家京东母婴体验店、超过1 700家京东帮服务店、超过5 000家京东家电专卖店,以及沃尔玛在全国的400余家门店、京东合作品牌商家的近万家门店和接入京东掌柜宝的数十万家便利店，都通过京东的数据系统与京东线上平台进行融合，共同参与了2017年"双十一"的京东全球好物节。

苏宁方面透露，2017年"双十一"期间，苏宁全国30家云店和1 000家易购直营店，实现了购物零时差；而苏宁置业旗下的酒店，也参加了"双十一"相关活动，在业内首创沉浸式购买新场景。

不但各大电商平台不遗余力地发力"新零售"，而且不少其他行业的商业巨头也开始押宝"新零售"。2017年11月8日，腾讯首席运营官任宇昕在2017腾讯全球合作伙伴大会上宣布，腾讯将涉足"新零售"，加快面向零售业的开放步伐，推出"智慧零售解决方案"，赋能广大品牌商、线下零售平台以及商业地产等相关机构，探索零售业数字化转型的完整路径。

对于"新零售"的发展前景，张勇认为，这是行业发展的大势所趋，2017年"双十一"让"新零售"概念被广大消费者所接受，这将是"新零售"落地的开始。马云则在"双十一"当日对外表示，未来60%到80%的零售"全应该是'新零售'"。

**融合——数字化商业引领新机遇**

"新零售""全球共振"等新的商业形态从概念变为现实，这些趋势将加速推动传统零售业向数字化商业转型，并将引领新一轮产业机遇。

2017年"双十一"期间，包括阿里巴巴、京东、苏宁、国美在内的电商平台均表示，"新零售""全球共振"等新商业形态的成熟和发展，不单纯依赖电商平台的销售，而是与大数据、物流、支付等领域息息相关。未来，这些领域将与零售业一样，加速与数字技术融合，并相互支撑。

据阿里巴巴提供的数据显示，在电商销售增长的同时，相应的物流和金融业务也在飞速发展，2017年"双十一"当日订单包裹数达到8.12亿个，相当于2006年全年包裹量的3倍。"双十一"当天，全球消费者通过支付宝完成的支付总笔数达到14.8亿笔，比2016年增长41%。另外，"双十一"刚开场5分22秒，支付宝的支付峰值就达到25.6万笔/秒，是2016年的2.1倍，同时诞生的还有数据库处理峰值，达到4 200万次/秒。

阿里巴巴认为，2017年"双十一"电商销售佳绩是数字化商业发展的最佳注脚，在"双十一"这场大协同中，零售是表层，物流和支付是中层，技术、数据和制造则是支撑它的底层。

多位业内专家和电商平台高管均向《经济参考报》表示，数字化商业将是传统零售业发展的方向，要求电商、金融、物流、数据等各业务进行充分协同，这不但会带动未来电商和零售业的发展，还将为相关的金融、物流、数据等行业提供巨大的发展机遇。

（资料来源：http://B2B.toocle.com/detail—6423805.html）

**【案例启示】**

随着电子商务的不断完善与发展，电子商务越来越成为企业进行经营销售活动的中坚力量，成为企业改造自身模式，实现产业链升级和经营模式提升的重要方式之一。为此，如何应对新零售大潮对企业电子商务项目的影响并结合企业自身项目采取有效的管理？

# 第4章 电子商务项目的实施与控制管理

## 4.1 电子商务项目的控制管理

### 4.1.1 电子商务项目的范围控制

电子商务项目的范围控制是指通过一套有效的流程和管理方法，把电子商务项目执行过程中出现的各种关于项目最终产品或服务范围的增加、修改、删减等变更进行有效管理和控制。对于电子商务项目，尤其是电子商务系统开发项目，范围控制是项目管理的重点之一。一是因为在IT项目中，"范围蔓延"现象太过普遍；二是有相当多的进度和成本问题是由于范围失控，最终导致工期、成本、质量等指标的变动，影响项目目标的实现。

1. 电子商务项目范围变化的原因

不同类型的电子商务项目，发生范围变化的原因不尽相同，如电子商务开发项目可能受技术和客户需求的变化相对多些，电子商务策划项目可能受企业组织发展战略的影响更大，而电子商务运营项目可能受外部市场环境的影响更大。但总体来说，导致电子商务项目范围变化的因素主要包括以下几个方面：

①项目需求的变化。这无论是在电子商务开发项目中还是策划项目中，都是很有可能出现的。项目发起人因为各种原因，需求和期望发生了变化，可能要求增加某个电子商务系统的功能或因为企业财务状况恶化而减少某个功能模块。

②项目外部环境的变化。例如，对于电子商务策划项目和运营项目而言，可能因为市场的变化而导致以前做的市场调研结果失效，或调研工作必须扩大调研范围。

③项目管理方面的原因。例如，可能因为项目组的需求调研不够周密详细，有一定的错误或遗漏；在设计语言数据处理系统时没有考虑到计算机网络的承载流量问题。

④新技术方法的出现。由于互联网技术更新速度加快以及新技术、手段或方案的出现，在项目实施过程中，常常会出现制订范围管理计划时尚未出现的可以大幅度降低成本的新技术。

⑤用户单位本身发生变化。例如，由于项目的使用单位同其他单位合并或是出现其他情况，项目的范围发生了变化。

总之，范围变更在任何时候都可能存在。但变更并不可怕，可怕的是没有预见，缺乏有效的范围变更管理，这样一旦发生变更，项目组就束手无策。实际上，并不是所有变更的发生都是一件坏事情，如果管理得好，范围变更可能意味着出现了新的利润机会；但管理得不好，可能导致项目的失败。对于变更，要做到事先严格定义，事中严格执行。

2. 电子商务项目范围变更控制的方法

为了更好地进行项目范围变更控制，需要注意以下方法的应用：

①建立有效的范围变更控制流程。进行范围变更控制，首要的工作就是建立范围变更控制流程。范围的变更控制流程和一般的变更控制基本一样，不同的是，前面讲述的项目控制系统，除了要控制已知的变更，更多的还需要项目团队通过分析项目实际执行数据来识别可能导致的偏离项目目标的因素。而范围变更的控制一般是从项目干系人提出的范围变更申请开始，也就是说，控制对象一般是比较明确的，即项目干系人的变更申请。当然，这里干系人既可能是客户，也可能是项目团队本身。范围变更控制流程包括范围变更的分析、变更的确认和审批、变更的实施，以及变更效果评价等环节。

②重视需求分析工作。在项目初期，项目经理首先需要考察客户做这个项目有什么好处，就是"为什么"要做这个项目，这样才能真正从客户的角度来考虑系统的需求；接下来需要总结整个项目要做什么，并能概括各个子任务，让开发人员对项目内容的大方向有很好的把握。

在进行需求分析时，应该注意以下技巧：需求分析报告应以客户认为易于翻阅和理解的方式进行编写，同时也要有助于开发人员开发出真正需要的系统；项目组成员最好就需求分析报告为客户进行详细讲述，并达成共识，良好有效的沟通在这里很重要；另外，需求确认之后，最好让客户方管理层书面签字，作为终止需求分析过程的标志，但是绝不是作为拒绝范围变更的手段。

③尽可能明确项目范围。合同中的项目范围应该只是粗线条的约定，必须进行细化和深入。编制范围说明书和工作分解结构是其中重要的部分。范围说明书应该包括项目背景、产品简介、主要可交付物、验收标准等。在进行详细需求调研的基础上，编制工作分解结构（WBS）和需求分析报告。WBS可以为项目执行绩效测评和项目控制提供一个基准。

在项目的合同或范围说明书中，最好能明确做什么，还能明确不做什么。如果那些开始明确不做的内容，后来客户提出来要做，那就是一个明显的变更，非常容易辨认和确认。

3. 电子商务项目范围变更控制的注意事项

电子商务项目范围变更控制的注意事项主要有：

①范围变更控制规定了项目范围变更所应遵循的程序，包括填写相应的文档、核准变更所需通过审批层次，以及对变更进行跟踪等。范围变更控制应该与总的变更控制系统结合起来，尤其应该与控制产品范围的一个或多个系统结合起来。在项目按合同实施时，范围变更控制还必须符合所有相关合同条款的规定。

②绩效分析技术有助于评估任何变更的大小，判断是什么造成了偏离基准以及决定是否应对偏离采取纠正措施。

③项目很少会按计划原封不动地实施。预期的范围变更可能会要求对工作分解结构（WBS）进行修改，或者分析其他替代方案。在范围变更实施之前，要重新编制项目计划。

### 4.1.2 电子商务项目的进度控制

电子商务项目的进度控制是指根据项目工作进度的实际执行情况，分析比较实际进展与计划之间的差异，及时发现偏差和纠正偏差，并做出必要的调整，使项目朝着有利的方向发展，以保证项目按既定进度进行。在进度控制中，具体工作包括：收集各种执行数据，检查进度执行情况，以发现是否存在进度问题；在发生进度问题的情况下进行进度调整。

1. 项目进度控制的依据

在电子商务项目执行阶段，需要从不同的层次进行各种进度控制。不同层次的管理者关注进度的详细程度不同：项目总进度，即企业主管项目的副总经理或客户关心的、关于里程碑点的进展情况；项目主进度，即项目经理或项目管理部门关注的、项目各主要任务的进度；项目详细进度，即各项目小组关注的、各具体任务的进展情况。以上三种进度，其进度控制的依据基本是相同的。

项目进度控制的依据主要有：①项目进展报告：反映项目详细执行情况的正式文件；②项目变更请求：变更请求可能是根据项目进度提出要求，可以是直接或间接的、计划内或计划外的等；③原始的进度基准计划：用于与实际执行情况进行比较。

2. 项目进度控制的方法

项目进度控制的方法主要有：

①建立进度变更控制系统。进度变更控制系统描述了项目进度变更控制的过程，包括书面申请、核准变更的审批级别，以及进度变更的追踪系统等。进度变更系统应该与整个项目的控制系统相协调。

②进度偏差分析。进度偏差分析用于判断进度是否发生了变化，发生了多大变化。

③修订项目进度计划。几乎没有一个项目能原封不动地按照原先制订的计划执行。预期的变更可能会要求重新制订或者修改活动所需时间估算，修改活动排序，或者对可选进度进行分析。

④采用项目管理软件。项目管理软件能够追踪和比较计划日期与实际日期，预测实际或潜在的进度变更所带来的后果，是进度控制的有用工具。

3. 项目进度计划的调整

在确认项目进度变化后，项目经理应及时提出解决项目进度变化的应对措施，调整并更新项目的进度计划。

（1）进度调整的基本原则

任何进度调整都会对项目的未完成部分造成一定影响，但恰当的调整可以把这种影响降至最低点。在进度调整时，尽量坚持如下原则：近期优先原则，即优先调整近期即将开始的任务，不要让风险后移；长工期优先原则：因为压缩同样的百分比，工期长的任务节省的时间要多些；避免拆东墙补西墙原则：全面评估调整对时间、质量、成本等造成的影响，不要因为进度调整造成新的项目风险；及时通知原则：调整后产生的新的项目计划，要及时通知重要的项目干系人，并得到他们的认可和签字。

（2）进度调整的主要措施

一般来讲，项目进度调整的措施主要有三种：①增加投入：即增加人力资源或费用，如加班加点，或通过激励措施提高员工的工作效率；②减少产出：在不得已的情况下，减少项目工作范围或降低要求也是进度控制的方法之一，但前提是一定要得到客户的同意；③寻求新方法：采用新方法，提高工作效率。

有一点需要说明，根据著名的 Brooks 原则，对于某些软件开发项目，在进度延迟情况下增加人手，有可能会使项目的进度更加延后。这是因为对于新加入项目的员工来说，不但需要对他们就项目相关背景和需求、设计的内容进行培训，而且会增加项目团队成员之间的沟通路径，可能会使项目的整体工作效率下降。

另外，进度落后时采用加班或增加激励也要进行权衡。因为加班造成的疲劳可能会再次使工作效率降低，增加激励则会造成工作成本不断向上攀升。

但以上这些措施并不是完全不可取的，而是需要项目经理考虑适度原则。最好是先全面分析项目进度延迟的原因。如果确实是不合理的项目交付时限要求，就应当通过与客户的沟通变更为合理的项目时限要求，以免因为这样一个不合理的时限要求造成对项目质量或团队成员心理上的负面影响，从而导致项目最终的失败；否则应从技术、团队成员心态、环境、工作方法等方面查找原因，找到提高效率、加快进度的方法。

### 4.1.3 电子商务项目的成本控制

电子商务项目的成本控制是指项目组织为保证在变化的条件下实现其预算价值，按照事先拟定的计划和标准，通过采用各种方法，对项目实施过程中发生的各种实际成本与计划成本进行对比、检查、监督、引导和纠正，尽量使项目的实际成本控制在计划和预算范围内的管理过程。

1. 电子商务项目成本控制的依据和内容

项目成本控制的主要依据有：①项目各项工作或活动的成本预算，它是成本控制的基础性文件；②成本基准计划，用于与实际成本执行情况进行对比；③成本绩效报告，反映成本执行情况；④变更申请，项目干系人提出的项目变更申请显然也会影响项目的成本，要注意分析和监控。

项目成本控制的内容包括监督成本绩效，找出与计划的偏差，并弄清原因；确保所有恰当的变更都准确地记载于更新的成本基准中；阻止不正确、不恰当或未经批准的变更纳入成本计划中；将经核准的变更通知项目干系人；采取恰当的措施将预期成本限制在可接受的范围内。若对成本偏差采取不恰当的应对措施，就可能造成质量或进度问题，或在项目的今后阶段产生无法接受的巨大风险。

2. 电子商务项目成本控制的工具和方法

常用的项目成本控制的工具和方法主要有：

①成本变更控制系统。这是一种项目成本控制的程序性方法，主要通过建立项目成本变更控制体系，对项目成本进行控制。该系统主要包括3个部分，即提出成本变更申请、核准成本变更申请和变更项目成本预算。

提出成本变更申请的人可以是项目业主/客户、项目成员、项目经理等项目的一切可能的项目干系人。所提出的项目成本变更申请呈交给项目经理或项目其他成本管理人员,然后这些成本管理者严格地根据项目成本变更控制流程,对这些变更申请进行一系列的评估,以确定该项目变更所导致的成本代价和时间代价,再将变更申请的分析结果报告给项目业主/客户,由他们最终判断是否接受这些代价,核准变更申请。

变更申请被批准后,需要对相关工作的成本预算进行调整,同时对成本基准计划进行相应的修改。最后,要注意成本变更控制系统应该与其他变更控制系统相协调,成本变更的结果应该与其他变更结果相协调,要追求在质量不降低的情况下合理地调整成本预算。

② 成本绩效的测量和分析。在费用控制过程中,要把精力主要放在那些费用超支的工作包上,而且费用超支越多的工作越要重点考虑,以加强对成本的控制或提高工作进行的效率。在采取措施时,应将成本压缩或控制的重点放在那些马上就要开展的工作包或具有较大估计费用的活动上。因此越晚采取行动,则造成的损失就可能越大,纠正的可能性也就越小;而费用估算越大的活动,减少其成本的机会也越多。

当然,对于那些费用已经节约的工作也要适当关注,要考虑到底是工作效率高、方法得当导致了费用节约,还是由于质量降低使费用节约。如果是前者,应该将该做法作为经验或最佳实践在项目团队中推广,如果是后者,则要想办法予以纠正。

具体而言,降低费用的方法有很多种,如改用满足要求但成本较低的资源,提高项目团队的水平以促进他们更加有效地工作,或者在客户的许可下,减少工作包或特定活动的作业范围和要求。

另外,即使费用差异为正值,也不可掉以轻心,而要想办法控制项目费用,让其保持下去。

## 4.2 电子商务项目的质量管理

在很多电子商务项目的实际建设过程中,往往只强调电子商务系统必须完成的功能、应该遵循的进度计划以及建设这个系统花费的成本,却很少注意电子商务项目的质量管理。这种做法的后果,要么是系统的维护费用非常高,要么是系统的可移植性和兼容性比较差。显然,必须重视电子商务项目的质量管理。

电子商务项目的质量与风险是紧密相关的。电子商务项目如果存在质量问题,就存在电子商务的运行风险。为了确保项目成功,可以引入监理和审计机制。

### 4.2.1 项目的质量管理概述

1. 电子商务质量管理

一般项目的质量管理包含三方面内容:质量规划、实施质量保证和实施质量控制。对于电子商务项目来讲,由于作为电子商务系统项目的最终产品之一的软件比较难以测量,特别需要对电子商务系统的建设过程进行管理,所以电子商务系统项目要实施全面质量管理的思想。电子商务项目的质量至少应包括两个关联又各有侧重的方面,一是管理方面的,即项目管理过程质量,包括系统建设的准备、规划、组织、协调以及运行管理方面所反映的工作质量问题;二是技术方面的,即产品实现过程质量,包括系统生命期各阶段的产品质量。这两个方面的质量问题是相辅相成的,管理方面的质量可以促进技术产品质量的提高,技术产品的质量也可以促进管理质量的提高。

电子商务项目的质量管理不仅是项目建设完成后的最终评价,而且是在电子商务建设过程中的全面质量管理。也就是说,它不仅包括系统实现时的质量管理,也包括系统分析、系统设计时的质量管理;不仅包括对系统实现时软件的质量管理,而且包括对文档、系统建设人员和用户培训的质量管理。

为了在电子商务系统项目的建设过程中实施全面质量管理,主要采取下述措施:

①实行工程化的开发方法。电子商务系统的建设是一项系统工程,必须建立严格的工程控制方法,要求开发组的每一个人都要遵守工程规范。

②实行阶段性冻结与改动控制。在电子商务系统建设的每个阶段末"冻结"已经取得的成果,作为下个阶段开发的基础。冻结之后不是不修改,而是其修改要经过一定的审批程序,并且涉及项目计划的调整。

③实行里程碑式审查与版本管理。里程碑式审查就是在电子商务生命期的每个阶段结束之前,都要正式使用验证的标准对该阶段的冻结成果进行严格的技术审查。这样,如果发现问题,可在阶段内部解决。版本管理的含义是通过给文档和程序文件编上版本号,记录每次的修改信息,使项目组的所有成员都了解文档和程序的修改过程。

④实行面向用户参与的原型演化。为了得到用户更清晰的需求,可以利用原型系统与用户交互及时得到反馈信息,验证需求调研的成果并及时纠正需求获取中的错误。

⑤强化项目管理,引入外部监理与审计。要重视电子商务系统的项目管理,同时还应重视第三方的监理和审计的引入,通过第三方的审查和监督来确保项目质量。

⑥尽量采用基于重用的方法进行系统开发。可以考虑面向对象、基于构件和网络服务的方法开发,提高软件的可重用性,将错误和缺陷局部化。

⑦按照 CMM 持续改善的要求管理软件的开发过程。电子商务系统的建设应本着持续改善的原则不断优化软件的开发过程。

⑧进行全面测试。要采用适当的手段,对开发的电子商务系统进行全面的测试。

2. 电子商务项目的质量规划

电子商务项目的质量规划就是要将与电子商务有关的质量标准标识出来,并提出如何达到这些质量标准和要求,在此基础上制订并评审通过电子商务项目的质量规划。

(1) 质量规划工作的依据和成果

在编制电子商务项目质量规划时,主要的依据包括企业的质量方针、国家的法律法规、项目合同文件中对交付产品的要求等。

质量方针是由企业的高层管理者对所有电子商务项目应达到的质量目标和方向制订的一个指导性文件,包括电子商务项目需求调研的方针、系统设计的质量方针、系统实施的质量方针、系统测试的质量方针以及项目完工交付的质量方针等。当然,在项目实施过程中,项目团队可以根据实际情况对质量方针进行适当的修正。

项目团队还必须考虑适合电子商务领域的专门标准和规则。例如,在一个电子商务系统项目中,根据项目本身的要求和所涉及的领域可以参照"高端路由器规范"和"低端路由器规范"以及"千兆以太网交换机测试规范"等标准,给项目的结果提供了一个质量标准。

合同文件中说明了用户对电子商务项目的需求以及主要目标,项目团队应采纳客户需求驱动的全面质量管理理论进行质量规划。合同文件中有关产品的描述包含了更多的技术细节和性能标准,是制订质量管理计划不可缺少的部分。

电子商务项目质量规划的成果主要包括质量管理计划、检查表和相应的操作说明等。其中,质量管理计划提供了对整个项目进行质量控制、质量保证及质量改进的基础,主要描述项目质量保证团队应该如何实施项目质量方针。各种检查表是记录项目执行情况和进行分析的工具。质量管理计划的操作说明则包括如何进行项目工作、如何控制、如何度量以及在何种情况下采取何种质量管理措施和方法等。

(2)质量与成本的权衡

在制订质量管理计划时,需要权衡项目得到的质量与付出的成本。也就是说,质量是与成本相对应的。所谓质量成本是指为了达到产品或服务质量而进行的全部工作所发生的所有成本。这些努力包括为确保与合同要求一致而做所有工作所引起的成本,即不一致成本,以及由于不符合要求所引起的全部工作所引起的成本,即一致成本。

质量工作所引起的成本主要包括三种:预防成本、评估成本、故障处置成本,而后者又可分解为内部成本与外部成本。其中预防成本和评估成本属于一致成本,而故障处置成本属于不一致成本。预防成本就是为了使项目结果满足项目的质量要求,在项目结果产生之前采取的一系列活动;而评估成本是项目的结果产生之后,为了评估项目的结果是否满足项目质量要求所做的测试活动而产生的成本;故障处置成本是在项目的结果产生之后,通过质量测试活动发现项目结果不能满足质量要求,为了纠正其错误使其满足质量要求而发生的成本。

项目成果的成功率越高则付出的预防成本、评估成本也越高,相反故障处置成本则越低,而质量总成本是预防成本、评估成本和故障处置成本之和,所以要权衡质量与成本之间的关系,选择合适的合格率等质量标准。

3. 电子商务项目的质量保证

质量保证是在质量体系中实施的全部有计划的、有系统的活动,以提供满足项目相关标准的措施,贯穿整个项目实施的全过程。与关注产品质量检查的质量控制相比,质量保证关注的是质量计划中规定的质量管理过程是否被正确执行,是对过程的质量审计。

因而,电子商务项目的质量保证除了要对电子商务的开发计划、标准、过程、系统需求、系统设计、数据库、手册以及测试信息等进行评审外,还要对系统产品的评审过程、项目的计划和跟踪过程、系统需求分析过程、系统设计过程、系统实现和单元测试过程、集成和系统测试过程、项目交付过程、子承包商的控制过程、配置管理过程等进行评审。

实施项目质量保证的依据主要有项目质量管理计划、质量控制的度量结果以及质量工作的操作说明。其中质量控制的度量结果可以用于比较和分析，质量工作的操作说明则是对于项目质量管理具体工作的描述，以及对于项目质量保证与控制方法的具体说明。

### 4.2.2　电子商务项目的质量管理控制

电子商务项目的质量管理控制主要是监督项目的实施结果，以确定它们是否符合相关的质量标准及确定排除引起不满意结果的因素的方法。这项工作的主要内容包括项目质量实际情况的度量、项目实际质量与项目质量标准的比较、项目质量误差与问题的确认、项目质量问题的原因分析和采取纠错措施来消除项目质量差距与问题的一系列活动。

项目质量控制和项目质量保证最大的区别在于：项目质量保证是一种从项目质量管理组织、程序、方法和资源等方面为项目质量保驾护航的工作，而项目质量控制是直接对项目质量进行有关的工作。项目质量保证是一种预防性、提高性和保障性的质量管理活动，而项目质量控制是一种过程性、纠偏性和把关性的质量管理活动。

1. 电子商务质量管理控制工作的依据和成果

电子商务项目的质量管理控制是指监督电子商务项目的实施状况，确定电子商务项目的实施质量是否与相关的质量标准相符合，找出存在的偏差，分析产生偏差的原因，并根据质量管理计划提出的内容寻找避免出现质量问题的方法，找出改进质量、组织验收和进行必要返工的解决方案。简单地说，质量控制就是对项目实施全过程中的产品进行持续不断的检查、度量、评价和调整的活动。

在实施项目质量控制时，其依据主要有项目的阶段工作成果、项目质量管理计划、操作描述以及项目质量控制标准与要求。项目质量控制标准与项目质量目标、项目质量计划指标是不同的，项目质量目标和计划指标给出的都是项目质量的最终要求，而项目质量控制标准是根据这些最终要求所制订的控制依据和控制参数。通常这些项目质量控制参数要比项目目标和依据更为精确、严格和有操作性，因为如果不能够更为精确与严格，就会经常出现项目质量的失控状态，就会经常需要采用项目质量恢复措施，从而形成较高的项目质量成本。

通过项目质量控制之后，所得到的最重要的成果就是项目质量的改进。除质量改进外，质量控制的结果还可能是接受项目成果、返工或对项目管理过程进行调整。

需要指出的是，每个具体的项目工作在质量控制过程中都有可能被接受或拒绝。一旦做出了接受项目质量的决定，就表示一项项目工作或项目已经完成并达到了项目质量要求；如果做出不接受项目质量的决定就表示项目未达到质量要求，应要求返工。当然，返工成本非常高，所以项目经理必须努力做好质量计划编制和质量保证工作以避免返工。如果返工成为必然，就要认真地设计返工工作的处理方案，争取最小的成本代价和最少的返工工作量。返工既是项目质量控制的一个结果，也是项目质量控制的一种工作和方法。

过程调整是指在质量控制度量的基础上纠正或防止进一步出现质量问题而对项目管理过程所做的调整。它是根据项目质量控制的结果和面临的问题，或是根据项目各相关利益者提出的项目质量变更请求，对整个项目的过程或活动所采取的调整、变更和纠错行动。

2. 质量控制工作的方法和技术

项目质量控制的方法有很多，最常用也是最直接的方法就是检查，包括为确定项目的各种结果是否符合用户需求所采取的如测量、检查和测试等活动，既可能检查单个活动的结果，也可能检查项目的最终产品的结果。

数据是质量控制的基础，"一切用数据说话"才能做出科学的判断。通过采用数理统计方法，收集、整理质量数据，有助于分析、发现质量问题，以便及时采取对策予以纠正。常用的质量控制工具包括流程图、检查表、因果图、控制图、趋势分析和帕累托图等。

## 4.3 商务网站建设实施与控制管理

### 4.3.1 商务网站质量管理的原则

商务网站的质量管理是指在网站项目质量方面指导和控制组织的协调活动。质量管理方面的指导和控制活动通常包括制订质量方针和质量目标，并进行质量策划、质量控制、质量保证和质量改进。这些活动构成质量管理的"闭环"。

有效的质量管理应该根据网站项目的诸多特点，依靠系统的质量管理原则、方法及过程而展开。

为实现网站质量管理的目标，应遵循以下几项质量管理原则：

①以客户为中心。网站设计人员应理解客户当前的和未来的需求，满足客户需求并争取超出其期望。网站项目开发人员是通过完成网站项目的建设来满足客户需求的，因此网站项目开发人员应保证网站能满足客户的要求。

②领导作用。网站开发项目经理将本项目组的宗旨、方向和内部环境统一起来，并创造使开发人员能够充分参与实现项目目标的环境。成功的项目质量管理需要网站项目经理高度的质量意识和持续改进的精神。

③全员参与。项目组最重要的资源之一就是全体员工。成功的项目离不开项目组全体员工对本职工作的敬业和对其他项目工作、质量活动的积极参与。

④过程方法。将相关的资源和活动作为过程进行管理，可以更高效地得到期望的结果。

⑤管理的系统方法。针对设定的目标，识别、理解并管理一个由相互关联的过程所组成的体系，有助于提高工作效率。项目组应建立并实施网站开发项目质量管理体系，即制订质量方针和质量目标，然后通过建立、实施和控制由网络构成的质量管理体系来实现这些方针

和目标。

⑥持续改进。持续改进是网站开发项目组的一个永恒目标。

### 4.3.2 商务网站质量管理的基本步骤

商务网站质量控制基本流程如图 4-1 所示。

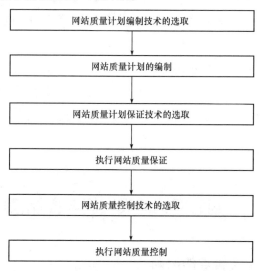

图 4-1　商务网站质量控制基本流程

1. 网站质量计划编制技术的选取

在编制网站质量计划时，可以使用多种方法：

①成本效益分析。在编制网站质量计划的过程中，必须权衡成本与效益之间的关系。效益是指项目的各项工作做得好，能满足项目的质量要求，其主要目标是减少返工，降低项目开发的成本。而符合质量要求的根本好处在于降低返工率，这就意味着较高的开发效率、较低的成本和项目开发团队满意度的提高。

满足质量要求的成本主要是与项目质量管理活动有关费用的支出，而网站质量计划编制的目标是努力使获得的收益远远超过实施过程中所消耗的成本。

②基准分析。基准分析就是将实际实施过程中或计划中的项目做法同其他类似项目的实际做法进行比较。通过比较来改善和提高目前项目的质量管理水平，以达到项目预期的质量要求或其他目标。

③实验设计。实验设计是一种统计分析技术，可用来帮助人们识别并找出哪些变量对项目结果的影响最大。例如，网络的设计者可能希望通过实验确定哪一种方案得出的结果更能满足客户的需求。同时，实验设计也可以用于解决成本和进度计划平衡等项目管理问题。例如，在大学商城网站开发的项目中，使用资深的项目经理比使用年轻的项目经理所花费的成本多，但是资深的项目经理却能够在较短时间内完成工作任务，能够保证网站开发的进度。设计合理的实验能根据初级和高级工程师的不同组合计算各自的项目成本和工期，能从有限

的几种相关情况中选出最佳的方案。

2. 网站质量计划的编制

网站质量计划的编制包括识别与网站项目相关的质量标准以及确定如何满足这些标准。

编制网站质量计划的重要步骤是识别每一个模块的相关质量标准，把满足网站项目相关质量标准的活动或者过程进行细分；同时还包括以一种能理解的、完整的形式表达为确保网站的质量而采取的纠正措施。在编制网站质量计划的过程中，描述出能够直接满足客户需求的关键因素是十分重要的。

网站质量计划的编制输入主要包括网站项目开发章程、网站项目管理计划、网站开发项目范围说明书。

网站质量计划的编制输出主要包括：网站质量管理计划，它是整个网站开发项目管理计划的一部分，描述了整个网站的质量策略，并为网站项目提出质量控制、质量保证、质量提高和网站项目持续过程改进方面的措施，它还提供质量保证措施，包括设计评审、质量核查等；网站质量度量指标，应用于网站质量保证和质量控制过程；网站质量检查单，它是一种组织管理手段，用以证明需要执行的一系列步骤已经得到贯彻实施；过程改进计划，它是网站项目管理计划的补充。过程改进计划描述了分析过程，可以很容易辨别浪费的时间和无价值的活动，还可以增加对客户的价值。

3. 网站质量保证技术的选取

为了保证网站管理过程的质量，也要采取与产品的质量保证相类似的步骤，也就是说，要有一套完善的项目管理程序。这套程序要清晰地指明网站开发项目怎样管理好满足项目要求的资源，以及该程序是怎样从基于历史经验的标准中得出的。这些经验可能是公司自己在实际工作中得出的经验，也可能是从外部成功的实践中得出的经验。

执行网站质量保证的主要工具和技术如下：网站质量计划的制订；网站质量审计，它是对网站质量管理活动的结构性审查，是决定网站质量管理活动是否符合组织政策、过程和程序的独立的评估；过程分析，遵循过程改进计划，从组织或技术的角度来识别需要改进的地方；质量控制工具和技术；不断地维护项目基准，它是网站质量保证的要求，同时也是网站质量保证的方法。

4. 执行网站质量保证

通过制订一个网站质量计划来确保网站质量是一回事，而确保实际交付高质量的网站和服务则是另一回事。网站质量保证是一项管理职能，包括所有为保证网站项目能够满足相关的质量标准而实施的活动，网站质量保证应该贯穿整个网站开发项目的生命期。

网站质量保证是在质量系统内实施的所有计划的系统性活动，是保证网站质量管理计划得以实施的一组过程及步骤，旨在证明网站项目能够满足客户需求和相关的质量标准。

执行网站质量保证主要包括：网站质量管理计划，应当描述网站项目质量体系即组织结构、职责、程序、工作过程以及建立网站质量管理所需要的资源，所有和网站项目质量相关的活动都要以网站质量管理计划为依据；网站质量度量标准，要用清晰的规格说明、完善的使用标准来衡量网站建设；过程改进计划与工作绩效信息，工作绩效信息是重要的质量保证输入，包括本项目交付的网站内容、纠正措施和绩效报告，可应用于审计、质量评审和过程分析等领域；变更请求，要达到网站项目开发预期的质量目标，质量实现过程中的变更是不可避免的，但是并不是所有的变更都应该被消除，因为有些变更是为了更好地满足用户的需求。

5. 网站质量控制技术的选取

通常情况下，在质量管理中广泛应用的控制图、因果图、排列图、散点图、核对表和趋势分析等，都可以用于网站质量的控制。

①检查。检查内容包括各种网站链接、图片和其他测试等活动，进行这些活动的目的是确定结果与要求是否一致。检查表是常用的检查技术，检查表通常由详细的条目组成，是用于检查和核对一系列必须采取的步骤是否已经实施的结构化工具。

②控制图。控制图又称为管理图，用于决定网站开发的过程是否稳定或者是否可以执行，是反映开发过程随时间变化而发生的质量变动状态的图形，是将过程结果表示在时间坐标上的一种图线表示法。

③帕累托图。帕累托图又称为排列图，来自帕累托定律，该定律认为绝大多数问题或缺陷产生于相对有限的起因，它按事件发生的频率排序而成，显示由于某种原因引起的缺陷数量或不一致的排列顺序，是找出影响项目产品或服务质量的主要因素的方法。

④统计抽样。统计抽样是指选取总体的一部分进行检查的方法。适当地采样能够降低质量控制成本。

⑤流程图。流程图是显示系统中各要素之间相互关系的图表。在质量管理中，常用的流程图包括因果图和程序流程图。

因果图直观地反映了影响网站项目的各种潜在原因或结果及其构成因素同各种可能出现的问题之间的关系。

程序流程图能够帮助网站开发项目团队预测可能发生哪些质量问题、在哪个环节发生，因而有助于使解决问题的手段更为高明。程序流程图如图 4-2 和图 4-3 所示。

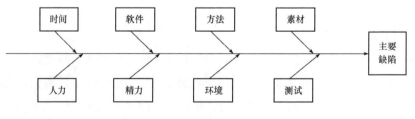

图 4-2　程序流程图示例（一）

⑥趋势分析。趋势分析是指根据历史结果、数学技术来预测未来的成果，可用来跟踪一段时间内变量的变化。

⑦缺陷修复审查。缺陷修复审查可以确保网站的缺陷得到修复，并且符合客户的需求。

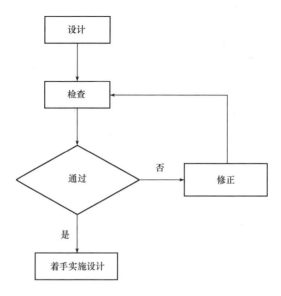

图 4-3　程序流程图示例（二）

6. 执行网站质量控制

质量控制是指项目管理组的人员采取有效措施，监督项目的具体实施结果，判断它们是否符合有关的项目质量标准，并确定消除产生不良结果的方法。也就是说，进行网站质量控制是确保网站质量得以保证的过程。

网站质量控制应贯穿整个网站项目执行的全过程。具体结果既包括交付成果（开发好的网站）或服务，也包括网站开发过程的结果，如成本和进度计划绩效报告。网站质量管理计划、绩效报告以及工作结果等是进行网站质量控制的依据。

执行网站质量控制的输入主要包括：网站质量管理计划；网站质量度量标准；网站质量检查表；工作绩效信息；已批准的变更请求；产品、服务和结果。

执行网站质量控制的输出主要包括：建议的纠正措施，当网站质量控制的结果显示网站开发过程中某些指标超出规定的参数值时，应立刻采取必要的纠正措施；建议的预防措施，采取一些预防措施来预防在网站开发过程中某些指标可能超出规定参数值的情况，这些指标超出后会被网站质量控制程序发现；请求变更与建议的缺陷修复，不符合要求或规定的缺陷需要修复或替换。

## 4.3.3　商务网站的文档管理及基本流程和步骤

1. 商务网站的文档管理

在建设一个商务网站之前，首先要做的工作就是关于网站方面的文本资料的收集、管理。这项工作一定要由文字能力比较强的专门人员负责。

在开发网站之前就必须明确：能够利用这个网站做什么？通过这个网站，能够为访问对象提供什么？针对这些问题，就要准备相应的文本资料。

在网站建设的过程中，需要的文本资料一般有以下几点：

①网站名称。网站名称一般出现在网站首页，起到区别于其他网站的作用。网站名称一般可以作为商标，要像保护报刊名称或电台、电视台名称一样保护网站名称。网站制作之前，客户可以预先想好网站名字，如果是企业网站，可以采用自己公司的名称，也可以采用公司名称的缩写。如果是行业或者是其他内容网站，可以采用××信息网、××在线等。

②网站域名。域名是互联网上企业或机构的名字，是互联网上企业间相互联系的地址。域名由若干个英文字母和数字组成，由"."分隔，不能出现特殊符号。例如，中国大学商城的域名是 www.netmall.cn。域名和知名品牌一样，都代表了企业的无形资产，为了保护这一无形资产，要抢先注册域名。否则，一旦域名被别人注册就无法再使用了。

③网站联系资料。网站联系资料主要是指准备在网站上公布的信息，如公司名称、公司地址、电话、传真、电子邮箱等。

④企业简介。可以是公司介绍，也可以是网站介绍，内容应简洁明了。

⑤栏目名称。企业网站一般有公司介绍、产品展示、企业新闻、网上订购等栏目，这些栏目基本上都是通用的。

⑥产品或服务内容资料。打算在网站上展示的企业产品或者提供服务的资料。

2. 商务网站文档管理的基本流程和步骤

(1) 基本流程

文档管理的基本流程如图 4-4 所示。

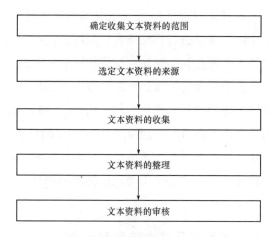

图 4-4　文档管理基本流程

(2) 具体步骤

1) 确定收集文本资料的范围。在网站开发的不同阶段，所需要的文本资料的内容也是不同的。如在网站建设初期主要需要网站名称、网站栏目等资料，随着网站的开发，则需要企业简介、服务内容、网站域名等方面的资料。所以，在收集文本资料之前，必须根据具体情况确定文本资料收集的目的，制订文本资料收集的范围，以避免盲目性，从而提高工作效率。

2）选定文本资料的来源。不同的资料有着不同的来源。一个企业所提供的内部资料和外部资料一般都是不同的，即使是相同的文本资料，来源也不一定相同。所以，要想收集到准确、可靠的资料且节省时间、人力和物力，选取合适的文本资料来源是十分重要的。常用的文本资料来源有用户、市场、企业内部各部门、竞争企业各部门、专业研究机构、有关方面的专家和综合统计部门。

3）文本资料的收集。不同的文本内容和不同的文本资料来源，需要采用不同的收集方法。只有选择了正确的方法和途径，才能取得好的效果。常用的文本资料收集方法归纳起来主要有以下几种：

①访谈法，即以当面询问的方式获取信息。访谈法能够非常详细、准确地获取被调查对象的观点。

②书面调查表，用书面的形式取得相关文本资料，能够扩大调查面，并且不受时间和地点的限制。

③现场观察法，采用现场观察法能了解到真实而详细的资料，有时会有意想不到的收获。

④查阅资料法，是指通过查阅专利索引、书籍、刊物、广告、样本、论文、报告、报纸及录音等方式获取所需文本资料的方法。

在实际运用时，往往把这些方法进行组合或合并，以使使用更为有效。

如果是收集一手资料，则要靠实际调查。如果收集的是二手资料，则可以查阅相关的文献资料，即从现成的文献资料入手，在有关的文件、档案、作品、资料中收集有关资料。这种方法简单易行，但有些资料却无法查到，所以有时必须亲自去调查。

对于一手资料的实际调查，还必须选好调查时间，当然还要考虑应该选用什么方式，选用谁去调查。调查人员应具备相应的专业知识与经验，熟悉有关的情况，思维灵敏，工作认真。调查时应有提纲，并做好记录。

4）文本资料的整理。文本资料收集完成以后，需要对收集到的资料加以整理，也就是对收集到的相关文本资料进行分类、梳理、归纳，使之条理化，以便在网站开发各阶段需要时使用。资料整理过程也可以与资料收集过程同步进行，这样就可以通过对刚刚收集到的资料进行各方面的考核，及时发现收集到的资料所存在的缺陷，并有可能采取有效的措施加以补救。在进行文本资料整理时，可以按以下几个方面进行：功能方面、类型方面、社会要求、新技术信息。

5）文本资料的审核。文本资料的审核就是对整理完的资料进行审查和核实，消除资料中存在的虚假、差错、短缺、冗余现象，保证资料的真实、有效、完整。资料审核集中在真实性、准确性和适用性3个方面。

对资料进行真实性审查的主要方法有：

①经验法，把收集到的资料与原有的经验和常识进行对比、判断，当发现两者之间存在

冲突和矛盾时，就需要对资料进行进一步核实。

②逻辑分析法，即对材料本身的逻辑进行考察，检查材料本身是否自相矛盾或者明显与事物发展规律不符，对于确有问题的材料进行进一步核实，无法核实的就要果断删除。

③比较法，就是通过对相关材料进行对比来核实材料的真实性。如果资料的收集是通过不同的方法和途径完成的，相互之间就可以进行比较。

④来源分析法，这种方法主要适用于对文献资料的真实性审查。一般来说，当事人的叙述比局外人的叙述更可靠，有记录的材料比传说的材料更可靠，引用率高的文献比引用率低的文献更可靠。

### 4.3.4 商务网站营销策略与实施

很多企业在自己的网站建立之后，就认为万事大吉了，可以享受网站给其带来的巨大经济效益。其实往往事与愿违，因为互联网上密布的各种网站数以万计，如果没有大量的客户访问网站，享受网站提供的服务，那么网站就不能真正发挥功能，最终将失去价值。因此，企业在确定了目标市场定位以后，需要根据自己产品的特点以及所处的市场环境，选择适当的营销策略来运营网站，最终实现企业的目标。

在实际中商务网站的营销策略与实施流程如图 4-5 所示。

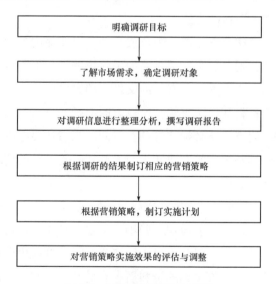

图 4-5 营销策略与实施流程

（1）明确调研目标

市场调研是企业进行市场预测的前提和基础。通过市场调研，企业可以了解、掌握消费者的现实和潜在的需求，有针对性地制订营销策略，减少盲目性，以便在竞争中发挥优势。因此，网上调研是企业在网上营销的第一步。

这里需要注意的几点是：为了吸引更多的人参与调查，问卷中应有保护个人信息声明；

要考虑网络用户的结构,避免样本分布不均衡;多种网络调研手段相结合。

(2) 了解市场需求,确定调研对象

假设你是客户,从你的角度来了解客户需求。你的调研对象可能是产品直接的购买者、倡议者、使用者,要对他们进行具体的角色分析。例如,某种时尚品牌休闲男装,它的目标对象应当是年轻男性,但实际的客户市场不仅是这部分人群,还包括他们的母亲、妻子、女友等女性角色。这就要求调研时,将调研对象进行角色细分,充分了解市场需求,使调研结果更有针对性。

(3) 对调研信息进行整理分析,撰写调研报告

收集信息后,要做的第一件事情就是对这些信息进行整理和分析。调研人员如何从中提炼出与调研目标相关的信息,会直接影响到最终的结果。在整理分析完成后,调研人员应提交一份图文并茂的网络市场调研报告,对所调研的问题给出结论,并对实现调研目标提出建设性意见,供决策者参考。

(4) 根据调研结果制订相应的营销策略

1) 产品营销策略。互联网本身具有的双向沟通的特性,使得消费模式从单向变为互动,因此,企业在制订产品营销策略时,应从自己产品的特点以及所处的市场环境出发,满足网上客户的需求。

在网络上销售的虚体产品可以分为两大类:软件和服务。软件包括计算机系统软件和应用软件。网上软件销售商常常可以提供一段时间的试用期,允许用户使用并提出意见,如天空软件站在销售软件时,经常给购买者提供一定时间的试用期。

网络只能完成信息流和货币流的流通,对于实体产品来说,还要依赖传统的物流体系或者离线市场来完成,这类产品应该注意以下两点:一是网上营销与传统离线市场相结合,优势互补;二是企业应利用在网络上与客户直接交流的机会为客户提供定制化产品服务,同时及时了解消费者对企业产品的评价,以便改进和加快新产品的研发。

2) 定价营销策略。网上营销价格是指企业在网络营销过程中买卖双方成交的价格。企业在定价时,不仅要考虑运用传统市场营销价格理论,更要考虑网上销售的软营销和互动特性以及网络传递信息速度快、消费者易于比较价格的特点。根据影响营销价格因素的不同,网络定价策略可以分为以下几种:

①低价定价策略。在实际营销过程中,网上商品采用的低价策略主要有两种:直接低价定价策略,即公开价格比同类产品低。它一般是制造业企业在网上进行直销时采用的定价方式,如 Dell 公司电脑定价比同性能的其他公司产品低 10%~15%;折扣策略,即在原价基础上进行折扣,让客户直接了解产品的降价幅度以刺激客户的购买欲望。这类价格策略主要用在一些网上商店中,如 Amazon 的图书价格一般都会有折扣,有时折扣达到 3~5 折。

②定制生产定价策略。企业可以利用网络技术和辅助设计软件,帮助消费者选择配置或者自行设计能满足自身需求的个性化产品,同时承担自己愿意付出的价格成本。如 Dell 公司的用户可以通过其网页了解各型号产品的基本配置和基本功能,根据实际需要和能承担的

价格,能够一次性买到自己中意的产品。

③使用定价策略。即客户通过互联网注册后使用某公司的产品时,只需要根据使用次数进行付费,而不需要将产品完全购买。如起点中文网小说的 VIP 章节按每千字 0.02 元对用户进行收费。

④拍卖竞价策略。即由消费者通过互联网轮流公开竞价,在规定时间内价高者得。采用网上拍卖竞价的产品,可以是企业的库存积压产品,也可以是企业的新产品,通过拍卖来吸引消费者的关注。

3)销售渠道策略。根据互联网交互信息的特点,网络的销售渠道可分为:

①网上直销。即生产企业通过网络直接销售产品。具体的做法是企业在网上建立自己独立的站点、申请域名、制作主页和销售网页,由网络管理员专门处理有关产品的销售事务。

②网上联合渠道。即结合相关产业的公司,共同在网络上设点销售系列产品。采用这种方式可增加消费者的上网意愿和消费动机,同时也为消费者提供了较大的便利,拓宽了渠道。

4)销售促销策略。在网上营销活动的整体策划中,网上促销是极为重要的一项内容,其促销形式可以归纳为:

①网络广告。利用网络广告方便快捷、互动性强、价格便宜、图像生动等优点,及时将信息传递给目标客户。如淘宝网某些产品通过新浪、搜狐等门户网站传递低价信息,以吸引更多的客户购买。

②网上销售促进。网上销售促进包括抽奖促销和积分促销等。抽奖促销是大部分网站乐意采用的促销方式,消费者或访问者通过填写问卷、注册、购买产品或参加网上活动等方式获得抽奖机会。如 2017 年 10 月 11—13 日,唯品会推出了"情系九月九,爱意暖重阳,晒照片,谈心愿,赢孝恩基金"活动,其中体检基金、孝恩基金金额实报实销,最高达 1 000 元,鼓励更多的消费者通过唯品会完成购买。

③网上公共关系。网上公共关系是指企业通过互联网与企业利益的相关者建立的良好合作关系,可为企业的经营管理营造良好的环境。如温州眼镜网通过"眼镜论坛"栏目与目标客户直接沟通,及时了解客商对产品的评价和需求,在短时间内增加了产品的知名度,起到了良好的宣传作用。

(5)根据营销策略,制订实施计划

1)选择网络商品。现实中并非所有的商品都适合在网上销售,如体积太大的商品不容易邮寄运输而附加值太低的商品省下的费用还不够付邮费等。根据各类商品的属性,再结合目前网上的一些销售情况,可以总结出目前适宜在商务网站上销售的商品有以下几类:具有高技术性能或与计算机相关的产品;市场需求覆盖较大地理范围的产品;不太容易设店的特殊产品或传统市场不愿意经营的小商品;网络营销费用远低于其他销售渠道费用的产品;消费者从网上取得信息即可做出决策的产品;网络群体目标市场容量较大的产品和服务;便于配送的产品;名牌产品。

2）建立"虚拟展厅"，提供商品信息。利用立体逼真的图像，辅之以产品文案、声音等展示自己的商品，使消费者感觉有如亲临其境，从而对商品有一个较为全面的了解。如卓越网是一个以销售为主的商务网站，商品非常丰富。网站将商品分成四大类，即图书音像软件、消费电子、日用消费品、专业店，在这四大类里又划分了小类，使得客户的选购更加快捷。

3）合理设计网络促销内容。网络促销的最终目标是希望引起购买。这个最终目标是通过设计具体的信息内容来实现的。网络促销的内容应根据购买者目前所处的购买决策过程的不同阶段和产品所处的生命期的不同阶段来决定。如目前的 MP3 产品已经进入衰退期，企业只能采用各种让利促销来延长产品的生命期。

4）合理设计订货系统。网上企业在设计订货系统时，要尽可能减少客户的劳动，尽可能让客户感到使用方便、易操作。如卓越网推出"一站式结账"，只要用户在卓越网有过一次成功的购物，再次购买时就只需要点击购物车就能够完成交易，无须重复填写订单的相关信息。

5）开发自动调价系统。自动调价系统可以依季节变动、市场供需情形、竞争产品价格变动和促销活动等情况自动调整产品价格。如当当网自主研发了"智能比价系统"，一旦发现其他网站同类商品的价格比当当网的价格还低，系统将自动按低于对方 10% 的标准调低价格。

6）建立完善的配送系统。如 Dell 公司将美国货物的配送业务交给联邦快递公司完成，为其网上直销提供了有力的支撑。

（6）对营销策略实施效果的评估与调整。对营销策略实施效果的评估与调整是保持网站正常运行的重要手段，它既可以自动调节系统按照既定计划的方向运行，更可以减少和避免各项工作的误差。评估与调整应该考虑点击率、满意度和销售额。

## 本章小结

电子商务项目的控制管理包括范围控制、进度控制、成本控制等内容。

电子商务项目范围控制需要了解电子商务项目范围变化的原因、电子商务项目控制变更控制的方法、电子商务项目范围变更控制的技术。电子商务项目进度控制需要了解进度控制的依据、项目进度控制的方法、项目进度计划的调整，最后了解项目成本控制的依据和内容，采取项目成本控制的工具和方法。电子商务项目的质量管理控制需要从质量规划、质量与成本的权衡进行电子商务项目的质量保证。而电子商务项目的质量管理控制需要从电子商务质量控制工作的依据和成果出发，采用质量控制工作的方法和技术实现。

商务网站的实施与控制管理以质量管理的原则为依据，遵照基本的质量管理流程，并通过文档管理、营销策略与实施的具体步骤实施与控制管理。

## 本章案例

### 知乎：从小众走向大众经历了什么？

2017 年是知乎七周年，这个数字可能让一些人感到诧异：知乎，居然已经七岁了？

是的，知乎早已算不上"小众"，2017年9月它的用户数就突破了1亿——这被知乎CEO周源认为是"知乎从社区转向平台的标志"。

知乎已经建立起一套制度规范，让这座1亿人口的"城市"每天如常运转。如果说微信的护城河，是基于网络效应的用户关系，那么知乎的护城河，就是用户沉淀多年的虚拟资产。例如，知乎上将近2 000万个问题、8 000万个回答，以及群体形成的某种氛围，甚至信仰。

正是这些看不见的资产，让知乎在七周年时，意料之外也是情理之中打了一张异常朴素的牌：认真。

**知乎现象，是怎么形成的？**

最近，知乎官方发布了一则主题为"你的认真，世界看得见"的宣传片，展示了知乎2018年第一波"形象大使"。他们并非明星，而是不同领域的"优秀回答者"。其中有全国不到1 000名的评香师，也有更为大众的职业：妇产科医生、数据分析师等。

这些人解释了自己眼中的"认真"，并带起了知乎站内话题"你认真做过的事"。这次营销，并不让人感到意外。因为很长一段时间，知乎的口号就是"认真，你就赢了"。

在"上知乎对你们的意义是什么"这一问题下，有个高赞回答只有一句话："在这，没人笑话我'太认真'"。短短10个字，包含三层意思：知乎的人很认真，外面的人不太认真，甚至以认真为耻。

七年来，知乎上产生的字数，如果让一个人不停输入，至少要输入满600年。

为什么一个人，可以不取分文地坚持在知乎回答，哪怕没有一个赞？

为什么一些专家，为了解决陌生人的疑问，可以彻夜查资料、修改数次，输出上万字？

下面不妨从供需两端解释下"知乎现象"形成的原因。

未来的知识是网格化的，作为克莱·舍基坚定的拥护者，周源相信每个人都有"富余"的知识、经验和见解。正所谓萧伯纳的苹果理论：交换苹果，则你我各得一只苹果；交换思想，则你我各有两种甚至更多思想。

认知盈余和分享欲望，是供给方——也就是回答者行为成立的根本。知乎本身的问答结构，则给知识提供了一个很好的出入口。人的最高需求是获得尊重，实现自我价值。所以"好为人师"是人之本性，人们总喜欢指出演员念错的台词，以及广告牌上的错别字。

每个人都想有一个独自表现的舞台，而现实往往给不了太多"秀"的机会。知乎上数万个问题，就成了人们表现的机会。更何况，知乎带有强烈的"去中心化"属性：强调对问题而非大V的关注，很多热门回答者都是"小透明"。一些热门问题下，多年前的回答至今还能获得不错的长尾流量。

这种问答结构，也恰好适应需求端——也就是提问者的阅读习惯。信息颗粒度很关键，资讯软件的频道划分太粗，搜索引擎的引导太细。知乎上真实用户的提问，正好介于零散信息和精准搜索之间，激发了人们的好奇心。

这群人的共同特征是：他们不满于庸俗、粗鄙的信息环境，不甘于被机器"喂养"，却又不愿为此付出更多，如下功夫调教 RSS 阅读器，或者去图书馆寻找答案。

第二个好处就出来了：知识付费的核心在表达而非知识，而知乎天然就具备"拆解知识"这个关键要素。绝大多数时，知乎面对的用户并不是纯小白。

提问者渴望快餐化、随取随用的知识。它可以解决问题，更是一种社交货币，可以拿出来炫耀。随着虚拟资产渐多，提问者就会变成回答者，为新来的知乎提供货币。

如此循环，知乎氛围就形成了。

**从小众走向大众，知乎经历了什么？**

这种氛围能持续下去吗？或者说，大多数人喜欢这种氛围吗？

很长一段时间里，知乎都是互联网精英人士的自嗨。

知乎早期实行"邀请制"，李开复、keso、和菜头等 KOL 都是活跃用户。2011 年一个邀请码，在淘宝网上甚至能炒到百元。

2012 年，周源曾问团队成员：你们想做一个服务少数用户的产品，还是一个服务大众的产品？所有人的回复都是后者，这才让他下定了开放的决心。

2013 年，知乎正式取消"邀请制"，当年注册用户就从 40 万飙升至 400 万。

但在 13 亿人口的中国，百万用户的体量着实不多。既然决定要做服务大众的产品，就干脆把知乎的核心元素抽出来，去对标所谓的人性最大公约数。

这几个词就是知乎一直说的社区精神：认真、专业和友善。

知乎开始进行密集的功能迭代，走类似微博的下沉路线。具体表现为：一方面扩大回答者的多样性，另一方面降低普通用户的使用门槛。

知乎的用户认证体系，与别处不同。

大多数平台更倾向于把粉丝数、名人身份作为主要衡量依据，知乎却没有所谓的大 V，只有"优秀回答者"。想拿到这个称号，除了要提交现实社会中的资质证明，还要在知乎社区取得较高的"权重"。而这个权重，是根据用户过去在某一领域的回答表现计算的。

另一方面，问答逐渐不再是知乎的唯一形态。除了早就有的"知乎市场"，2017 年知乎陆续增加了想法、热榜等功能，开放机构号注册，变得与微博越来越像。

这似乎是内容产品发展至今的必然结果。中国鲜有单纯的阅读工具，即便像"即刻"这样顶着 IFTTT 的帽子出现、惊为天人的产品，如今也多了热门、推荐、动态等功能，也有了"今天有什么好笑的"这种毫无营养的主题。多亏了这种"下沉"，即刻过去半年的日活跃用户数量，完成了从几十万到几百万的大跃迁。

绝大多数用户，需要一部分"喂养"。大环境如此，知乎也不能免俗。改变带来的好处非常明显，知乎可以尝试分食微博、豆瓣、今日头条的生意，意味着当人们想关注热点新闻时，会上知乎；当人们想知道热映电影的好坏时，也可能第一时间上知乎。

如人们所见，"如何评价×××"这个句式，盛行了很多年，它并没有像凡客体或其他网络流行语一样，龙卷风般来了又走了。

**"七年之痒",知乎如何度过?**

改变有没有坏处呢?

当然有。

知乎也迎来了它的"七年之痒"。

其实知乎本质上的"认真、专业、友善"并未改变,但内部形式的调整,以及外部环境的变化,使它不得不面临转型的阵痛。这座1亿人口的"城市",有了雾霾、堵车等"大城市病",还得无时无刻提防其他城邦入侵。

知乎需要时刻保持警醒,快步小跑时,稍有细节变化,一些老粉丝们都可能百般挑剔。另一方面,随着获取知识的门槛降低、通路缩短,用户的认知也水涨船高。换句话说,当下社会的主要矛盾,已经变成人们日益增长的文化需求和匮乏的精神食粮之间的矛盾。

为了保持社区品质,知乎也下了很多功夫。例如,频繁升级的机器人"悟空"和"瓦力",在识别和处理"答非所问"等低质内容方面变得更加智能。另外,知乎也在不断更新知乎社区规范。大V乃至创始人的回答,也经常被折叠或删除。周源说:"建立一个网络社区和建设一个城市是相通的,先把基础设施搭建好,做到位了,自然会有居民、有用户愿意长期住在这里。"

谈完"内忧",再来说"外患"。

不断扩张的边界,让知乎2017年的竞争对手林立。在问答领域,今日头条已经拆分出"悟空问答",BAT和微博也都有相应的问答产品,只不过大多内嵌在内容分发平台上,如阿里巴巴的UC问啊、腾讯的企鹅问答、网易的问吧和微博问答。

知乎大V会不会去其他平台施展拳脚?肯定会,但不会对知乎造成太大的打击。因为知乎大V的迁移成本还是太高。他们在知乎的虚拟资产,不只是自己日积月累的回答,还有一批不同于其他平台属性的粉丝。

直播平台主播跳槽时有发生,因为各家环境差别不大,且一个头部主播可以撑起大部分流量。而问答平台的竞争逻辑,却和这有着天壤之别。说白了,普通用户心中,一个合我口味的平台,要比我喜欢的大V重要得多。

几年前,"知乎的商业模式"这一问题下,还有图书出版、线下活动等杂七杂八的回答。而今随着知乎市场开放、内容形态扩张,知乎的商业模式已经比较清晰了:知识付费和信息流广告,成为主要的营收来源。

知乎用户更能接受新鲜事物,同时也更加任性和挑剔。如何满足这些"认真"的人,优雅地赚钱?如何在信息流和知识付费的战争中,躲过巨头的镰刀?对于擅长解构难题的知乎来说,这是摆在面前最大的难题。

(资料来源:http://B2B.toocle.com/detail—6435650.html)

**案例分析题:**

1. 知乎的7年,经历了哪些业务模式的改变?
2. 在知乎的7年中,随着项目的不断变化,如何实施与控制管理的?

## 思考题

1. 电子商务项目的控制管理包括哪些内容？
2. 什么是电子商务项目的范围控制？
3. 什么是电子商务项目的进度控制？
4. 如何进行电子商务项目的进度控制？
5. 商务网站的文本资料具体包括哪些？
6. 如何进行商务网站的文本管理？

# 第 5 章

# 电子商务人力资源与沟通管理

★ 学习目标

知识目标：了解电子商务项目人力资源和沟通管理的基本概念、电子商务项目人力资源和沟通管理的具体内容；了解电子商务项目管理中人力资源和沟通所承担的任务，掌握各个人力资源和沟通项目管理的基本规范，明确各个人力资源和沟通项目管理的实施以及相关的规范。

技能目标：熟练运用电子商务项目的人力资源和沟通管理。

素养目标：具备运用电子商务项目管理的相关知识分析和指导电子商务真实项目的意识。

★ 案例导入

**无人便利店缤果盒子阵痛：高管离职 模式被质疑**

无人便利店的风口仅仅过去半年时间，从创业风口走下神坛的无人便利店缤果盒子依旧不时出现在媒体视野中。

缤果盒子在刚刚出现时，曾受到诸多资本的青睐，也吸引了一批追随者跃跃欲试。其主要原因是无现金交易普及、劳动力成本上升和消费升级的浪潮等。

然而，经过半年多的发展之后，缤果盒子似乎没有走出一条真正让人眼前一亮的发展路径，陷入高管离职、多地盒子被叫停的风波中，并且连无人便利店点位增加速度也陷入停滞不前的窘境。经过时间的验证，以缤果盒子为代表的无人便利店等无人零售模式开始逐步进入调整期。

**高管出走、员工发帖维权**

"风口上的公司，是不是就不允许开除员工了呢？"一个多月前，缤果盒子被爆出高管离职、基层员工被辞退的消息,缤果盒子创始人兼CEO陈子林回应此事。就在不久前,这家创业公司刚刚完成超过1亿元人民币的A轮融资,由纪源资本(GGV)领投,启明创投、源码资本、银泰资本等共同参与。

2017年11月月底,缤果盒子被爆出大股东陈卓彬将缤果盒子参股公司"倍便利"大门上锁,门禁拆除,并张贴多张员工违纪开除通知书,宣布立即解除与相应员工的劳动合同,被开除的员工包括招商、总经办、财务、行政等多个部门的员工。

随后,在脉脉、微信社群等社交平台出现许多维权员工,称尚未收到除通知书之外任何有关来自公司方面的解释和说明,并且疑似"员工违纪开除通知书"并无任何公司公章。"从入职以来从来没有违纪过,人资档案也没有任何不良记录。突然就说以大股东名义开除我",一名离职员工早前接受采访时说。

除基层员工,缤果盒子执行副总裁谢群也于同期离职。谢群在离职前担任缤果盒子执行副总裁,负责领导和管理总公司业务模块(渠道中心、销售中心、营运中心、物流管理中心)及各地营运分公司的日常工作。缤果盒子公关总监吴海宏事后回应,"因经营理念差异,谢群已于2017年10月申请离职,不再担任缤果盒子任何职务。"

据了解,谢群在缤果盒子任职时间为半年,其在职时间主要负责缤果盒子华南地区无人便利店的推进和运营,其离职原因是谢群对缤果盒子和陈子林"在缤果盒子未来规划上存在经营理念差异"。据一名知情人士称,具体原因之一是两人对便利店的铺设场景意见不合。

**铺设受阻,点位数与设想相去甚远**

缤果盒子自成立以来逐渐引起市场的高度关注,也受到媒体和资本的关注。与亚马逊的Amazon Go、阿里巴巴的"淘咖啡"、深兰的TakeGo等不同,缤果盒子是当时唯一一家、也是首家实现规模化商用的无人零售店。

"缤果盒子2017年8月月底将在全国范围内正式落地200个,并在一年内铺设5 000个盒子。"陈子林去年7月对外界宣称。

然而就在缤果盒子计划高速扩张时,其政策隐患和技术的不完善逐一显露,缤果盒子在多地被叫停。前不久,缤果盒子正式进入珠海,开业仅两天后便被有关部门叫停。

据媒体报道,缤果盒子在当地多个部门"跳"过不少法律程序,如工商许可、社区业主同意等。放置在社区的无人便利店由于存在占用公共空间、存在消防隐患等问题受到业主投诉。

"对小区公共区域进行改造或调整,需经过半数以上的业主同意,"珠海吉大街道办相关负责人说,无人便利店虽然新颖便民,但仍然要在各种法规的范围内存在,如物业法对共有空间的改造有规定,另外涉及经营,还需要在工商部门进行登记,销售食品的要在食药监部门取得销售许可。除珠海外,缤果盒子在上海、天津、杭州等地都被叫停,其中缤果盒子回应称上海两家无人店是合作到期,并非被查封。

"一年内完成5 000个盒子"最终成为一个难以兑现的承诺。

据缤果盒子近日提供的数据,缤果盒子已经在全国29个城市铺设接近300家无人便利店。这与陈子林"年底 5 000 个盒子"的豪情壮志相去甚远。据一名知情人士称,截至 2017 年 12 月,实际的店铺数不到 200 个。

对缤果盒子布局速度慢于预期,陈子林表示,"首先,过去缤果盒子冲得太快,会有大量的问题显现出来,现在我们控制速度,这样出现问题可以不断完善;其次,在有试错结果和前车之鉴之后,在各地区符合政府经营条件后再来大力发展,避免撤回盒子的风险;最后,缤果盒子之前的设备是采用 RFID 技术,近期缤果盒子新的图像识别收银台已经在测试中,我们希望完善设备再大量投放,避免更换成本。"

据缤果盒子公关总监吴海宏介绍,其在一些地区的铺设有所突破。目前缤果盒子在北京已经得到门头沟地区政府支持,很快将公开北京门头沟地区无人便利店的部署。

**加盟模式被质疑**

成立至今,缤果盒子一直处于舆论漩涡之中。早期,缤果盒子无人便利店模式成本能否低于人力成本引发媒体争议;而现在,缤果盒子依旧是业内谈论的对象,只不过成本问题已经不是主要问题,议论的中心转向了缤果盒子的模式问题。

缤果盒子在北京、上海、广州采取直营模式,在其他地区采取发展地区代理商代理,代理商再发展加盟商购买盒子加盟的模式。"例如,城市代理商给缤果盒子交 200 万元,可以成为它的代理商,那么他就有在某个城市出售无人便利店盒子的经营权",知情人士称。2018 年 1 月 10 日,记者通过其官网上的加盟电话,联系到某大区的招商人员,证实了上述说法。

上述知情人说,"一个盒子交付给代理商的价格是 6 万元人民币,然后他以 10 万元或者其他定价出售给加盟商,加盟商拥有 3 年经营权,而代理商主要赚取中间差值。"

"缤果盒子仅代理费用就收到几千万元,"上述知情人士说,在招募代理商时,缤果盒子宣称计划每个城市铺设的点位高达上千个,但实际运营中,这个数字其实难以达到。"南方某城市有 300 多个签约合同,意向加盟商也很多,但刚刚投放两个,就被相关部门叫停。"

据了解,缤果盒子的加盟商可以自由选择商品和进货渠道,整个无人店可以由加盟者自行运营。"零售的本质就是通过供应链获取差价,差异化通过选品来体现。"无人零售货架友盒的创始人陈惠鲁说。

"缤果盒子加盟的模式等于放弃了供货的利润,这就使缤果盒子不是零售商,更像是一家盒子的智能硬件厂家。"业内人士表示。

"热门项目都是毁誉参半,零售行业的结构性机会是我们比较看好的方向。"纪源资本(GGV)管理合伙人徐炳东坦言,"同时技术也还不完备,对此,我们有着充分的心理准备。缤果盒子只是 GGV 在新零售初期投资的尝试,之后还会继续投资其他场景和形式的项目。"

去年年中,无人便利店风口之上,相关创业项目如雨后春笋般冒出,据报道无人便利店的创业项目约 30 家。缤果盒子作为头部企业,尚且在模式、场景和运营方式中不断摸索试错,而与其同类的简 24、fxBox 函数空间等已经声量全无。

"盒子需要卡车运输,需要自己接入水电网,这样折腾下来,开一个盒子的成本就是 15 000 ~ 20 000 元,但一个小型实体店的装修费也就一两万元,而且不用担心随时被撤掉或者投诉。在赚钱面前,无人的概念和酷炫重要吗?"fxBox 函数空间创始人赵亮对媒体说。

(资料来源:http://www.100ec.cn/detail—6432266.html)

【案例启示】

如何针对目前风口企业存在的人力资源问题运用电子商务的项目管理理念进行规划?如何对项目人力资源实施有效的管理?如何对项目沟通实施有效的沟通?针对缤果盒子的现状,无人超市和无人便利店的人力资源管理变得尤为重要,如何吸引更多的人员加盟才是解决问题的关键。

## 5.1 电子商务项目人力资源管理

电子商务项目涉及技术、管理等各方面人才,电子商务项目中人力资源管理的特殊性是由团队人员的构成及彼此之间的关系等特点决定的。

### 5.1.1 电子商务项目人力资源管理流程及成员职责

广义上讲,电子商务项目包括电子商务策划项目、电子商务系统项目和电子商务运营项目,这些项目的每个阶段需要具有不同知识的人员,以下将在分析电子商务项目中人员管理流程的基础上,介绍主要岗位的职责、项目成员的职业发展路径以及项目经理应该具备的能力。

1. 电子商务项目人力资源管理流程

电子商务项目对人员的管理,从项目规划开始,经历项目系统建设,一直持续到系统运营,每个阶段工作重心不同,概况而言,电子商务项目人力资源管理流程包括岗位分析、人员选聘与培训、团队组建与人员责任分配、人员授权与沟通管理、考核与激励等环节。

(1)岗位分析

岗位分析实现项目规划阶段所需完成的环节,在明确了项目的目标、可行性、范围的基础上,对项目所涉及的各种岗位进行分析,确定每个岗位设定的作用,所承担的职责,与其他职位的领导、从属或同级关系(如向谁负责以及对谁负责),需要的人员数量和学历、技能等条件,以及每个岗位的设定时间和未来变动情况。并不是所有的岗位在项目整个生命期内都存在,如数据库管理人员,在电子商务项目进入系统建设后期,岗位才需要设立,但会一直伴随整个项目后续的运营维护;再如,信息系统分析架构师,岗位只在项目建设阶段存在,属于项目的临时岗位。

(2)人员选聘与培训

进行岗位分析后,对整个项目在不同阶段所需要的各种人员状况建立了总体需求,接下来以此为依据进行人员选聘与培训,寻找和培养满足岗位条件的人员。与岗位的设定时间相对应，项目所需人员的选聘与培训并不是一次性完成的，因此许多电子商务项目中都会委托企业专门的人力资源部门负责项目全程中的人员选聘与培训工作。

(3) 团队组建与人员责任分配

在电子商务项目中，对单个人员逐一进行管理是不现实的，依靠单人实现某一任务也是很难的，项目的运作和人员的管理都需要通过对团队的管理实现。团队组建有垂直、水平等不同的原则，适用于项目的具体情况和条件。团队组建完成后，需要根据人员的知识技能、兴趣等状况，对人员进行责任分配。

(4) 人员授权与沟通管理

这是在项目进展过程中对人员进行有效管理的重要内容。通过对团队直至个人恰当的授权，没有烦琐的上传下达，可以加快决策速度，对具体情况能够更有效地做出反应，增加决策的灵活性和适应性，更好地利用组织内人员的经验和才能，也可以增加成员的责任感和归属感。通过建立有效的沟通机制，运用恰当的沟通方式，有助于知识和信息在组织内的传播和积累，提高合作效率，降低风险。

(5) 考核与激励

在项目每个阶段结束时，依据岗位职责和任务目标，对团队和个人进行考核，并在此基础上采取相应的激励或惩罚措施，这是保证项目顺利进行、提高员工积极性的重要手段。一般从能力、行为、绩效等方面对个人进行考核，而对团队的考核要复杂得多，包括团队外部环境、内部学习成长、目前取得的绩效、未来发展能力等方面。考核结果作为进行奖惩的依据，针对被考核对象的不同需求，采取物质奖励、职位提升、精神嘉奖等相应的激励措施。

上述 5 个环节中，前两个环节是电子商务项目生命期的规划和启动阶段中人力资源管理的重点，而后面提到的团队组织、职责分配、授权、沟通、考核以及激励是项目建设和运营过程中人力资源管理的主要环节。

## 2. 电子商务项目常见成员的职责

不同于一般的信息系统项目，电子商务项目中通常需要两类技能背景的人员组成技术和管理团队，分别负责系统网络平台建设和维护以及产品营销和物流管理。

(1) 技术团队的职责

技术团队的职责包括平台功能分析与实现、网页设计与实现、数据库设计与维护、后台管理设计与实现、软件文档编制等。下面分别从承担以上几个方面职责的小组人员角度进行分析。

1) 平台功能小组。分析人员需要在了解用户需求的基础上，对电子商务平台所实现的功能进行分析，确定基本的功能模块与架构。在进行用户需求分析时，不仅要了解作为电子商务平台经营者的需求，更要了解平台使用者即交易双方的需求。根据需求分析的结果，由系统分析人员进行系统架构和功能设计。这与一般信息系统项目的分析设计人员的职责是相似的。

2) 网页小组。电子商务交易需要通过网络平台进行，因此能否设计与实现对消费者有吸引力的网页，对电子商务项目的成功与否起到了关键作用。网页设计人员需要对页面风格、布局、美工、输入输出界面、字体、动画等内容进行设计，网页实现人员借助相应的软件工具完成设计要求。网页开发人员需要了解用户的审美需求和操作习惯,并具备一定的美学基础知识。

3)数据库小组。与其他信息系统一样,电子商务项目的运行离不开数据库的设计与实现。根据网络平台与网页功能需要,设计实现人员完成数据库设计与建设,在数据库运行阶段,由维护人员对数据更新、安全、一致性等方面进行管理。

4)后台管理小组。为了方便平台经营者对信息进行管理,通常在电子商务系统中设置后台管理模块。模块的设计人员将经营者作为主要用户进行需求分析,帮助其实现对用户注册、交易等重要信息的管理。除了对日常信息进行更新查询等维护,有些系统还包括统计查询、预测、关联规则挖掘等功能,这也是衡量电子商务平台管理水平高低的重要指标。

5)文档编制小组。在信息系统开发过程中,需要对不同阶段产生的可行性分析、需求分析、功能设计、编码开发、测试等文档进行管理,电子商务项目也不例外。文档编制人员需要按照统一的格式和标准,在项目生命期各阶段编制相应文档,并遵循制度要求进行文档共享、更新和维护。

(2) 管理团队的职责

管理团队的职责包括网络营销、物流运作管理、CI 及策划、消费者行为调研、项目管理等。下面分别从以上负责几个方面职责的小组人员角度进行分析。

1)网络营销小组。电子商务网站建立之后,想要获得盈利和发展,必须通过网络实现营销。其具体工作包括网络推广(以提高访问量为目的的网站推广)、网络品牌(在互联网上建立并推广企业的品牌)、信息发布(将一定的信息传递给目标人群,包括客户/潜在客户、媒体、合作伙伴、竞争者等)和客户服务(常见问题解答、聊天室等各种即时信息服务方式)等。

2)物流运作小组。电子商务信息系统平台可以帮助用户以低成本、方便快捷地完成寻货、议价、付款等活动,然而交易的真正实现离不开商品物流过程,物流运作小组的主要职责就是保障商品顺利完成从原材料入库、加工到产成品出库至消费者的整个流程。

3)CI 及策划小组。在信息急速膨胀发达的互联网时代,建立企业识别体系(Corporate Identity,CI),将企业的宗旨和产品包含的文化内涵传达给公众,对电子商务项目尤为重要。CI 及策划小组的主要职责和活动包括:企业的标识、名称、广告语、口号、商标、图案等形象设计;各项制度、行为规范、管理方式、教育训练、公益文化、公共关系、营销活动等企业行为设计;以及企业理念、企业文化、价值理念、经营思想等理念设计,将企业文化理念有目的、有计划地传播给企业内外的广告公众,从而实现社会公众对企业的理解、支持与认同,提升企业在众多电子商务竞争者中的市场影响力。

4)消费者行为调研小组。通过对销售信息的处理,结合行为学等知识,小组完成对消费者浏览、注册、查询、交易等各种数据的分析,实现销售预测和个性化服务等,提高网站竞争力。

5)项目管理小组。其主要职责是确保所负责的项目按照既定的时间和预算完成,合理配置资源,同时与团队外的项目相关人员进行沟通交涉。

需要说明的是,因为电子商务项目所涉及的项目类型(属于策划项目、系统项目或者运营项目)、项目功能(实现产品在线交易或提供在线服务)等因素的不同,项目团队中并不一定全部包含上述人员，会根据项目特点有所取舍。

3. 电子商务项目成员的职业发展

电子商务项目成员有不同的知识背景、工作职责、工作内容，有时还会存在很大差异，如在电子商务运营项目中负责商品库存配送的物流管理人员与电子商务系统项目中负责商务平台维护的技术人员之间的差异。项目成员中有的偏向技术，有的偏好市场业务，有的偏好管理，会有很多种不同的发展路径。但不管哪种路径，都需要从基层做起，从基础工作做起。一般来讲，电子商务项目成员的职业发展有如下几个方向：

①技术专家。成为技术专家的人员，一般来自电子商务平台系统的设计开发与维护领域，这些技术人员在参与项目的过程中，逐渐积累相关系统开发设计的知识能力基础，如果有某种特别的偏好，有很好的创新能力和问题解决能力，则可能成长为技术专家。

②产品（品牌）运作经理。规模较大的电子商务运营项目，会提供多种商品和服务，有些成员在长期从事关于某类产品、服务或品牌的管理中，逐渐发展为专注于特定产品运作经理，对产品从销售预期、组织货源、仓储配送、后续服务等整个流程进行管理，具备丰富的经验和创新管理能力。

③市场营销咨询师。市场部门的人员在电子商务策划项目和运营项目实践中，如果具有很强的市场意识、创意思维以及具备建设融洽的客户关系的能力，会逐渐发展为市场营销咨询师，能够帮助企业较快地拓展市场，策划产品推广方案。

④人力资源管理专家。电子商务项目进行过程中，处于技术团队和管理团队的人员在工作内容、知识背景、所处商业环境等方面都有很大的差异，甚至不属于同一个组织部门，然而项目的顺利进展必须依靠两个团队的协调工作，保证信息的有效沟通，化解彼此矛盾。在这方面积累了丰富的经验、具备突出的人力资源管理能力的人员，逐渐成长为专门从事人力资源管理的专家。

⑤项目管理专家。有的项目成员通过理论和实践的学习，掌握了人力资源、项目管理，特别是电子商务项目管理方面的知识，成长为项目经理，进而发展为高级项目经理或者企业的项目总监。

### 5.1.2 电子商务项目的组织结构与职责分配

1. 电子商务项目人力资源的特点

电子商务项目人力资源的特点，可以从人力资源的数量、质量、结构三方面进行分析。显而易见，数量是指团队所包含的成员的数量；而成员的学历、知识背景、专业职称、技能等影响项目实施结果的素质，可以归纳为人员的质量；最后，不同质量的人员在整个团队中分别所占的数量比例，就是人员结构。电子商务项目人力资源的特点包括以下几个方面。

①人员质量需求多样化。通常一个信息系统项目团队中，绝大多数成员只需具备系统设计开发技术背景知识即可满足项目需求。与之不同，在电子商务项目团队中，除了技术人员，还需要具备市场营销导演、服务等商务知识的专业人员，才能保证项目顺利实施。

②人员构成需要合理的质量结构。只强调人员高质量而不重视比例结构，并不能组建高

质量团队。如果团队中全部是专业素养、实践经验等质量很高的成员，会使得项目经理在进行人力资源分配时面临困境，因为对于团队中很多事务性或者技术含量较低的工作，这些成员没有积极性去做，或者要支付很高的成本。

相反，如果团队中成员质量结构适当，则项目进展中项目规划、项目战略确定、系统总体设计、分析开发、实施、文档管理等各种复杂度不同的工作都有相应人员负责，保障项目顺利进行。由此可见，团队的高质量并不一定需要团队中每个成员的高质量，而是指团队中人员质量结构对应于项目任务的合理搭配。

③人员构成中需要合理的数量结构。现实项目进展中，由于计划决策存在不足，或出现未预测的风险变故，项目不能如期完成，在这种情况下，项目管理者最常用的弥补方法就是临时扩大团队数量，或让成员加班工作。

实际上，数量上的增加，未必会带来效率的提高。对于新近加入项目的成员，需要花费相当多的时间对其进行培训，还要进行必要的知识学习，了解项目目前的进展状况，同时更要建立新进人员与现有人员的沟通渠道，消除业务知识、文化，甚至代码编写习惯、客户服务用语存在的差异，才能保证系统的开发质量。

④人员之间沟通管理作用明显。电子商务项目团队需要技术人员和管理人员的共同参与才能完成，如在电子商务系统项目中，企业商务人员的需求是技术人员进行需求分析的主要内容之一；又如在电子商务运营项目中，商务人员调研的信息来自技术人员的数据管理支持，然而由于两类人员的知识背景和工作要求存在较大的差异，经常属于不同的部门或小组，甚至不同地理位置，对比其他信息系统项目，成员彼此之间的沟通管理更加重要。

⑤项目不同阶段人员需求会发生变化。一般而言，随着项目所处阶段的不同，团队人员的数量并不是固定不变的，如在项目前期和收尾阶段，人员的数量显然要低于系统开发和市场拓展阶段。因此，在制订项目计划和确定资源配置时，要科学规划每个阶段人员的数量和质量结构，建立各阶段人员之间的知识、技术衔接。

2. 电子商务项目的组织结构

根据不同的项目目标、原则和侧重点，项目团队在企业中可分别采用职能型、项目型、矩阵型三种组织结构。以下将分别介绍三种组织结构的构成、特点和适用条件，需要说明的是，并没有哪一种组织结构是最好的，企业需要根据自身人员的数量、质量、结构特点，以及项目的目标、进度等因素需求，选择具体项目适用的组织结构。

（1）职能型组织

企业完全按照职能分工来划分部门，如一个电子商务公司有系统开发、网络、市场、客服等部门。当需要组建一个电子商务项目时，成员来自各个职能部门，分别由所属的职能部门领导人管理。

如图5-1所示，一个电子商务系统项目团队的3个成员来自不同部门，他们的直属领导分别为系统部门经理、网络部门经理、市场部门经理，于是项目的管理和协调就依靠各个职能部门的经理层来完成。

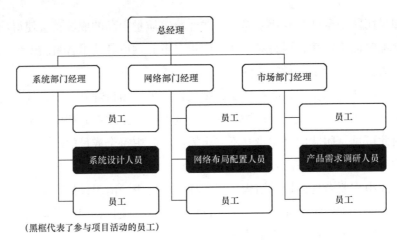

(黑框代表了参与项目活动的员工)

图 5-1　职能型组织结构图

（2）项目型组织

在企业的运作中，按照不同的电子商务项目组成不同的团队，并由指定的项目经理来协调和管理项目的运作，称为项目型组织。如图 5-2 所示，根据电子商务项目名称的不同，组织负责不同工作的成员，形成 A 项目、B 项目等项目组。例如，A 项目是电子商务运营项目，需要市场推广和物流管理方面的工作；而 B 项目是电子商务系统项目，需要平台建设，因此需要系统设计构建的工作。

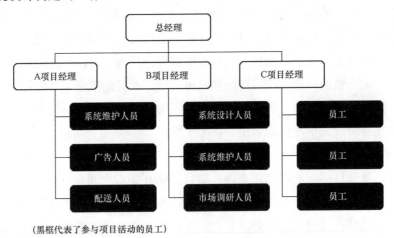

(黑框代表了参与项目活动的员工)

图 5-2　项目型组织结构图

（3）矩阵型组织

矩阵型组织是综合了职能型组织和项目型组织特点的一种结构，成员既属于某个职能部门，同时也属于某个项目组。于是项目成员既要对职能经理汇报，也需要对项目经理汇报，项目的成员管理由项目经理和职能经理互相协调而成，如图 5-3 所示。项目成员仍然隶属于各个职能部门，但是在职能部门之外，由专业化的项目经理负责项目工作。

以上分别讨论了三种常见的组织结构组成，在实际应用中，它们也有各自适用的环境条件。

# 第 5 章　电子商务人力资源与沟通管理

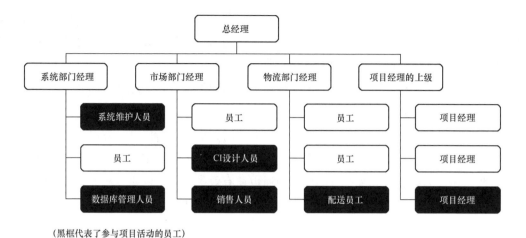

（黑框代表了参与项目活动的员工）

图 5-3　矩阵型组织结构图

对于项目成员大多来自同一个部门的情况，职能型组织更容易协调，如电子商务系统建设项目，则可以以系统部门作为项目的组织主体；对于技术比较成熟的项目，风险较小，并且可充分利用已有的经验、知识、最佳实践，也适合职能型组织结构。

对于属于技术开拓前沿性的项目，风险较大，需要风险和控制管理，或者没有经验借鉴，需要应对可能出现的各种状况，以及需要各方面人员的协调，项目型组织更加适用；如果某些项目对进度、成本、资源、质量等指标有严格要求，即对项目管理提出很高要求，也适合项目型组织发挥其优势。

如果矩阵型组织的优势得以发挥，必须克服人员多重管理的问题，因此适合于管理规范、分工明确的公司。

## 5.2　电子商务项目沟通管理

**1. 建立沟通计划**

根据沟通管理的要求，一个完整的项目管理计划应包括如下主要内容：

①确定文件保存形式。在沟通计划中首先明确各种信息保存方式、信息读写的权限，明确各类项目文档、辅助文件等的存放位置及相应的读写权限，建立相应的目录结构，收集和保存不同类型的信息，进行统一的版本管理。

②建立沟通列表。存放项目相关人员的联系方式，如系统开发人员、物流部门人员、客户、高层领导、系统支持、顾问、行政部等的手机、邮箱、职能等，尽量做到简洁明了。

③建立汇报制度。明确说明项目组成员对项目经理、项目经理对上级及相关人员的工作汇报方式、准确时间和形式。例如，在某个电子商务项目中，项目组成员在周末提交每周进

展报告，汇报一周的工作进展状况及遇到的问题、解决方法；每周一下午1：30召开项目组例会，在项目团队内进行信息交流沟通。所有常规沟通都应该有文档记录，另外需要设定某些规则，如重要的电子邮件都必须回复是否收到。

④统一项目文件格式。使用统一的文件格式，是项目标准化管理的一部分，因而必须统一各种文件模板，并提供相应的编写指南。

⑤沟通计划的维护人。明确本计划在发生变化时，由谁进行修订，并对相关人员发送。

项目沟通计划是整个项目整体计划的一部分，它的作用非常重要，很多项目没有完整的沟通计划，导致沟通非常混乱。有的项目沟通也还有效，但完全依靠客户关系或以前的项目经验，或者说完全依靠项目经理个人能力的高低，当项目遇到特殊环境或出现人员变动时，会严重影响沟通效率。严格来说，一种高效的沟通体系不应该只在大脑中存在，也不应该仅仅依靠口头传授，落实到规范的计划编制中很有必要。

2. 分析沟通内容

电子商务项目管理过程中的每个阶段和环节，在团队内部和外部，都需要进行有效的沟通，典型的沟通包括以下内容：

①团队日常工作进展的报告。报告内容包括执行工作指令的过程中出现的问题和意外状况、解决方法和经验教训总结，也包括对自己和其他小组成员下阶段工作提出的建议。

②团队内部项目管理计划的变更。根据当前工作绩效信息，对比项目目标，重新规划计算当前状态下的项目进展情况，包括时间、成本等，对项目管理计划进行调整和变更。将变更内容与相关人员进行有效沟通，才能保证团队目标和进度的协调一致。

③团队内部的责任、权力、利益的沟通。项目成员是为了利益而工作的，为了促使其完成所负责的工作，需要明确成员的责任和权力、利益分配机制，并在相应范围内进行有效沟通，从而能够对项目进展过程中的成功和失败进行有效控制，促进项目人员的工作积极性。

④主要面对团队外部的工作绩效信息。绩效信息通常向项目团队外部的相关人员提供，如投资人、用户等，所评价的工作主要围绕项目进展情况展开，包括资源投入使用情况、项目范围、进度计划、成本和质量方面的信息，如某项活动的实际完工时间（实际成本损耗）与预测时间（标准成本损耗）的差别；活动质量控制度量结果等。

⑤同时面向团队内部、外部相关人员的项目报告。说明项目状态的描述信息，包括项目生命期内从项目启动到项目收尾所有阶段的相关报告，还包括项目进行过程中总结的问题记录单、经验教训报告等。

3. 选择沟通方式

上述需要及时准确沟通的内容，可以通过不同的方式，在不同的项目相关人员之间传递。总体而言，有以下几种沟通方式：

①项目会议。项目会议包括面对面、电话、可视电话、网络会议等会议形式，可以在不同的情况下使用。例如，当需要集合众意，讨论项目的某些决策；传达重要信息，统一项目组成员的思想或行动；制订项目考核奖励措施；进行项目启动、阶段性总结等时，都需要召开会议。

②电子邮件、传真等。电子邮件、传真等书面沟通形式是比较经济的沟通方式，沟通的时间一般不长，沟通成本比较低。这种沟通方式一般不受场地的限制，也不需要同时占用所有人的时间，因此被广泛采用。当然这种方式也有一些弊端，如需要反复沟通，短时间难以有结果，不方便群体讨论决策，一般在解决较简单的问题或发布信息时采用。

③网络发布、共享电子数据库、虚拟办公等基于软件支持平台的沟通形式。这也是比较经济的沟通方式，将项目有关的重要信息数据通过网络或数据库共享，同时，也可以将重要的个人或组织经验知识通过支持平台实现共享、学习，建立知识管理系统。

为了达到通过各种途径实现内容的有效沟通的目的，需要良好的沟通技巧。常见的沟通技巧包括：

①沟通要有明确目的。沟通前，项目人员要弄清楚做这个沟通的真正目的是什么，要对方理解什么。沟通时要注意只沟通必要的信息，漫无目的的沟通是无效的沟通。

②沟通要善于聆听。沟通不仅是说，也包括听。要从听者的角度对信息进行再度加工，吸收听者的反馈，从而更利于信息的交流。

③要尽早沟通。尽早沟通要求项目经理定期和项目成员建立沟通，这样不仅容易发现当前存在的问题，很多潜在的问题也能暴露出来。

④注意基础性技巧。例如，编写沟通文档时，写作和表达坚持明确的主旨（即不断强调所传递信息的核心观点），并力求简明扼要，意思明晰。

⑤提高沟通的艺术性。解读对方的情绪，从而了解事实真相，因人而异地采取说明策略，应用对集体有利的方法来解决团队的问题等。

⑥有效利用多种沟通渠道与方式。要针对所沟通的内容与对象的特点和条件，多种沟通方式综合使用。例如，电子邮件、项目管理软件等现代化工具的使用可以提高沟通效率，拉近沟通双方的距离，减少不必要的面谈和会议。

⑦避免无休止争论。沟通过程中不可避免地存在争论。无休止的争论不仅不利于结论的形成，而且是浪费时间的重要原因。终结这种争论的最好办法是项目经理发挥自己的权威性，充分利用自己对项目的决策权，及时做出结论。

## 5.3 电子商务项目冲突管理

项目团队在进行沟通时，由于项目相关人员对问题的认知、意见、需求、利益不同，不可避免会产生冲突。传统观念认为冲突是有害的，是必须避免的，事实上，冲突有不同的类别，有时可以提升组织绩效，发挥促进作用。

1. 冲突产生的原因

在不同项目中，因为项目的特定环境、参与项目的人员不同，冲突产生的原因有很大差异,概况而言,原因包括以下几个方面:个性差异引发的冲突,团队中的成员因为个人知识背景、性格、喜好、信仰、价值观等方面的差异,在参与决策时可能存在冲突;信息沟通不畅引起的冲突,电子商务项目技术团队、管理以及物流团队,一般从属于不同部门,如果没有很好的交叉业务交流,就可能经常出现信息沟通不畅的状况,从而引发冲突;个人与组织文化不一致引发冲突,团队新进入的人员容易产生这种冲突,源于与组织现有的文化、做事方式、看待问题和解决问题的方法等方面存在差异;利益冲突,在资源和利益有限的情况下,必然存在由于争夺利益资源而存在的冲突;管理的权术思想引发冲突,管理者不能科学、公平地进行管理决策,导致团队内部的不和谐,派系斗争就是很好的例子。

2. 冲突对组织的影响

冲突可以分为建设性和破坏性两类。那些存在创新思维的,对决策现状有积极改进趋向的冲突,就是建设性冲突,如两个配送管理人员因为车辆运营路线与时间、成本的关系无法达成一致,就有可能使大家进一步思考费用最低的优化路线。而那些冷漠的、不合作的、消极的甚至是有破坏作用的对待现状的态度和做法,称为破坏性冲突,如系统开发团队中两个技术人员存在利益冲突,一方将另一方即将完成的程序代码从机器中恶意删除。

建设性冲突可以为企业带来以下好处:

①有利于创新氛围的形成。不管是成员还是团队,都需要创新才能发展,一个新的观念、技术、产品、技能、方法的学习和引进,会不可避免与现有的模式存在冲突,但这种冲突很有可能会为个人或团队带来新的发展方向和机遇。

②增加成员的才干和能力。个人知识面对复杂状况,无法做到全面准确地判断与决策,与其他成员观点的冲突及最终的解决,有利于个人提高自身解决问题的能力。

③积累有效解决和避免冲突的方法。对比破坏性冲突,建设性冲突更容易得到解决,因此也有利于成员和团队积累相关的经验方法。

④对组织的问题提供多方面诊断信息。建设性冲突有利于组织内形成开放、民主、创新的氛围文化,能够接受来自内、外部的各种意见和建议。

⑤促进健康的团队建设。建设性冲突可以带来良性竞争,有利于成员间的相关促进和提高。

破坏性冲突对企业的负面影响体现在以下方面:

①消除冲突影响需要耗费大量时间,可能会浪费企业的资源。

②冲突会给团队带来极大的经济代价,如前面提到的开发人员破坏性冲突的例子,如果代码删除导致系统延期完成,团队需要支付高额的赔偿费用。

③冲突导致组织内耗,妨碍组织整体的发展,在组织内形成派系的对立。

④冲突会带来个人情绪上和身心健康上的损害。

⑤如果沟通环节中相关人员直接存在破坏性冲突,这将导致信息传递失真,引发更大的冲突和损失。

3. 解决冲突的策略

冲突的解决更多时候是一种艺术,不存在完整的解决方法。对应于建设性和破坏性的冲突类型，处理冲突可以选择结构法和对抗法。结构法往往通过职权关系或者组织设计，隔离各个部分来减少冲突的直接表现。与之相反，对抗法则力图通过把各个部分聚集在一起使冲突表面化，强调冲突双方直接交锋，公开地交换有关问题的信息，力图消除双方分歧，从而达到一个双方都满意的结果的过程。表5-1归纳了几种常见的冲突处理策略和适用环境，其中强制和回避属于结构法，而合作、妥协和顺应则属于对抗法。遇到冲突时，要根据具体环境情况，以及冲突的分类和冲突方的特征进行处理。

表5-1 常见的冲突处理策略和适用环境

| 策略名称 | 策略内容 | 适用环境 |
| --- | --- | --- |
| 强制 | 在权威作用下，强制双方接受 | 紧急事件、需要快速决策 |
| 合作 | 双方为实现共同目标而合作 | 在一个利益团体中，追求共同目标 |
| 妥协 | 双方各自让步妥协 | 势均力敌的对手，无法达成合作或强制 |
| 回避 | 将冲突搁置 | 不是主要问题或解决成本太高 |
| 顺应 | 某方顺应服从对方意见 | 对别人更重要或别人意见更恰当 |

4. 冲突管理中需要注意的问题

在进行冲突管理时，应采取主动、大度的态度，尽量避免以下问题：

①过度理性，对于负面情绪视而不见。

②即便正确的决策也会遇到来自他人的消极情绪，这种态度不能忽略，如果采用回避的策略，会为决策的顺利实施留下隐患。

③认为处理冲突是对人不对事，将因为对事情的看法不同而产生的冲突延伸到对人的批评攻击，这非但不利于解决冲突，反而会带来更大、更多的冲突。

④认为处理冲突是自己一人的责任。只有采用各种沟通方式，与冲突一方一起处理，才能使冲突真正得到解决。

⑤固守自己的观点不让步，认为只有对方需要改变。应该主动采取行动，或表现出愿意解决冲突的态度，不应该等对方先行动并表示其善意后再行动。

## 5.4 电子商务项目团队的激励和考核

激励管理和考核管理是人力资源管理中重要的手段和方法。

### 5.4.1 电子商务项目的激励管理

对于电子商务项目中的人员而言，不同职位、不同背景的员工会有不同需求。在人力资源激励中特别需要注意分析工作人员的需求，根据成员所属的需求层次阶段，采用对应的激励手段，才能取得良好效果。

1. 激励机制的设计

实现科学有效的激励,除了考察激励的手段方法以外,还要建立相应的机制,使激励落实到具体的制度中,持久有效地发挥激励作用。进行激励机制设计时,一般考虑从以下几个方面入手:

①目标导向的激励机制。项目一般都可以描述为在特定时间、有限资源内完成的任务目标,因此将项目总体目标按照时间、小组进行分割,得到各个具体目标以及相应的评价指标,建立目标导向的激励制度。

②鼓励知识共享的激励机制。项目进行过程中,很少有只需一个人可以独立完成的情况,因此借鉴已有的经验知识,可以极大提高运作效率。然而如果没有相应的激励,员工没有主动将自己从事工作获得的知识进行分享的积极性,就不利于团队成长。

③有关培训的激励机制。培训是提升员工工作能力的重要手段,要建立相应的制度,保证培训机会公平、公正地在员工中进行分配,刺激员工为享受培训资源而努力,从而实现对项目成员的激励。

④技术技能级别晋升的激励机制。团队对待拥有丰富经验和能力的技术、工程、市场专业人员,按照其贡献程度给予相应的肯定和回馈,可以激励员工根据自身能力、兴趣明确发展方向并为之努力。

⑤旅游休假激励机制。作为精神奖励的重要组成部分,旅游休假对于缓解员工工作压力,保持工作热情具有重要作用。

⑥客户满意度评价和监理激励机制。在激励制度中,引入团队外部的客户满意度和监理部门的意见,将促进项目成员在工作中全面满足各方面的要求,真正实现任务的成功完成。

2. 项目团队的成长与激励

对团队进行有效的激励,首先,要根据团队的项目背景和成员能力,制订可行(在成员的能力范围内可以达到,也要保证一定的挑战性)、可测(对工作绩效的评价可以用客观准则衡量)、公平(在推行过程中,强调操作过程公开、公平)的目标并定期检查,把大、中、小和远、中、近的目标相结合,使成员在工作中把自己的行为与这些目标紧紧联系在一起,并朝目标的方向努力;其次,要根据实际效果与目标对比得到的绩效衡量,对成员进行公开公平的、物质和精神奖励相结合的、适度的奖励或惩罚;另外,激励中还应辅助以恰当地树立典型、建立集体荣誉感等途径。

一般团队成长的阶段分为形成、振荡、正规、表现4个阶段。当然,团队还有可能有另外一个阶段,即解散或收尾阶段。这里主要讨论前4个阶段。

(1) 形成阶段

在这个阶段,项目处于启动阶段,团队刚组建,成员对项目任务、自身表现具有很高的希望,愿意为项目出谋划策、贡献力量,团队精神较高;但此时成员间缺乏认识和了解,还没有对工作进行有效分配,工作绩效比较低。此时,激励中应该重点强调预期激励和信息激励。通过预期激励,加强员工对任务预期目标的展望,坚定参与项目的信心,对即将可能出现的困难有所估计；同时信息激励的主要作用在于，通过公开项目启动阶段的相关信息，使成员了解获得项目所经历的激烈竞争，明白项目来之不易，还要了解团队中的其他成员加入团队的背景、经验、作用和贡献，为今后工作的开展奠定合作基础。

（2）振荡阶段

团队组成一段时间后，就进入振荡阶段，此时部分员工对所分配的任务内容、工作方式、享受的资源等方面可能表现出不满，甚至出现抵触、要离开团队的情绪，不愿意与他人合作，不能完成项目经理所分配的工作。团队精神下降到最低，也影响了团队绩效的提高。为了应对这种局面，参与激励和责任激励将发挥主要作用。参与激励是指通过强调参与，成员有机会了解到整个项目各个环节的工作，清楚项目目前的资源、各成员的能力状况，消除成员间的猜疑妒忌，理顺团队关系。另外，责任激励作用明显，可明确各成员的任务，强调工作的重要性，激发其责任感和完成任务的自我实现意愿。

（3）正规阶段

经过振荡磨合后，团队成员间误会逐渐消除，了解加深，工作分配、沟通、合作更加和谐，团队间的默契、文化、制度等逐渐形成，团队精神和绩效都有较大提高。管理者应该在这个决定团队未来发展的关键阶段加强员工自我激励和知识激励。根据员工的兴趣爱好和职业发展方向进行激励，让员工在工作中能够得到除了物质以外更高的精神愉悦和满足。这时组织成员有计划地接受专业知识和技能培训，也是很好的激励，同时也对团队未来发展积累了所需的知识能力储备。

（4）表现阶段

团队已经形成了很好的合作精神，具有很高的工作绩效，存在事实权威，即便项目负责人不在，成员也能完成工作的沟通协作，集体归属感和荣誉感都很高。这时，管理者不用花费大量的时间关注具体业务操作，而将激励的重心放在危机激励和目标激励。强化项目实现目标的重要性，有哪些因素会导致项目的失败，项目还有哪些风险等，使成员对待驾轻就熟的工作仍然保持认真负责的态度。

### 5.4.2 电子商务项目的考核管理

要对电子商务项目团队或团队成员进行激励，首先要做的是对他们完成的工作进行考核，做得好的需要激励，做得不好的则要批评或惩罚。

电子商务项目中的绩效考核包括成员和团队两个层面的考核。

（1）电子商务项目成员的考核

成员考核主要从特征、行为、绩效3个方面衡量。

①特征。项目成员的特征包括成员的学历、专业职称、技能证书等各种与项目任务相关的能力证明，表明了个人在技术知识方面具备的素质水平。企业在制订基础薪酬时，项目成员的特征是主要影响因素之一。

②行为。项目成员的行为包括成员在项目进展过程中所表现的勤奋、合作、奉献等品

质，乐于将个人的时间、知识、经验贡献给团队以及其他成员，从而促成整体任务的完成。

③绩效。项目成员的绩效即对比目标要求，成员所承担的责任、任务的实际完成情况，它可以通过数量的百分比和时间的长短等方面来衡量。相对于其他两个方面，绩效是使用最为普遍的考核内容，与企业的效益联系最为密切，也比较客观、公平。

在成员考核中，通常通过打分的方式对以上三方面进行综合考评。以制度的形式将考核的要素及相应的权重确定下来，才能得到对成员个人全面的评价，否则可能会误导项目成员。

在电子商务项目中，成员考核需要注意的特点主要包括：

①团队构成复杂，每个成员所承担的工作很难用同一个标准衡量。成员所负责的工作从系统分析、设计、编码、测试、维护，到市场策划、品牌推广、形象设计，再到产品供销、仓储运输，性质和内容各有不同。即便承担同一类型的任务，如系统设计，也会因为所涉及的模块难度和重要性不同，而造成成员工作复杂度的差异。因此，需要针对每一类别的工作，按照上述3个方面建立适应的考核指标。

②考核要对"行为"中的沟通贡献加以强调，有时胜过个人技术能力和绩效。电子商务项目中，不可能由一个人完成项目从立项到收尾所有阶段的工作，团队合作在电子商务项目中尤为重要。每个子任务的开展，都需要在总任务的协调下，保证与其他子任务的实时沟通与一致性，这样才能使项目顺利进行。

③考核要强调"行为"中的经验分享和知识学习。一般情况下，这两种因素并没有与员工所完成任务的绩效直接建立联系，因此在考核中时常被忽略。然而，实际上电子商务项目中，团队知识的学习和共享是非常重要的，成员个人所进行的每一项工作以及解决的每一个问题，都可能被其他成员所借鉴，包括各种文档、表格和经验等，当这些经验作为知识得以保留、共享之后，也可以被其他的电子商务项目学习利用，从而带来效率的提高。

（2）电子商务项目团队的考核

在项目考核中，除了对成员进行考核以外，考核多人组成的团队绩效如何，成员是否协调努力，是否实现了团队的目的、解决了单个人无法完成的任务，是更为重要的。因此，对项目中团队绩效的考核，与对成员个人考核不同，强调的是作为整体的团队所承担的任务、责任的完成情况，同时也要考虑团队的建设能否使团队整体效能高于成员个体单个效能的综合，即能实现 $1+1 \geqslant 2$ 的效果。

## 5.5　商务网站的人员配置

网站建设人员的招聘广告中，有一种现象日益增多，即寻找一位集程序设计、平面设计、交互设计、可用性测试和技术文档编写能力于一身的人才。例如，Bank Of The Web 公司要招聘一名网站设计人员，要求熟练掌握任务分析、交互设计、用户分析、DHTML、XML、

JavaScript、Java、Photoshop、Dreamweaver 和 Flash，并且文笔流畅。这样的人才极少或许根本不存在。招聘广告只是表达了经理们面对紧迫的进度和有限的预算时对人才的渴望。

如果安排一个缺少相关技术和经验的人来设计网站的某一部分，那么这部分等于是由外行设计，其结果可想而知。为了避免建设存在很多问题的不专业网站，应该把网站开发的工作分配给合适的人。

任务分析、导航、事务处理、表单和网站中其他交互方面的内容应该交给有经验的交互设计人员或者用户界面设计人员设计。

网站中的文本，特别是链接标签、说明和出错消息，应该由技术文档编写人员编写，或者至少由他们来修订或编辑。

网站的配色方案、页面模板、图标和自定义图形元素应该由平面设计人员设计。

网站程序的编写应该由熟练的网站开发人员实现。

1. 网站建设的基本流程

网站建设的基本流程如图 5-4 所示。

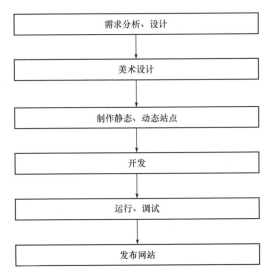

图 5-4 网站建设的基本流程

2. 网站建设人员的基本配置

根据网站建设的基本流程图进行网站建设人员的基本配置。

（1）需求分析、设计阶段

这一阶段，需求分析人员首先要设计出站点的网站地图（Sitemap），之后规划站点所需功能、内容结构页面等，如百度的网站地图。

如果项目所涉及的业务范围比较广，分析和设计阶段工作量又比较大，时间和人力有限，并且人员素质和经验又不足，为了尽量做好开发前期的准备工作，减少代码编写时的工作量，对于分析和设计阶段的工作就需要进行简化，从以下几方面进行重点把握即可。

1）分析阶段要做的重点工作如下：

①功能点控制表。把网站需求范围所涉及的功能点进行梳理，划出功能点，再将每个功能点进行编号，分配给具体的小组和项目成员，并保证这些需求功能点能够涵盖全部需求范围。

②确认联系书和确认报告。需求阶段最重要的工作是与业务人员确认需求、理解需求并签字确认。为了达到这个目的，参与需求分析的每个人都要填写需求确认联系书和确认报告，开发小组要定期检查进度和质量。

③评估报告。需求评估报告是确认网站开发项目组成员对需求的理解情况，以及对需求的意见，并提出完善建议。

④分析报告。对于重点需求内容，需描述业务功能的流程、输入输出、业务规则、非功能性需求等内容。

2）设计阶段要做的重点工作如下：

①总体架构。大致说明网站系统的总体平台架构、应用架构、数据库架构、用户架构和硬件架构等内容。

②用例列表。建立用例列表、用例与功能点的对应关系，对每个用例要简要描述，并说明其功能用途。

③核心数据库设计文档，即数据库设计逻辑模型和物理模型文档。

④用户界面设计，用户界面即展示给最终用户的界面，包括部分交互功能。

用例列表、核心数据库设计文档、用户界面设计是双方在设计阶段进行交互确认的依据。在设计阶段进行交互确认、修改完善的基础上，分批进行确认。在核心模块和大部分功能确认完成的基础上，根据实际情况和进度要求，就可以进入网站开发阶段。

（2）美术设计阶段

在功能、内容结构页面被确认后，就可以将功能、内容结构页面交付美工人员进行美术设计，随后让客户通过设计界面进行确认。

网站美工设计的主要工作过程如下：

1）指示阶段。这一步骤通常始于与客户会面。与客户会面的过程中，双方逐步建立起项目目标、预算以及项目进程计划，同时这也是一个与客户建立稳定关系的有利时机。"指示"这一步骤事关成功设计的全局。要确保在最初的会面中起关键作用的决策者在场。如果对方没有明确表态，那么再好的设计也无济于事。

2）设计开展阶段。设计师回顾收集到的信息，在分析客户产品和服务的同时，也要对竞争对手的情况进行分析。成功的设计需要在激烈的市场竞争中脱颖而出，网页设计师们需要在头脑中形成并在计算机上描绘出多种视觉效果，在这个阶段有无限种设计可能。最后确定好初稿，并选择几个最合适的方案备用。

3）展示阶段。向客户展示设计，设计师亲自给客户展示是最好的方式，这样可以读懂客户的肢体语言。但对于小型项目来说，以 PDF 格式发一封 E-mail 给对方，然后用电话交流就可以了。

## 第5章 电子商务人力资源与沟通管理

（3）制作静态、动态站点阶段

在服务器端运行的程序、网页、组件属于动态网页，它们会随不同客户、不同时间，返回不同的网页，如 ASP、PHP、JSP、ASP.net、CGI 等。运行于客户端的程序、网页、插件、组件属于静态网页，如 html 页、Flash、JavaScript.VBScript 等，它们是永远不变的。

静态网页和动态网页各有特点，网站采用动态网页还是静态网页主要取决于网站的功能需求和网站内容的多少。如果网站功能比较简单，内容更新量不是很大，采用静态网页的方式会更简单；反之，一般采用动态网页技术来实现。静态网页是网站建设的基础，静态网页和动态网页之间并不矛盾。为了适应搜索引擎检索的需要，即使采用动态网站技术，也可以将网页内容转化为静态网页发布。

当用户对美术设计确认以后，可以开始为客户制作静态或动态站点。

（4）开发阶段

开发阶段由程序员根据项目经理的网站功能设计策划，编制实现功能的后台数据库设计和编码开发方案。需要在页面输出的，就将页面的静态内容转换成动态输出内容。

主要开发技术有以下几个方面：

①架构知识（Framework Knowledge）。架构是大型网站开发的重要部分。开发者可以从 Rails、Django 等公司提供的网站架构工具中受益，架构工具可以帮助项目开发人员完成那些需要一定编程知识的重复性的任务。

②JavaScript 的插件开发（JavaScript Plugin Creation）。JavaScript 的 Framework 非常流行，因为它使 JavaScript 的代码开发变得简单。例如，现在流行的 JavaScript Framework – Query，如果在它的基础上开发优秀的插件，那么插件也会跟着流行起来。

③窗体小部件开发（Widget Development）。窗体小部件（Widgets）是一个嵌入网页的迷你应用程序，通常也可以下载到 Windows 或者 Mac 桌面上运行，它让数据变得便于携带而且更具有交互性。比较常用的有 Yahoo Widgets 和 AOL Music Widgets。窗体小部件开发除了需要掌握网络应用程序开发所需要的语言知识以外，还需要精通 JavaScript 和 Flash 方面的知识。

④电子商务一体化（E – commerce Integration）。如今，电子商务网站（如 eBay、Amazon）与在线银行服务系统（如 PayPal、GoogleCheckout）之间的配合越来越紧密，因此，电子商务交易平台的开发也是相当有前途的。

⑤Flash 和 ActionScript 知识（Flash and ActionScript Knowledge）。越来越多的公司采用 Flash 来制作自己的网站、展示自己的产品。精美的动画总是容易吸引人们的眼球，因此 Flash 动画技术也必然会迅速发展。

（5）运行、调试阶段

随着网站或 Web 应用程序的开发，重要设计方面的任何决定和设想都会影响网站的可用性和有效性。无论设计人员多么优秀，都应该在网站发布前对这些设计进行可用性测试。当一个网站准备发布时，无论是在网站的体系结构中还是在开发人员的自我意识中，许多设计都很难改变，只有付出昂贵的代价才能够被重新访问和改变。应该在设计和体系结构都没有完成并仍旧具有可塑性时进行可用性测试。没有进行可用性测试而直接发布的网站或者应用程序将会面临没有目标用户的高风险。

(6) 发布网站阶段

发布网站阶段美术人员和编码开发人员依旧可以非常容易地根据需求变更修改站点。

发布网站前的工作：检查原始站点的配置，记下远程位置上需要的所有设置。具体来说，就是检查连接字符串、成员资格设置及其他安全设置等。记下在已发布网站上需要更改的所有设置。例如，发布网站后禁用调试、跟踪及自定义错误等。

因为配置设置是继承而来的，所以可能需要查看 SystemRoot \ Microsoft \ version \ CONFIG 目录中的 Machine. config 文件或 Web. config 文件，以及应用程序中的所有 Web. config 文件。如果没有查看根配置文件的权限，则可以以编程方式查看继承的配置设置和本地配置设置中的代码示例输出中包含网站配置设置的完整列表文件，该文件被格式化为正确的配置文件。

发布网站操作：在"生成"菜单上单击"发布网站"。在"发布网站"对话框中，单击"省略号"按钮找到要发布网站的位置，再将网站输出写入本地文件夹或共享文件夹、FTP 站点或者通过 URI 访问的网站。执行此操作时必须具有在目标位置创建和写入的权限。

如需要在发布网站之后更改. aspx 文件的布局（而非代码），就选择"允许更新此预编译网站"复选框。

如果要使用密钥文件或密钥容器命名具有强名称的程序集，就选择"对预编译程序集启用强命名"复选框，然后单击"确定"按钮。

发布状态显示在任务栏中。根据连接速度、站点的大小和内容文件的类型，发布需要的时间可能不同。发布完成后，即显示"发布成功"。

不同的工作岗位需要配置相应的人员。

## 本章小结

电子商务项目人力资源与沟通管理过程包括电子商务项目人力资源管理和沟通管理两部分内容。

电子商务人力资源管理流程包括岗位分析、人员选聘与培训、团队组建与人员责任分配、人员授权与沟通管理、考核与激励。

电子商务项目中常见成员的职责主要有技术团队成员的职责和管理团队成员的职责。电子商务项目成员的职业发展分为技术专家、产品（品牌）运作经理、营销咨询师、人力资源管理专家、项目管理专家等。

电子商务项目人力资源的特点主要有人员质量需求多样化、人员构成需要合理的质量结构、人员构成中需要合理的数量结构、人员之间沟通管理作用明显、项目不同阶段人员需求会发生变化等。电子商务项目的组织结构分为职能型组织、项目型组织、矩阵型组织。

电子商务项目中的沟通管理过程主要有建立沟通计划、分析沟通内容、选择沟通方式与技巧等。电子商务项目中的冲突管理,首先要分析冲突产生的原因、了解冲突对组织的作用、找到解决冲突的策略以及在冲突管理中还需要注意的问题。

电子商务项目团队的激励管理需要从激励机制的设计、注重项目团队的成长与激励。

一般团队成长的阶段分为形成、振荡、正规、表现四个阶段。项目团队的成长与激励也分为四个阶段分别是形成阶段、振荡阶段、正规阶段、表现阶段等。电子商务项目的考核管理需要从个人和团队两个层面进行考核。

## 本章案例

### 人力资源管理面临的三大挑战和团队建设需要做好的五件事

人才是企业发展和变革的主力军,对企业战略定位、组织发展、企业转型起了决定性作用。在互联网智能经济时代,技术发展、组织变革、模式更新的过程对人才需求也产生了极大的不确定性,给人力资源管理带来重大机遇,更对人才招聘、培养、保留带来重大挑战。

**人的"变"与"不变"**

在互联互通的世界里,人力资源管理正面临三大挑战。

第一,人才的"复杂性"。科学技术创新的速度使人才跟不上变化的局势,现有人才很难满足组织需求。过去培养的很多专业"人才",适应不了互联网时代组织对复合型、创新型人才的需求。传统学校讲授的专业知识,更难适应互联网时代给组织带来的颠覆性变化。很多企业招不到高端人才,这是因为他们对复杂多变的市场环境缺乏独特的"个人洞察力"。

在互联网时代,如何定义"人才"?什么是构成人才的基本要素?如何识别、招聘、培养、保留人才?这些问题对于不同类型的国企、民企、跨国公司有不同的答案。但是组织如果没有人才,将很难持续发展。因此,人力资源是组织的"第一资源",比技术、资本、产品、模式都重要。

第二,人才的"不确定性"。在"大众创业,万众创新"的互联网环境下,市场充满各种信息(真假)、机会(虚实)和诱惑(短期行为),对应届毕业生和从业职业人的心灵产生了巨大震撼,导致就业人多重目标、浮躁心态、纠结心理,这山望着那山高,人才流动性速度不断加快,极大增加了企业运营成本。更重要的是人才不间断流动对组织文化氛围和员工信念、信心、信任造成长期损害。因此,在招聘人才的过程中,如何找人,找什么人,对人才定出什么标准,关注人才的哪些基本素质和能力指标是互联网变革时代企业面临最大的挑战。

第三,人才管理面临"多元化"。人才"多元化"的表层含义是越来越多的外国人到中国就业,学习中文,了解中国文化,进入中国企业。同时,大批中国留学生走出国门,学习、实践、就业、回国。2018年,中国企业不仅接纳了受本土教育的中国毕业生和职业人,还雇用了有海归背景和来自世界各地不同肤色的人。人才"多元化"的深层含义是,海量中国留学生、企业家、政治家、游客在世界各地往来穿梭,读万卷书,行万里路,见多识广，思想活跃。

互联网、大数据、云计算、智能手机的发展更让中国迅速变成一个多元信息源、海量信息量的连接沟通社会，不同观点通过微信、微博、自媒体在社会流动，跨时间、跨情境、跨国界，给学者、学生、管理者和企业家带来了多元视角、跨文化的思想、理念、观点、看法，是中国历史上自春秋战国以来从来没有的现象。

如果说互联网技术是中国社会产生多元思想的必要条件，改革开放政策则是中国社会产生多元视角和观点的充分条件，这给中国企业既带来了机遇，也带来了挑战。

变化是互联网时代的突出特质和主旋律。互联网智能信息技术正在改变人的工作方式、思维模式、生活习惯、工作效率、劳动生产率。唯一没有改变，也无法改变的是人性：人的欲望，人的良知；人的弱点，人的善心；人的贪婪，人的进取。

互联网技术可以提高生产力，但无法解决国企深度改革和提升组织效率问题；人工智能可以迅速提升复杂病症诊断的准确性，但很难解决复杂的医患关系问题；独特的互联网技术可以吸引投资者给创新企业提供巨额资金，但是无法解决创新企业高管之间的信任问题，更无法保证企业合伙人为了一个共同目标持续合作、协调发展。互联网监控技术再发达，也没有能力杜绝社会上的腐败现象。

今天，无论技术如何发展，国企、民企、跨国公司遇到的核心问题还是人的问题——人的基本动力问题、激励问题、良知问题、信任和协作问题等。人与人、企业与企业、国家与国家之间的关系也如此。人性昨天没有变，今天没有变，明天也很难改变。历史的经验告诉人们，人类驾驭人的能力可能比驾驭机器的能力差很多。未来，机器可能会像人类一样从事逻辑思考，但是人工智能很难替代人的思维、情感、欲望、价值取向。当然，人类如果最终只能用机器方式来思考，那么我们的世界必将走向灾难。

**2018，组织管理的新挑战**

进入2018年，组织的人才管理将会遇到哪些挑战呢？

第一，人口红利的消失。多年计划生育政策的结果导致中国的90后和00后的数量，与国家的总人口相比相当低，与印度比较更是低了几个层次。老年人口的比例急剧上升，给社会造成了巨大负担。由于企业人工成本迅速提升，迫使很多跨国企业把工厂从中国转移到越南、泰国、马来西亚等国家。在我国很多城市，包括珠海、深圳，制造工厂出现招工难现象。

第二，人工智能带来的机遇和挑战。麦肯锡全球研究院近来发布预测报告，2030年全球8亿工作岗位将被机器替代，中国有1亿人口面临职业转型，约占全部人口的13%，人工智能特别对"零售、电力、制造业、医疗、教育"5个领域创造巨大价值，其中30%的工作将被自动化替代。该报告估计未来世界上有3.75亿人口需要转换职业，并学习新技能。职场人该扪心自问一下：我的知识是不是陈旧了？我是不是下一个被机器取代的人？我的核心竞争力是什么？人力资源从业者也要认真思考，在智能经济时代，人力资源工作的重点应该向哪方面转移？新时代的人才标准是什么？如何培养复合型人才？如何找到有全球领导力和潜质,同时具备"个人洞察力"的高端人才?

第三,年轻员工高离职率的挑战。最近的研究报告表明,90后在国企、民企、跨国公司中的离职率超出想象。这一代人的特质、自尊、需求、期望、资源、价值观与他们父辈有很大不同。时代变了,环境变了,组织也在变。2018年企业人力资源管理的激励体系趋势是去中心化、扁平化、充分发挥个人的潜力,组织要做到公正公平。企业若不进行组织变革和机制改革,不可能吸引年轻人的忠诚度和奉献精神。

第四,价值观的变迁和挑战。现在90后的择业观与过去大不相同。70后普遍家庭条件不富裕,他们通过勤奋、不断打拼和努力来改变命运,众多70后企业家每天工作14~16个小时;80后接受了比较完整的教育和理念的熏陶,养成自我认知、自我激励、勤奋工作的习惯和行为;90后则很多出身于较优越的家庭环境,父母给予他们很多,在国内外接受完整的教育,他们有自己的价值观、独立思考、个性张扬、主张社会正义平等。这与北京大学强调的"独立的思想,自由的人格"人文理念十分贴近。在很多90后心目中,人生目的不仅仅是为生存而生存,要选自己喜欢的职业,做的事情要有意义,同时给社会带来价值。

长江后浪推前浪,新一代的年轻人很有活力和判断力。企业要变革,要用新时代价值观培养、激励新一代年轻人,不仅仅强调外在物质刺激,满足他们生活的需求,更要把工资、福利、待遇和内在激励——尊重、表彰、提拔结合在一起,激发他们内心的工作热情和社会责任。

**什么因素在影响员工流动?**

为什么在互联网时代,员工的跳槽率增加?为什么很多员工不愿意长期留在一家企业?除了前文所述几个因素外,还有下面几个因素:

因素一,企业所处的行业前景十分重要。企业所处的行业如果缺乏核心竞争力,没有发展前景,或者行业很容易被互联网技术所颠覆,员工离职率势必很高。

因素二,企业要提供有意义、有氛围、有挑战性的工作机会。否则,员工离职率会增加。如果企业按部就班,行政官僚,短期绩效评估,年轻员工潜力不会被激发,消极怠工,迟早离开公司。不要说企业,即使北京大学这两年的年轻员工离职率也比几年前高出几个百分点。2017年的很多创新组织,如ofo、优客、空中食宿等中外企业,那里的员工看上去开心、愉悦,他们的工作极具挑战性,公司提供了富有挑战的职业平台,文化氛围相当人性化。

因素三,激励机制不到位。员工离职的重要原因之一是公司对员工的付出没有兑现承诺。企业竞争进一步加剧,如果企业对员工只要求付出、勤奋、加班,物质精神激励机制不到位,员工流失率势必增加。无论是国企、民营还是跨国公司,员工的忠诚度势必下降。

销售额已达6 000亿元的华为公司,任正非的股份却只有1.5%左右,因为任正非明白:财聚人散,人聚财散。华为的管理激励体系,就是让每个员工在奉献之后得到丰厚回报。

因素四,员工离职与公司高管领导力缺失有直接关系。领导力专家库泽斯和波世纳曾提出领导力的五种行为:身体力行、共启愿景、挑战现状、使众人行、激励人心。他们通过

30多年调研,发现卓越领导者身上通常具备四种素质:待人真诚(Honest)、有预见性(Visionary)、称职胜任(Competent)、鼓舞人心(Inspiring)。不具备这四种素质,领导力的五种行为只是空中楼阁。仔细观察今天的创新企业、国企、跨国公司中的离职现象,领导力缺失就是凸显导因。

**团队建设要做好的五件事**

实践证明,移动互联网技术无法改变人的本性,在某种意义上来讲,还放大了人的弱点。那么,此时企业人力资源的CHO/HRD要协助组织的一把手做好五件事情,挖掘企业人才的潜质和潜能,提升管理者的自我认知和领导力,实现新时代的组织目标。

第一,协助CEO招聘、培养、留住一流人才。这是人力资源管理者在新时代的工作重点,要付出巨大努力,特别要提升自身识别潜在人才的判断力和洞察力。要做到这点,CHO/HRD自身要具备清晰的价值观,做正确的事情,坚持致良知、真善美,学会选人,把这些当作头等大事来做。为此,CHO必须得到CEO的授权和高度信任,成为企业战略发展和创新的合伙人。

第二,协助CEO从事组织设计和组织变革。德勤在2017年全球人力资本报告中,访问了130个国家的组织:今天组织遇到的最大挑战是什么?意想不到的回答是:最大挑战是组织设计。

在互联网时代,采用怎样的组织设计和架构,让员工能够从等级森严的传统官僚体系束缚中解放出来是个艰巨挑战。新的组织架构扁平、灵活、权力下放、去中心化,可以释放员工的潜能和积极性。中国一些超级央企和大型国企,组织变革十分艰难,原因之一就是组织中的等级行政概念根深蒂固,既得利益阻力很大。

相比之下,世界级互联网公司,如谷歌正在实践一种非常有效的网络组织。另外一些公司把传统组织架构细分为6~7人的战斗小分队,如海尔的"人单合一"。稻盛和夫敬天爱人的哲学理念,加上阿米巴数据管理的微型组织架构,使日航至今为止保持在世界航空公司中高效率、高利润的领先地位。

如果企业最终目的是为了"创造客户",这种灵活性的组织架构让员工和客户的距离大大缩短,企业效率迅猛提升,对人才长期开发和培养也有积极的作用。

第三,协助CEO从事绩效机制改革。彼得·杜拉克重视绩效,他曾讲过,组织必须实现三方面的绩效结果:直接成果(销售+利润)、价值的实现(社会效益)和未来的人才开发(后继有人)。

传统组织最大弊端是把重点放在短期绩效上,忽视企业的社会效益和人才的培育与开发。完全依赖传统短期KPI绩效方法,造成短期行为,在市场环境不好时,产生巨大的负能量,影响公司长远发展大计。KPI本身对短期绩效有积极作用,但其结果无法保障组织长期发展绩效,更无法让组织均衡发展。

现在,很多企业正在研究实践多种试图充分发挥人的潜能的管理机制,如合伙制、分享制、分权制、期权制等,但是成功案例不多,挑战最终还是人性的根本问题:如何在不同的机制中真正相互信任，相互合作，实现共赢。

第四，提升企业员工的数字管理领导力。早在20世纪50年代到80年代，日本丰田管理体系（TPS）极大受益于美国戴明教授基于统计学和系统学的原理，把统计学知识运用到日本质量管理领域之中，诞生了全面质量控制（TQC）和全面质量管理（TQM），这对日本20世纪80年代制造业生产的优质产品和形成的顶级世界品牌起了决定性的作用。

戴明管理哲学14条原则中，除了运用统计数据方法把控产品质量（TQM＋TC），还特别强调对员工的正面引导和激励，全力调动一线员工的积极性，把次品和浪费杜绝在生产流程之中。日本制造业的成功和利用互联网大数据从事生产服务管理的现实，证明了戴明观点的正确性和前瞻性。

企业人力资源CHO/HRD应该积极培训企业员工的数字概念和统计基础理念，帮助管理者提高运用数字管理的能力，有效利用大数据、云计算，提高企业产品＋服务质量以及运营效率。

第五，提升管理者跨文化管理能力/领导力。大批中国企业走出国门，海外并购风起云涌。然而据统计数据显示，中国海外企业并购的成功率不到30%。关键原因是中国企业的全球化意识薄弱，跨文化人才稀缺，对国际化行为准则和全球化文化价值不熟悉、不理解，软实力薄弱，最终导致海外并购过程中文化冲突不断，成功案例屈指可数。

（资料来源：https://www.iyiou.com/p/65873）

**案例分析题：**
1. 互联网时代的人力资源管理有何特点？
2. 团队建设需要注意哪些问题？

# 思考题

1. 电子商务项目人力资源管理的职责有哪些？
2. 电子商务项目人力资源管理的组织结构有哪些？
3. 电子商务项目的沟通管理有哪些？
4. 电子商务项目的沟通计划如何制订？
5. 在设计激励机制时，应考虑哪些方面？
6. 团队成长过程中，振荡期的特点是什么？

# 第6章

# 电子商务项目风险与收尾管理

★学习目标

知识目标：了解电子商务项目风险与收尾管理的基本概念和具体内容；了解电子商务项目管理中风险与收尾管理所承担的任务，掌握风险与收尾管理的基本规范，明确风险与收尾管理的实施以及相关规范。

技能目标：熟练运用电子商务项目管理的风险与收尾管理。

素养目标：具备运用电子商务项目管理的相关知识分析和指导电子商务真实项目的意识。

★案例导入

**钉钉开始抢夺人力资源市场入口，HR SaaS 呈现全新竞争态势**

2017年11月19日，钉钉在深圳召开2017秋季战略发布会，钉钉首席执行官陈航宣布钉钉进入4.0时代，将开展"软件+硬件"融合策略，并正式推出智能人事1.0。业内人士认为，钉钉发布智能人事1.0，可以看作对人力资源入口的抢夺，这将对整体人力资源服务市场产生深刻影响。

**钉钉推出"智能人事1.0"，助力提升中小企业人力资源管理价值**

钉钉在近期升级的4.0版本中，新推出了智能人事1.0，其包含"假勤管理"和"人事申请"两大板块，覆盖请假、出差、考勤等假期考勤管理以及录用、转正、调岗、离职等人事管理。在智能人事1.0功能的帮助下，企业人力资源管理者可以不再手工收集材料、手工算考勤，将为企业节省成本。同时实现员工完整职业生命期在线化、人事服务一站化。智能人事1.0可以解放公司人力资源管理者的事务性工作，让他们投入更有价值的工作中。企

## 第6章 电子商务项目风险与收尾管理

业决策者可实现团队人财物事的透明化、可视化管理，随时随地准确了解团队人效、入职、离职、学历、年龄等多维度团队对比。

钉钉成立于2014年，从成立初就打出"钉钉，是一种工作方式"的口号，致力于为中小企业提供和大企业一样平等、透明的工作方式，从企业内部即时通信出发，逐步向协同办公以及人力资源服务领域扩展。凭借"免费牌"，截至2017年9月30日，加入钉钉的企业组织数量超过500万家，成为全球最大的企业服务平台。

据悉，钉钉的投入费用已达100亿元，它的野心也绝不会止于满足基本人事功能，随着智能人事1.0的功能不断迭代与升级，未来将会满足中小型企业的更多人力资源管理需求。从高频需求入手，再延伸至其他领域，这是互联网公司典型的打法；钉钉也是如此，先从内部即时通信切入，逐步扩大服务领域，未来发展将有无限可能性。

**钉钉"入侵"人力资源服务市场**

根据艾瑞咨询的报告显示，从市场规模看，2016年中国企业云服务市场规模超过500亿元，SaaS服务市场规模达到128.5亿元，增速为31%，预计未来4年每年都将以30%以上的速度增长，到2020年市场规模有望超过470亿元。在HR SaaS服务领域，竞争本就激烈，如今钉钉携重金进入HR SaaS服务领域，未来还将不断迭代现有人力资源服务，将对HR SaaS市场的整体格局产生深远的潜在影响。

**HR SaaS初创企业难以突围**

对于钉钉而言，现在拥有的500万家企业用户理论上都可以转化为智能人事的客户。除去钉钉本身拥有的可以转化为智能人事的企业用户之外，凭借阿里巴巴一贯拥有的商业拓展能力，阿里巴巴生态链的中小企业也可以转换为有利的种子用户。对于钉钉来说，未来将拥有一个庞大数量的中小企业客户群，强大的"获客能力"也将为钉钉带来竞争优势。

这对于HR SaaS初创型企业而言，并不是一个好消息。因为借助阿里巴巴强大的资金、资源支持，仅凭借免费这一招就令很多HR SaaS初创企业难以生存，并且随着钉钉不断升级迭代现有功能以及竞争的白热化，竞争力弱的企业必将被淘汰，如果想要得以生存就需要打出差异化的发展方式。

**以中小企业为目标客户的人力资源服务供应商将遭遇挑战**

由于HR SaaS服务供应商对于自身产品的市场定位不同，并且对HR流程、企业管理都有不同的理解和经验，HR SaaS服务供应商的竞争力主要体现在产品和资源两个层面。业内人士称，考虑到阿里巴巴的体量和钉钉目前的发展态势，将对以中小企业为目标的人力资源服务供应商产生一定影响，激发出更多的行业内战略合作与资源整合。

在中小企业人力资源服务市场中，活跃着一批玩家：理才网主打产品dayHR基础功能全免费，增值服务则实行收费；拉勾云人事采取基础功能免费，高级版收费的模式，按账户数收取年费；大象人事也是基本免费+服务收费，分基础版免费、企业版收年费、集团版另外收费；i人事也是实行基础版本免费。

将Daydao、i人事、钉钉进行比较可以发现，首先，这三家企业的客户群体基本涵盖中小型企业，成立时间较为接近，它们在满足中小企业基本人力资源管理需求方面，业务有一定的重合；但是区别在于，目前Daydao和i人事的功能与解决方案较为丰富。

（资料来源：https://item.btime.com/m_2s21q8g5i1j）

**【案例启示】**

钉钉发布之初，很多人都认为钉钉要做中国的Slack，Slack是聊天群组+大规模工具集成+文件整合+统一搜索，Slack已经整合了电子邮件、短信、Google Drives、Trello、Asana等多种工具和服务，可以把各种碎片化的企业沟通和协作集中到一起。而钉钉有这样的基因和影响力，成立之初，阿里巴巴钉钉的定位是连接器，帮助企业连接人，链接端，联通内外，这符合阿里巴巴的定位，也吸引了足够的眼球和目光。Daydao创始人陈谦先生认为，对于整个市场来看，企业级通用SaaS服务包括HR、OA协同、财务税务、CRM、客服等领域，钉钉目前在OA协同上重点布局，对整个市场影响很大，通过OA服务可以培养大量用户，使他们采用SaaS服务的意愿增强，进而形成习惯，将推动整个SaaS服务市场的繁荣。

## 6.1 电子商务项目风险管理

项目风险是一种不确定的事件，一旦发生，就会对项目目标产生某种正面或负面的影响。风险有其成因，同时如果风险发生，也会导致某种后果，电子商务项目具有范围难以精确确定且经常发生变更、采用的技术复杂且更新较快、受人力资源影响很大等特点，导致电子商务项目建设过程中经常存在很多不确定的因素。显然，电子商务项目的风险管理对于电子商务项目建设的成功来说是一个很重要的内容，需要引起高度重视。电子商务项目风险管理最主要的目的就是帮助电子商务项目积极迎接风险，主动控制风险，以最小代价应对风险，使潜在机会或回报最大化，潜在风险损失最小化。

### 6.1.1 电子商务项目的风险识别

风险识别是指确定哪些风险会影响项目，并将其特性记载成文。在项目生命期的任何阶段，新风险都可能会出现，因而项目风险识别是一项贯穿项目实施全过程的工作。这项工作的目标是识别和确定出项目究竟有哪些风险，这些项目风险会给项目的工期、成本、质量、范围等方面带来什么影响等。

1. 风险识别的依据和成果

要进行电子商务项目的风险识别，就要考虑与项目有关的制度、文档、项目偏差以及内外环境的变化。具体来说，要考虑以下内容：

①事业环境因素。在风险识别过程中，任何一种以及所有存在于项目周围并对项目成功有影响的组织事业环境因素与制度等，都可以成为风险识别的依据。例如，商务部出台的各

种电子商务标准和规范以及信息产业部出台的有关软件的各种规定就需要关注。

②组织过程资产。从先前项目的项目档案或知识库中获取相关信息，包括以前项目中的实际数据、吸取的经验教训和学习到的知识，特别是先前做过的案例所形成的风险数据库，能够为新项目的风险识别提供很大的帮助。

③项目范围说明书和工作分解结构。通过项目范围说明书可查到当时的项目假设条件信息。有关项目假设条件的不确定性，应作为项目风险的潜在成因进行评估。另外，风险都是和具体的项目工作联系在一起的，需要借助工作分解结构识别各项工作可能存在的风险。

此外，进行风险识别还要参考分享管理计划和项目管理计划，这是因为风险管理计划中阐述了企业的风险管理政策，如哪些是一级风险，哪些是二级风险，各由谁负责等；而要进行风险识别，也要求对项目管理计划中的范围、进度、成本、质量管理计划有所了解，项目团队应该对范围偏差、进度偏差、成本偏差、质量偏差等进行审查，以确定可能存在的各种风险。

风险识别过程的主要成果是形成项目管理计划中风险登记册的最初记录，即形成风险事件列表，又称为风险清单。

2. 风险识别的方法

要进行风险识别，首先需要对与该项目有关的各种文件进行审查，对项目文件（包括计划、假设、先前的项目文档和其他信息）进行系统和结构性的审查。其次，需要根据历史资料特别是以往类似项目所形成的风险分解结构模板来识别各种可能出现的风险。

此外，还可以采用很多其他的风险信息搜集技术，包括访谈法、头脑风暴法、德尔菲法、SWOT 分析、假设分析、核对表分析、因果图分析、挣值分析等。

## 6.1.2 电子商务项目风险定量和定性分析

通过风险识别得到风险清单并记录在风险登记册后，项目团队可以采取进一步行动对风险进行定性和定量分析。

1. 风险的定性分析

风险的定性分析主要包括两个部分：风险发生概率的评估和风险一旦发生造成影响或后果的评估。简而言之，就是通过风险定性分析，希望得到某个具体风险事件的风险概率和风险影响值。风险概率评估指调查每项具体风险发生的可能性；风险影响评估旨在调查风险对项目目标（如进度、成本、范围、质量）的潜在影响，既包括消极影响或威胁，也包括积极影响或机会。针对识别的每项风险，确定风险的概率范围和影响范围。

风险的定性分析可通过挑选对风险事件熟悉的人员，采用召开会议或进行访谈等方式对风险进行评估，参与人员既可以是项目团队成员，也可以是项目外部的专业人士。访谈或会议需要由经验丰富的主持人引导讨论过程，参与者对每项风险事件的概率级别及其对每个项目目标（成本、进度、范围、质量）的影响进行评估，确定风险概率和风险影响值的等级。粗略评估风险概率即影响之后，通过查询风险概率（可能性）度量表以及风险影响值度量表（见表6-1和表6-2），就可以将定性分析的结果转化为一个定量的数值。

表6-1 风险概率（可能性）度量

| 现象分析 | 风险可能性范围 | 分级概率数值 | 顺序计量分值 |
| --- | --- | --- | --- |
| 非常不可能发生 | 0%~10% | 5% | 1 |
| 发生可能性不大 | 11%~40% | 25% | 2 |
| 预期可能在项目中发生 | 41%~60% | 50% | 3 |
| 较可能发生 | 61%~80% | 70% | 4 |
| 极有可能发生 | 81%~100% | 90% | 5 |

例如，如果有一个风险事件是电子商务网站系统的人机界面很不友好，经过项目团队的评估，该风险较可能发生，那么可以对照表6-1，它是第一列的第四种现象，对应的风险概率可以采用三种方式给出：①对应第二列可以给出具体的数值，如估计为75%；②对应第三列可以给出分级概率数值，即70%；③对应第四列可以给出顺序计量分值，即4。当然，对于具体采用上述三种方式中的哪一种来计算，项目团队应该在风险管理计划中规定。

进一步对这个风险事件一旦发生造成的影响进行评估。这个风险可能会造成项目一定程度上的返工，预测该风险事件一旦发生对于进度的影响将是12%，对于成本的影响是7%，对于质量的影响很小，只涉及个别模块，对于范围的影响基本察觉不到。那么，如果采用非线性度量法，可以在表6-2中查到该风险对项目主要目标的影响分别是：成本影响值：0.1；进度影响值：0.4；范围影响值：0.05；质量影响值：0.1。该风险的最终影响值是上述4个影响值的最大值，即0.4。

注意，任何一个风险事件都是在项目的成本、进度、范围、质量4个方面对项目产生影响，所以在定性分析中，必须分析出每一个风险事件对上述四方面的具体影响，并参照表6-2内容给出相应的描述，再从表6-2中找出对四方面影响最大的值作为该风险事件的风险影响值，如上述人机界面不友好的风险影响值是0.4。

表6-2 风险对四大项目主要目标影响值

| 定性度量 | | 非常低 | 低 | 中等 | 高 | 非常高 |
| --- | --- | --- | --- | --- | --- | --- |
| 非线性度量 | | 0.05 | 0.1 | 0.2 | 0.4 | 0.8 |
| 项目目标 | 成本 | 不显著的成本增加 | 成本增加<10% | 成本增加10%~20% | 成本增加20%~40% | 成本增加>40% |
| | 进度 | 不显著的进度拖延 | 进度拖延<5% | 进度拖延5%~10% | 进度拖延10%~20% | 进度拖延>20% |
| | 范围 | 范围减少，不易察觉 | 范围次要部分受到影响 | 范围主要部分受到影响 | 范围减少，干系人无法接受 | 项目最终结果不可用 |
| | 质量 | 质量退化，不易察觉 | 只有要求很高的应用受到影响 | 质量降低，需要干系人确认 | 质量降低，干系人无法接受 | 项目最终结果不可用 |

2. 风险的定量分析

风险的定量分析是指在得到风险概率和风险影响值之后，进一步得到每个风险的风险期望值，在此基础上，对所有风险进行排序和确定风险级别。风险期望值是评价风险预期损失或机会的重要参数，它的计算公式为：风险期望值 = 风险概率 × 风险影响值。

例如，在前面人机界面不友好的例子中，如果采用表 6-1 中第三列的分级概率数值得到风险概率为 70%，即 0.7，而从表 6-2 中得到风险影响值为 0.4，那么对于人机界面不友好的这个风险事件来说：风险期望值 = 风险概率 × 风险影响值 = $0.7 \times 0.4 = 0.28$。

如果风险概率采用表 6-1 中第二列或第三列的百分比计数，风险影响值采用表 6-2 中非线性度量计数，那么风险概率和风险影响值都是小于等于 1 的值。这样，就消除了项目规模对风险期望值的影响，可以将不同项目识别出的风险事件的风险期望值进行统一比较、排序，以实现多项目的风险统一管理。

如果项目团队特别想知道上述得到的风险期望值 0.28 的具体含义，可以将 0.28 乘以项目总的合同金额，如项目合同金额为 100 万元，那么该风险事件的风险期望值为 28 万元。当然，这只是一个大致的估计，是为了让大家对风险期望值有一个直观的理解。

知道了这个风险事件的风险期望值之后，还需要对它们确定等级，不同的等级应该对应不同的负责人。可以按照风险的期望值大小对识别的风险事件划分等级，具体的划分原则要根据各个企业的风险政策细则来确定。如表 6-3 所示，某 IT 公司规定风险期望值在 [0, 0.05] 的风险为四级风险，由项目成员负责，并通知项目经理；(0.05, 0.1] 的风险为三级风险，由项目经理负责，并通知公司主管项目的副总；(0.1, 0.2] 的风险为二级风险，由公司主管项目的副总负责，并通知客户。这样，就可以对识别出的所有风险事件进行分级，并且每个风险事件的责任也很明确。要说明的是，表 6-3 中的数据只是一个模板，不同的企业、不同的项目团队应该制订自己的风险等级政策。

表 6-3 风险等级划分

| 风险等级 | 风险值范围 | 风险负责人 |
| --- | --- | --- |
| 一级风险 | 0.2 < 风险期望值 ≤ 1 | 总经理负责，通知客户 |
| 二级风险 | 0.1 < 风险期望值 ≤ 0.2 | 公司主管项目的副总负责，通知客户和总经理 |
| 三级风险 | 0.05 < 风险期望值 ≤ 0.1 | 项目经理负责，通知主管项目的副总 |
| 四级风险 | 0 ≤ 风险期望值 ≤ 0.05 | 项目成员负责，通知项目经理 |

在对每个风险事件都计算风险期望值，并且进行排序和定级后，可以找到每个报告期中前 10 个风险事件。这 10 个风险事件需要重点关注和应对，即通常所说的"十大风险追踪"。

对于识别出的每个风险事件，还可以对其紧迫性进行评估。需要近期采取应对措施的风险可被视为急需解决的风险。实施风险应对措施所需要的时间、风险等级等都可作为确定风险优先级或紧迫性的指标。

### 6.1.3 电子商务项目风险应对与监控

电子商务项目风险应对是指增加成功实现的机会、减少失败威胁而制订方案，采取相应措施进行处理的过程。电子商务项目风险监控是指识别和分析新生风险、追踪已识别风险和"风险应对表"中的风险，重新分析现有风险，审查风险应对策略的实施并评估其效果的过程。

1. 风险应对

风险应对过程包括确认与指派相关风险应对负责人，从几个备选方案中选择一个最佳方案应对识别出的风险。风险应对过程应当根据风险排序和定级后的优先级水平确定。电子商务项目风险应对的措施可以分为两大类：一类是对于威胁大于机会的消极风险的应对策略，另一类是对于机会大于威胁的积极风险的应对策略。

消极风险的应对策略：①规避，风险规避是在考虑到某项目的风险及其所致损失都很大时，主动放弃或终止该项目，以避免与该项目相联系的风险及其所致损失的一种处置风险的方式，它是一种最彻底的风险处置手段。当然，这是一种消极的风险处置方法，因为采取这种策略的同时也失去了实施项目可能带来的收益；②转移，风险转移是指项目组将风险有意识地转移给与其有相互经济利益关系的另一方的风险处置方式。购买保险是最重要的风险转移方式，非保险型转移方式是指项目组将风险可能导致的损失通过合同的形式转移给另一方，其主要形式有租赁合同、委托合同、分包合同等。通过转移方式处置风险，风险本身并没有减少，只是风险承担者发生了变化；③缓解，风险缓解是为了最大限度地降低风险事件发生的概率和减少损失幅度而采取的风险处置手段，如在时间和空间上把风险因素与可能遭受损失的人力、财力、物力隔离等。

积极风险的应付策略：①开拓，风险开拓是指通过确保机会肯定实现而消除与特定积极风险相关的不确定，如可以为项目分配更多的资源；②分享，风险分享是指将风险的责任分配到最能为项目利益获取机会的第三方；③提高，风险提高是指通过提高积极风险的概率或其积极影响，识别并最大限度地发挥这些积极风险的驱动因素，强化其触发条件、提高机会发生概率。

除了上面六种措施外，不管是威胁还是机会都可以采用风险接受的策略。风险接受又称为风险自留，是由项目团队自行准备风险准备金以承担风险的处置方法，在实践过程中有主动自留和被动自留之分。主动自留是指在对项目风险进行识别和分析的基础上，明确风险的性质及其后果，风险管理者认为主动承担某些风险比其他处置方式更好，于是筹措资金将这些风险自留。被动自留则是指未能准确识别和评论风险及损失后果的情况下，被迫采取自身承担后果的风险处置方式，被动自留是一种被动的、无意识的处置方式，有时会造成严重的后果，使项目团队遭受损失或错过机会。有选择地对部分风险采取接受方式，有利于项目团队获利更多，但接受哪些风险是项目团队必须认真研究的问题。

在风险应对的过程中，要在风险登记册或风险事件应对表中针对每个具体的风险事件给出相应的风险应对措施、风险应对措施处理的截止日期、风险事件的负责人等信息。

针对特定风险事件的风险应对措施应该是很具体的，但归纳来说，可以将风险应对措施分为两大类：预防措施和纠正措施。

预防措施是指为防止风险事件发生采取的措施。鉴于风险事件发生后有很多不良后果，首先要想办法避免这种引起不良后果的风险发生。

纠正措施是指风险一旦发生时所采取的应对措施。当防范措施失效或防范措施没有被认真执行时，风险就有可能发生。风险一旦发生，项目组就必须想办法将风险事件发生后的损失降低到最低程度。

2. 风险监控

在项目生命期实施项目风险应对措施时，应持续对项目工作进行监督，对已经识别的风险进行监控，同时寻找可能出现的新风险。风险监控是项目生命期内不间断实施的过程。

在风险监控中，一般要关注以下工作：

①风险再评估。应安排定期进行项目风险再评估，同时要检查并记录风险应对策略处理已识别风险及其根源的效果。

②偏差和趋势分析。通过挣值分析、项目偏差和趋势分析等对项目总体绩效进行监控，与基准计划的偏差可能表明威胁或机会的潜在影响。

③风险准备金分析。在项目任何时点都要将剩余的风险准备金金额与拟接受的风险进行比较，以确定剩余的风险准备金是否仍旧充足。

④更新风险登记册。将新的风险识别和应对情况以及原有风险的变动情况纳入风险登记册中。

⑤更新风险数据库。对于典型的风险事件，可以形成记录并对风险分解结构和组织的风险数据库进行更新。项目风险管理活动所获取的经验教训，使风险数据库更加丰富。

## 6.2 电子商务项目收尾管理

项目收尾是一项阶段性工作。项目收尾是项目生命期的最后一个阶段。它对项目的圆满结束有着非常重要的意义。当项目的所有目标工作均已完成，或者虽未完成，但由于某种原因而必须终止时，项目就进入了收尾阶段。

### 6.2.1 电子商务项目收尾管理的意义和内容

1. 电子商务项目收尾管理的意义

项目完工，就是项目的实质性工作已经停止，项目不再有任何进展的可能性，项目结果正在交付用户使用或者已经停滞，项目资源已经转移到其他项目中，项目团队已经解散或正在解散的过程中。

项目完工的情况可以分为两种：一种是项目任务已顺利完成，项目目标已经成功实现，项目正常进入生命期的最后一个阶段——"结束阶段"的情况，这种状况下的项目结束为"项目正常结束"，简称"项目终结"；另一种是项目任务无法完成，项目目标无法实现而"忍痛割爱"提前终止项目实施的情况，这种状况下的项目结束为"项目非正常结束"，简称"项目中止"。对于项目终结，要对项目的人力、财力、物力进行清理，最终编制项目实施报告。

成功的电子商务项目收尾是公司和客户追求的共同目标。在这一阶段，项目的利益相关者会存在较大的冲突，因此，项目收尾阶段的工作对于项目各个参与方都是十分重要的，对项目顺利、完整地实施更是意义重大。

拥有清晰的收尾阶段是项目区别于其他工作任务的一个重要特征。

项目收尾阶段的目的主要有确认本次项目实施的结果；实现项目的各方利益；总结本项目中的经验教训，以期改善未来项目的工作绩效。此阶段的工作任务是采取各种适当措施以保障项目的妥善结束。

项目收尾阶段的工作主要是范围核实、行政收尾和合同收尾。其中范围核实即核查项目计划规定范围内的各项工作或活动是否已经完成，可交付成果是否令人满意；行政收尾即编制、收集和分发项目信息，正式宣布项目的结束；合同收尾，即了结合同，进行结算，包括解决所有未尽事宜。

2. 电子商务项目收尾管理的内容

电子商务项目收尾管理的内容包括合同收尾和管理收尾两部分。合同收尾就是依据合同，与客户一项一项地核对，检查是否完成了合同所有的要求，是否可以结束项目，也就是通常所说的验收。管理收尾是对于内部而言，把已完成项目的可执行代码和项目文档等各类项目资料归档；对外宣称项目已经结束；项目转入维护期，并把相关的产品说明转到维护组；项目组进行经验教训总结。

电子商务项目管理收尾对电子商务项目的最终成功具有重大意义。项目在尾声表现出的人力资源、财务状况以及项目的某些经验教训都是可以进行总结并再次利用的资源，总结得越多，资源就越丰富，能够形成适合电子商务企业自身的成熟的项目管理模式，降低电子商务项目管理的风险和成本，真正实现电子商务项目管理的竞争力。

电子商务项目合同收尾由于受到用户需求不明确、不断变更、合同标的通常较大以及项目周期较长等原因的影响，在合同最终移交的过程中，必须协调各方面的关系，特别是许多不确定因素最终都要在合同收尾解决。电子商务项目收尾过程见表6-4。

表6-4　电子商务项目收尾过程

| 过程 | 主要内容 | 输出内容 | 关键因素 |
| --- | --- | --- | --- |
| 管理收尾 | 人力资源管理、信息管理、财务审计管理 | 项目实施报告、项目档案资料、项目总结、项目审核报告 | 沟通、交流、总结 |
| 合同收尾 | 合同移交、验收 | 合同文件、正式验收和收尾 | 协调、理解 |

## 6.2.2 电子商务项目管理收尾活动

1. 保存项目文档

为了使项目产品得到有效使用,也为了给未来项目的设计、计划、估算和管理积累经验,要注意记录和保存项目文档。

在项目收尾过程中,由于项目组的注意力集中在完成任务和期待新任务方面,记录项目数据和信息以及进行经验教训的总结很容易被人遗忘。项目组成员可能认为这样会分散他们做下一个项目的精力,而且会花费成本。尤其当项目费用超支时,记录项目数据的工作更容易被忽略。其实,在项目超支时,找出项目超支的原因才是真正重要的工作,只有总结超支的原因,并将这些信息记录下来,才能对未来的项目发挥作用。

项目历史数据是帮助改善企业项目管理的重要参考源。各个企业可能对数据文件存档的要求不同,但一般应包括以下内容:项目日志;项目计划,包括项目章程、项目范围说明书及风险管理计划等;项目来往函件;项目会议记录;项目进展报告;合同文档;技术文件;其他信息。

项目准备阶段的文档有:与本项目有关的上级主管部门下达的规划或者许可;有关项目的审批文件、合同书和专家建议;国内外相关情况考察报告和专题分析报告;可行性方案及批准文件,以及项目实施方案、年度计划和项目预算书等。

项目进行阶段的文档有:各种重要项目进度的原始记录;各种项目的报告和数据;各阶段项目报告(包括系统的、专题的、分项的和阶段的);重要的技术文件和管理文档等。

项目收尾阶段的文档有:年度总结和简报;项目例会的会议记录和专业会议文件以及同项目研究有直接关系的重要情报编译材料等。

企业应该建立保存和维护这些项目数据的计算机信息系统,这样在需要时可以很方便地检索查找。当收集了足够的项目数据后,企业管理部门可开发一个"经验教训数据库",为以后做出合理的项目费用估计和编制具有现实意义的项目计划提供参考。

2. 财务收尾

财务收尾是指从项目财务和预算的意义上结束项目,包括外部的和内部的项目账目。为了确保项目的各项收支合乎法律和企业制度,还需要对项目进行财务审计。

项目账目收尾是项目结束时针对企业员工的内部流程。如果没有设定明确的日期或提供正式的项目账目收尾流程,项目账目往往会在项目结束日期后仍旧存续。项目财务审计是指企业需要成立独立的评审小组对项目的具体工作情况进行仔细审查,包括财务程序、预算及相关记录等内容。财务审计的范围可以是整个项目,也可以是针对项目的一个特定部分。尽管在项目任何时间都可以进行审计工作,但项目收尾过程的财务审计是一个重点。

3. 撰写项目结束报告

电子商务项目管理在项目的收尾阶段应该有记录体系,这就是电子商务项目实施报告,也称为项目结束报告。从内容上来说,项目结束报告不是对项目的评价,而是对项目真实的历史记录，也有人称为项目整个生命期内的"编年史"。

一般情况下，电子商务项目结束报告应包括以下内容：项目的目标及其实现程度；项目实施记录和主要影响因素；项目的可持续性；项目成果评价；项目管理评价；主要经验教训。

4. 必要时及时中止项目

中止项目并非代表项目不成功，项目中止有很多原因，这些原因大体可以分为3类：项目委托方希望中止；项目承担方希望中止；外在因素迫使项目不得不中止。

项目委托方和项目承担方希望项目中止的情况大体相同，分为以下几种：

①一方发现新的商机，这种商机的利益大于该项目的利益，由于资源的不足，不得不中止该项目以抽出资源。对于这种情况，另一方可以要求中止方适当做出补偿，如给予赔偿金或签订其他项目协议作为弥补。

②一方资金预算出了问题，不得不中止项目。在这种情况下，虽然可以根据合同要求赔偿，但对方可能实在无力赔偿，在此情况下，项目另一方会拖不起，因而两败俱伤。因此，在选择项目伙伴时，要注意"信息不对称"的问题，时刻了解合作伙伴的市场动向。

③由于项目拖期、质量不合格等问题迫使委托方要求中止项目。在此情况下，项目承担方将承担相应责任。

项目收尾的过程必须像项目启动过程一样谨慎、稳妥，千万不要看到胜利的曙光后产生躁动情绪，因为任何项目问题的遗漏都会给后期的解决留下困难。一般情况下，电子商务项目中止的原因见表6-5。

表6-5　电子商务项目中止的原因

| 项目阶段、内容 | 项目问题 | 对项目影响 |
| --- | --- | --- |
| 项目目标 | 与组织目标不能保持一致 | 项目实施结果差异 |
| 项目概念 | 可行性研究报告依据的信息不准确，市场预测失误，重要的经济预测有偏差 | 项目整体决策失误 |
| 项目范围 | 超出了组织的财务能力和技术能力 | 无法完成项目内容 |
| 项目规划、设计 | 出现重大技术方向性错误 | 项目的计划不可能实现 |
| 项目环境 | 环境变化改变了对项目产品的需求 | 项目的成果已不适应现实需要 |
| 项目实施过程 | 出现重大质量事故 | 项目继续运作的经济或社会价值基础已经不复存在 |
| 项目交接 | 项目试运行过程中发现项目的技术性能指标或经济效益指标无法达到项目概念设计 | 项目的经济或社会价值无法体现 |
| 项目资金 | 资金无法近期到位并且无法确定可能到位的具体期限 | 烂尾项目 |
| 与项目相关的新政策 | 制约项目运行的相关新政策的出台（如环保政策等） | 项目的继续进行成为不可能 |

## 6.2.3 电子商务项目合同收尾活动

1. 召开项目收尾会议

项目收尾中很重要的一项工作就是获得客户对项目产品或项目可交付物的验收。客户将对照合同中对项目的需求并按照验收程序审查交付的项目成果。这时应提醒项目客户注意需求本身发生的偏差,并出示所有得到客户同意的(客户签字认可的)变更记录。而且,要使任何悬而未决的项目问题都可以得到正式结束,最好的办法是将客户和其他项目干系人召集在一起召开一次最终会议。通过这次会议,可以避免项目经理就尚未解决的问题逐个向项目干系人进行澄清。此次会议的主要内容是项目经理做出执行陈述;比较项目最终可交付成果与项目合同文件要求的偏差情况。

2. 项目验收

项目验收是项目组与客户/项目发起人代表之间进行的正式活动。在这种活动中,客户/项目发起人代表将核实项目所交付的产品及支持文档是否符合项目需求和目标。项目验收标准要尽量在项目启动过程中确定,而不是像验收程序一样拖到项目收尾过程再定。

项目验收包含以下内容:安排项目验收会议的日程;分发会议材料;召开项目验收会议;记录决定。

3. 电子商务项目移交

当项目通过验收后,电子商务项目团队将项目成果的所有权交给项目接收方,这个过程就是电子商务项目的移交。项目移交完毕,项目接收方有责任对整个项目进行管理,有权利对项目成果进行使用。这时,项目团队与项目业主的项目合同关系基本结束,项目团队的任务转入对项目的保修阶段。移交的内容包括以下方面:实体移交;技术档案文件移交;最终移交。

在把项目产品移交给客户的过程中需要注意以下几点:制订移交计划;确保客户接受产品;在对项目产品的使用方面培训客户;确保交接责任明确;保留项目设计和开发文档;确保对项目产品有持续的服务和维护;收回项目款项。

4. 移交后的回访与保修

电子商务项目在竣工验收交付使用后,按照合同和有关的规定,在一定的期限即回访保修期内,应由项目经理部组织原项目人员主动对交付使用的竣工工程进行回访,听取用户对工程质量的意见,如果回访过程中发现问题,应及时处理。项目移交后的回访与保修从根本上保证项目质量以及项目成果的可持续性。

(1) 回访与保修形式

回访与保修的一般形式有以下 3 种:

①季节性回访。季节性回访也称为定期回访,是按照合同规定,结合该项目的实际情况,选择有效时间段进行检验和处理,如发现问题,采取有效措施及时加以解决。

②技术性回访。技术性回访主要了解电子商务项目实施过程中软件使用、人员培训和系统更新等方面的技术性、管理性问题和使用后的效果,发现问题及时加以补救和解决。同时

也便于总结经验、获取科学依据,为电子商务项目的改进、完善和推广创造条件。

③保修期满前的回访。这种回访一般是在保修期即将结束前进行。

(2) 回访与保修的工作内容

电子商务项目团队在回访过程中,或者在保修期内接到用户来访或来信的质量投诉后,应立即组织力量进行维修。项目经理对于回访中发现的质量问题,应组织有关人员进行分析,制订措施,作为进一步改进和提高质量的依据。

回访应纳入承包人的工作计划、服务控制程序和质量体系文件。工作计划应包括下列内容:主管回访保修业务的部门;回访保修的执行单位;回访的对象及其工程名称;回访时间安排和主要内容;回访工程的保修期限。

### 6.2.4 电子商务项目后评价

项目后评价是指在项目已经完成并运行一段时间后,对项目的目的、执行过程、效益、作用和影响进行系统的、客观的分析和总结的一种技术经济活动。项目后评价是项目完成以后进行的再评价。

通过项目后评价活动,首先,检验项目预期目标是否达到,主要的效益指标是否实现;其次,重新评价整体规划是否合理有效;再次,针对不足之处,找出成败的原因,总结经验教训,及时有效地反馈信息,提高未来新项目的管理水平、决策水平,最终实现提高投资效益的目的。

项目后评价具有透明性和公开性,能客观、公正地评价项目活动的业绩和项目失误的主客观原因,比较公正地、客观地确定项目决策者、管理者和建设者的工作业绩和存在的问题,从而进一步提高他们的责任心和工作水平。

项目后评价的内容包括以下几个方面。

(1) 项目目标评价

项目目标评价的任务是评定项目立项时各项预期目标的实现程度,是项目后评价所需完成的主要任务之一。项目目标评价是对项目目标的实现程度进行评价,对照原计划的主要指标,检查项目的实际情况,找出变化,然后对改变的原因进行分析。判断项目目标的指标应在项目立项时确定,一般包括宏观目标,即对地区、行业或经济、社会发展的总体影响和作用。项目目标评价的另一项任务是对项目原定决策的正确性、合理性和实践性进行分析评价。有些目标因为不明确或不符合实际,或者遇到环境和市场的变化,在项目实施过程中可能会发生重大变化,要重新进行项目目标评价。

(2) 项目实施过程评价

项目实施过程评价是项目后评价中的重要环节,包括项目计划、实施和调试等几个阶段。项目实施过程评价是将可行性分析研究报告中所预计的情况和实际执行的过程进行比较和分析,找出差别,分析原因。项目实施的好坏直接影响到项目的最后验收、日后运营和公司品牌的确立等。对项目实施过程进行评价,可以有效地总结经验,找出不足,并在下一次施工中改进。

(3) 效益评价

效益评价是项目后评价的主要内容。项目实施的最终目的是获得预期的社会效益和经济效益。它以项目投产后实际取得的效益（经济、社会和环境等）及其隐含在其中的技术影响为基础，重新测算项目的各项经济数据，得到相关的投资效果指标，然后将它们与项目前期评估时预测的有关经济效果值、内部收益率和投资回收期、社会环境影响值进行对比，评价和分析其偏差情况及其原因，吸取经验教训，从而为提高项目的投资决策和管理水平服务。

(4) 项目影响评价

项目影响评价是项目完成后对社会环境的影响进行分析，包括经济影响、环境影响和社会影响3个方面。

①经济影响评价主要是分析项目对所在地区、所属行业和国家所产生的经济方面的影响。

②环境影响评价一般包括项目的污染控制、地区环境质量、自然环境利用和保护、区域生态平衡和环境管理等方面。

③社会影响评价是对项目在社会经济发展方面有形和无形效益的一种分析，重点评价分析项目对所在地区和社区的影响。社会影响评价一般包括解决就业、发展当地经济、填补国家相关技术空白以及对当地居民生活的影响等内容。

(5) 项目的可持续性评价

其主要内容包括：在项目的建设资金投入完成之后，项目的既定目标是否还能继续？项目是否还可以持续发展下去？接受投资的项目业主是否愿意并可能依靠自己的力量继续实现既定目标？项目是否具有可重复性，即是否可以在未来以同样的方式开展同类项目？

(6) 项目综合评价

项目综合评价包括项目的成败分析和项目管理的各个环节的责任分析。项目综合评价一般采用成功度评价方法，该评价方法是依靠评价专家或专家组的经验，综合对各项指标的评价，对项目的成功程度做出定性的结论，也就是通常所说的打分。

(7) 项目管理后评价

项目管理后评价的基础是项目目标评价和效益评价，再结合其他相关资料对项目整个生命期中各阶段管理工作进行评价。通过分析、比较和评价，可以了解目前项目管理的水平，吸取经验和教训，以保证更好地完成以后的项目管理工作，促使项目预期目标更好地完成。

## 6.3 商务网站的收尾管理

### 6.3.1 商务网站系统测试与验收

随着互联网的快速发展，电子商务类网站已经对商业、工业、银行、财政、教育、政府和娱乐及人们的工作和生活产生了深远的影响,许多传统的信息和数据库系统正在被移植到互联网上,电子商务增长迅速,早已超过了国界。范围广泛的、复杂的分布式应用正在商务类网站环境中出现。

在网站系统开发过程中,如果缺乏严格的管理,就会在开发、发布、实施和维护网站的过程中碰到一系列严重的问题,失败的可能性很大,而且随着系统变得越来越复杂,一个项目的失败将可能导致很多问题。

在网站开发过程中,基于网站系统的测试、确认和验收是一项重要而富有挑战性的工作。网站系统测试与传统的软件测试不同,它不但需要检查和验证是否按照设计的要求运行,而且还要测试系统在不同用户的浏览器端的显示是否合适,更重要的是,还要从最终用户的角度进行安全性和可用性测试。然而,Internet 和 Web 媒体的不可预见性使测试工作变得困难。因此,测试与验收网站系统的新方法和新技术不断涌现。

目前主要的网站系统测试工具有:

OpenSTA:主要做负荷及压力测试,使用较方便,可以编写测试脚本,也可以先自动生成测试脚本,然后对应用测试脚本进行测试。

SAINT:主要做网站安全性测试,能够对指定网站进行安全性测试,并可以提供安全问题的解决方案。

CSE HTML Validator:对 html 代码进行合法性检查的工具。

Ab(Apache Bench):Apache 自带的性能测试工具,功能不是很多,但是非常实用。

Crash-me:MySQL 自带的测试数据库性能的工具,能够测试多种数据库的性能。

1. 基本流程

网站系统测试的基本流程如图 6-1 所示。

2. 具体步骤

(1)网站的功能测试

对于网站的测试而言,每一个独立功能模块都需要单独的测试用例,主要依据为《需求规格说明书》及《详细设计说明书》。对于应用程序模块,则需要设计者提供基本路径测试法的测试用例。

1)链接测试。链接是 Web 应用系统的一个主要特征,它是在页面之间切换和指导用户到一些不知道地址的页面的主要手段。链接测试可分为以下 3 个方面:

①测试所有链接是否按指示的那样确实链接到了该链接的页面。

②测试所链接的页面是否存在。

③保证 Web 应用系统上没有孤立的页面。所谓孤立的页面,是指没有链接指向该页面只有知道正确的 URL 地址才能访问。

链接测试可以自动进行,现在已经有多种工具可以采用。链接测试必须在集成测试阶段完成。也就是说,在整个 Web 应用系统的所有页面开发完成之后进行链接测试。

2)表单测试。当用户给 Web 应用系统管理员提交信息时,就需要使用表单操作,如用

# 第6章 电子商务项目风险与收尾管理

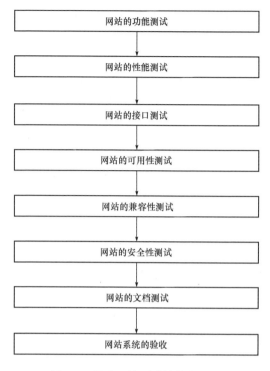

图6-1 网站系统测试的基本流程

户注册、登录、信息提交等。在这种情况下，必须测试提交操作的完整性，以校验提交给服务器的信息的正确性。例如，用户填写的出生日期与职业是否恰当、填写的所属省份与所在城市是否匹配等。如果使用了默认值，还需要检验默认值的正确性。如果表单只能接受指定的某些值，那么也要进行测试。例如，只能接受某些字符，测试时可以跳过这些字符，看系统是否会报错。

要测试这些程序，需要验证服务器能否正确保存这些数据，后台运行的程序能否正确解释和使用这些信息。如果有固定的操作流程，可以运用自动化测试工具的录制功能编写可重复使用的脚本代码，从而减轻测试人员的工作量。

3）Cookies 测试。Cookies 通常用来存储用户信息和用户在某应用系统的操作。当一个用户使用 Cookies 访问了某一个应用系统时，Web 服务器将发送关于用户的信息，并把该信息以 Cookies 的形式存储在客户端计算机上，这可以用来创建动态和自定义页面或者存储登录信息等。

如果 Web 应用系统使用了 Cookies，就必须检查 Cookies 是否能正常工作和对这些信息是否已经加密。测试内容可包括 Cookies 是否起作用、是否按预定的时间进行保存、刷新对 Cookies 有什么影响等。

4）设计语言测试。Web 设计语言版本的差异可能会引起客户端或服务器端严重的问题，如使用哪种版本的 html 等。当在分布式环境中开发时，开发人员都不在一起，这个问题就显得尤为重要。不同的脚本语言，如 Java、JavaScript、ActiveX、VBScript 或 Perl 等，也要进行验证。

5）数据库测试

在 Web 应用技术中，数据库起着重要作用，可为 Web 应用系统的管理、运行、查询和实现用户对数据存储的请求等提供空间。在 Web 应用技术中，最常用的数据库类型是关系型数据库，可以使用 SQL 对信息进行处理。

在使用了数据库的 Web 应用系统中，一般情况下可能发生两种错误，即数据一致性错误和输出错误。数据一致性错误主要是由于用户提交的表单信息不正确所造成的，而输出错误主要是由于网络速度或程序设计问题等引起的。针对这两种情况，可分别进行测试。

(2) 网站的性能测试

网站的性能测试对于网站的运行异常重要，但是目前对于网站的性能测试做得不够，在进行系统设计时也没有一个很好的基准可以参考，因此建立一整套的网站性能测试方案是至关重要的。

网站的性能测试主要从 3 个方面进行：连接速度测试、负载测试和压力测试。连接速度测试指的是打开网页的响应速度测试；负载测试指的是进行一些边界数据的测试；压力测试更像是恶意测试，压力测试倾向于使整个系统崩溃。

1）连接速度测试。用户连接到 Web 应用系统的速度根据上网方式的变化而变化，有的用户是电话拨号上网，有的用户是宽带上网。当下载一个程序时，用户愿意等待较长的时间，但如果仅仅访问一个页面，用户就不会愿意等待太长时间。

另外，有些页面有超时的限制，如果响应速度太慢，用户可能还没有来得及浏览内容就需要重新登录了，而且连接速度太慢还可能引起数据丢失。

2）负载测试。负载测试是为了测量 Web 应用系统在某一负载级别上的性能，以保证 Web 应用系统在需求范围内能正常工作。负载级别可以是某个时刻同时访问 Web 应用系统的用户数量，也可以是在线数据处理的数量。例如，Web 应用系统能否处理大量用户对同一个页面的请求。

负载测试应该安排在 Web 应用系统发布以后，在实际的网络环境中进行。因为一个企业内部员工，特别是项目组人员数量总是有限的，而一个 Web 应用系统能同时处理的请求数量将远远超出这个限度。所以，只有放在实际的网络环境中接受负载测试，其结果才是正确可信的。

3）压力测试。压力测试是指通过实际破坏一个 Web 应用系统来测试系统的反应。压力测试用于测试系统的限制和故障恢复能力，也就是测试 Web 应用系统会不会崩溃、在什么情况下崩溃。黑客常常通过提供错误的数据负载，直到使 Web 应用系统崩溃，然后当系统重新启动时获得存取权。

(3) 网站的接口测试

在很多情况下，Web 站点不是孤立的。Web 站点可能会与外部服务器通信、请求数据验证数据或提交订单。

1）服务器接口。第一个需要测试的接口是浏览器与服务器的接口。测试人员提交事务，然后查看服务器记录，并验证在浏览器上看到的是否正是在服务器上发生的。测试人员还可以查询数据库，确认事务数据已正确保存。

2）外部接口。有些 Web 应用系统有外部接口。例如，网上商店可能要实时验证信用卡数据，以减少欺诈行为的发生。测试时，要使用 Web 接口发送一些事务数据，分别对有效信用卡、无效信用卡和被盗信用卡进行验证。如在商店只使用 Visa 卡和 Mastercard 卡的情况下，可以尝试使用 Discover 卡的数据。

3）错误处理。最容易被测试人员忽略的地方是接口错误处理。通常人们试图确认系统能够处理所有错误，但却无法预期系统所有可能的错误。尝试在处理过程中中断事务，看看会发生什么情况，如订单是否完成。尝试中断用户到服务器的网络连接，中断 Web 服务器到信用卡验证服务器的连接，看在这些情况下系统能否正确处理这些错误，是否已对信用卡进行了收费。如果用户自己中断事务处理，在订单已保存而用户没有返回网站确认时，需要由客户代表致电用户进行订单确认。

(4) 网站的可用性测试

网站的可用性测试目前只能采用手工测试的方法进行，在这方面也缺乏一个很好的评判标准，以下四种可用性测试可供参考。

1）导航测试。通过考虑下列问题，可以决定一个 Web 应用系统是否易于导航：导航是否直观？Web 应用系统的主要部分是否可通过主页存取？Web 应用系统是否需要站点地图、搜索引擎或其他的导航帮助？

在一个页面上放太多的信息，往往起到与预期相反的效果。Web 应用系统的用户趋向于目的驱动，很快地扫描一个 Web 应用系统，看是否有满足自己需要的信息，如果没有，就会很快地离开，很少有用户愿意花时间去熟悉 Web 应用系统的结构。因此，Web 应用系统导航帮助要尽可能准确。导航测试的另一个重要方面是 Web 应用系统的页面结构、导航、菜单、连接的风格是否一致，要确保用户凭直觉就知道 Web 应用系统中是否还有内容，内容在什么地方。

Web 应用系统的层次一旦确定，就要着手测试用户导航功能，让最终用户参与这种测试，效果将更加明显。

2）图形测试。在 Web 应用系统中，适当的图片和动画既能起到广告宣传的作用，又能起到美化页面的作用，一个 Web 应用系统的图形可以包括图片、动画、边框、颜色、字体、背景、按钮等。图形测试的要点如下：

①确保图形有明确的用途，图片或动画不能胡乱地堆在一起，以免浪费传输时间。Web 应用系统的图片尺寸要尽量地小，并且能清楚地说明某件事情，一般都链接到某个具体的页面。

②验证所有页面字体的风格是否一致。

③背景颜色应该与字体颜色和前景颜色相搭配。

④图片的大小和质量是很重要的因素，一般采用 JPG 或 GIF 压缩。

3）内容测试。内容测试用来检验 Web 应用系统提供信息的正确性、准确性和相关性，信息的正确性是指信息是可靠的还是误传的。例如，在商品价格列表中，错误的价格可能会引起纠纷。信息的准确性是指是否有语法或拼写错误，这种测试通常使用文字处理软件来进行。例如，使用 Microsoft Word 的拼写与语法检查功能。信息的相关性是指在当前页面是否可以找到与当前浏览信息相关的信息列表或入口，也就是一般 Web 站点中所谓的相关文章列表。

4）整体界面测试。整体界面是指整个 Web 应用系统的页面结构设计，是呈现给用户的整体感。例如，当用户浏览 Web 应用系统时是否感到舒适，是否凭直觉就知道要找的信息在什么地方？整个 Web 应用系统的设计风格是否一致？对整体界面的测试过程其实就是一个对最终用户进行调查的过程，一般采取在主页上进行问卷调查的形式，以得到最终用户的反馈信息。

对所有的可用性测试来说，都需要外部人员（与 Web 应用系统开发没有联系或联系很少的人员）的参与，最好是最终用户的参与。

(5) 网站的兼容性测试

兼容性测试用来验证应用程序是否可以在用户使用的机器上顺畅运行。如果用户是全球范围的，就需要测试各种操作系统、浏览器、视频设置和 Modem 速度。最后，还要尝试各种设置的组合。

1）平台测试。市场上有很多不同的操作系统类型，最常见的有 Windows、UNIX、Macintosh、Linux 等。Web 应用系统的最终用户究竟使用哪一种操作系统取决于用户系统的配置。这样，就可能会发生兼容性问题，同一个应用可能在某些操作系统下能正常运行，但在另外的操作系统下会运行失败。因此，在 Web 应用系统发布之前，需要在各种操作系统进行兼容性测试。

2）浏览器测试。浏览器是 Web 客户端最核心的构件，来自不同厂商的浏览器对 Java、JavaScript、ActiveX、plug - ins 或不同的 HTML 规格有不同的支持。例如，ActiveX 是 Microsoft 的产品，是为 Internet Explorer 而设计的；JavaScript 是 Netscape 的产品；Java 是 Sun 的产品；等等。另外，框架和层次结构风格在不同的浏览器中也有不同的显示，甚至根本不显示。不同的浏览器对安全性和 Java 的设置要求也不一样。

测试浏览器兼容性的一个方法是创建一个兼容性矩阵。在这个矩阵中，测试不同厂商、不同版本的浏览器对某些构件和设置的适应性。以白盒测试或者黑盒测试导出测试用例，测试工具可以采用不同的浏览器进行测试。

3）视频测试。页面版式在 640×400、600×800 或 1 024×768 的分辨率模式下是否正常显示？字体是否太小以至于无法浏览？或者是太大？文本和图片是否对齐？

4）连接速率测试。要测试是否有这种情况：用户使用 28.8 modem 下载一个页面需要 10 分钟，但测试人员在测试时使用的是 T1 专线；用户在下载文章或演示时，可能会等待比较长的时间，但却不会耐心等待首页的出现；需要确认图片不会太大。

5）打印机测试。用户可能会将网页打印下来。因此，网页在设计时要考虑到打印问题，注意节约纸张和油墨。有不少用户喜欢阅读而不是盯着屏幕，因此需要验证网页打印是否正常。有时在屏幕上显示的图片和文本的对齐方式可能与打印出来的不一样。测试人员至少需要验证订单确认页面的打印是否正常。

6）组合测试。600×800 的分辨率在 MAC 上可能不错，但是在 IBM 兼容机上却很难看。如果是内部使用的 Web 站点，测试可能会轻松一些。如果公司指定使用某个类型的浏览器，那么只需在该浏览器上进行测试。如果所有的人都使用 T1 专线，可能不需要测试下载速度（但需要注意的是，可能会有员工从家里拨号进入系统）。有些内部应用程序，开发部门可能在系统需求中声明不支持某些系统而只支持那些已设置的系统。但是，理想的情况是，系统能在所有的机器上运行，这样就不会限制将来的发展和变动。

（6）网站的安全性测试

Web 应用系统的安全性测试主要如下：

①目录设置。Web 安全的第一步是正确设置目录。每个目录下应该有 index.html 或 main.html 页面，这样就不会显示该目录下的所有内容。如果没有执行这条规则，那么选中一幅图片再右击，找到该图片所在的路径"...com/objects/Images"，然后在浏览器地址栏中手工输入该路径，就会发现该站点所有图片的列表。

②登录。现在的 Web 应用系统基本采用先注册后登录的方式。因此，必须测试有效和无效的用户名和密码，要注意是否对大小写敏感、可以试多少次、是否可以不登录而直接浏览某个页面等问题。

③时域（Session）。Web 应用系统是否有超时的限制，也就是说，用户登录后在一定时间内（如15分钟）没有单击任何链接，是否需要重新登录才能正常使用。

④日志文件。为了保证 Web 应用系统的安全性，日志文件是至关重要的。需要测试相关信息是否写进了日志文件、是否可追踪。

⑤加密。当使用了安全套接字时，还要测试加密是否正确，检查信息的完整性。

⑥安全漏洞。服务器端的脚本常常构成安全漏洞，这些漏洞又常常被黑客利用。所以，还要测试没有经过授权就不能在服务器端放置和编辑脚本的问题。目前网络安全问题日益凸显，特别对于有交互信息的网站及进行电子商务活动的网站尤其重要。经常采用的测试工具是 SAINT（Security Administrator's Integrated Network Tool），此工具能够测试出网站系统相应的安全问题，并且能够给出一些较为常见的安全漏洞的解决方案。

（7）网站的文档测试

1）产品说明书属性检查清单。

①完整：是否有遗漏和丢失？单独使用是否包含全部内容？

②准确：既定解决方案是否正确？目标是否明确？有没有错误？

③精确：描述是否一清二楚？是否容易看懂和理解？

④一致：产品功能描述是否自相矛盾？与其他功能有没有冲突？

⑤贴切：描述功能的陈述是否必要？有没有多余信息？功能是否符合客户要求？

⑥合理：在特定的预算和进度下，以现有人力、物力和资源能否实现？

⑦代码无关：是否坚持定义产品，而不是定义其所信赖的软件设计、架构和代码？

⑧可测试性：特性能否测试？测试员建立验证操作的测试程序是否提供了足够的信息？

2）产品说明书用语检查清单。

说明：产品说明书可能会为其掩饰和开脱，也可能含糊其词，但无论是哪一种情况都可视为软件缺陷。

①总是、每一种、所有、没有、从不。如果看到此类绝对或肯定的叙述，软件测试员就可以着手设计针锋相对的案例。

②当然、因此、明显、显然、必然。这些用语企图让人接受假定情况。

③某些、有时、常常、通常、经常、大多、几乎。这些用语大过模糊，"有时"发生作用的功能无法测试。

④等等、诸如此类、以此类推。以这样的词语结束的功能清单无法测试。功能清单中要绝对或者解释明确，以免让人产生迷惑，不知如何推论。

⑤良好、迅速、廉价、高效、稳定。这些是不确定的说法，不可测试。如果在产品说明书中出现，就必须进一步指明其含义。

⑥已处理、已拒绝、已忽略、已消除。这些词语可能会隐藏大量需要说明的功能。

⑦如果……那么……（没有否则）。找出有"如果……那么……"而缺少配套的"否则"结构的陈述，想一想"如果"没有发生会怎样。

（8）网站系统的验收

网站的测试工作做完以后就要对该网站系统进行验收。验收网站系统要编写系统验收分析报告，以便对测试的各个阶段进行评价，并对测试结果进行分析，为纠正软件缺陷提供依据。网站系统验收的主要内容如下：

①开发周期，即设计方案定稿后多少个工作日完成网站建设。

②页面效果是否真实还原设定稿。

③各链接是否准确有效。

④文字内容是否正确（以客户提供的电子文档为准）。

⑤功能模块运行是否正常。

⑥结论，即得出网站总体情况是否达到要求的结论。

网站系统测试与传统的软件测试既有相同之处，也有不同的地方。网站系统测试不但需要检查和验证是否按照设计的要求运行，而且要评价系统在不同用户的浏览器端的显示是否合适。另外，还要从最终用户的角度进行安全性和可用性测试。

### 6.3.2 商务网站营销活动评估

营销活动评估是商务网站运营管理中的一个重要环节。通过评估，企业能够明确其网络营销的战略和阶段策略是否恰当，检查自己在实施过程中是否有所偏差，是否为企业经营带来了预期的变化和效益。在营销活动评估过程中，企业通过评估机构能够广泛收集公众和客户的各方面意见和建议，获得在传统营销评估中难以得到的信息，这些都可以为企业及时调整和改进营销工作、提高企业的整体营销能力提供客观依据。同时，营销活动评估给企业提供了借助第三方机构来评价企业能力、宣传企业的机会。由于第三方机构能够以统一的标准来衡量所有参与评估的企业，因此，这种评估在社会公众心目中比企业自身的宣传更客观、更公正，影响面更大。所以，营销活动评估能为企业带来直接的广告宣传所达不到的效果。

1．营销活动评估的基本流程

营销活动评估的基本流程如图6-2所示。

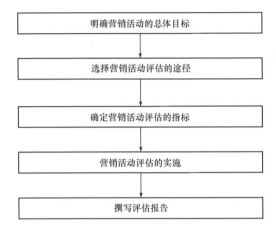

图6-2　营销活动评估的基本流程

2．具体步骤

（1）明确营销活动的总体目标

做任何事情都必须明确目标，像营销活动这样比较大的项目更是如此，否则评估人员不知道该怎样评估。商务网站营销活动的具体目标主要有：利用网络营销促进企业的网上销售；利用网络营销提高企业形象，建立客户忠诚度；利用网络营销收集有关信息，发现潜在需求；利用网络营销建立合作联盟，降低成本。企业的营销目标一经确定，后续工作将围绕其展开。

（2）选择营销活动评估的途径

企业营销的目标不同、评价目的不同，所选择的评估途径也不同。一般来说，可以分为利用自己的网站进行评估和利用第三方机构进行评估两种。

1）利用自己的网站进行评估。网络技术给企业进行营销评估提供了方便、实用的工具。对于很多企业来说，可以在自己的网站上通过服务器及操作系统的日志文件、用户注册数据库、交易系统数据库等获取相关的数据并进行分析，这些分析多数属于日常的统计分析评价。对自己的网站进行评估，主要是为了对企业的营销工作进行日常的监督和信息反馈，及时掌握客户的需求变化、购买习惯和对网站的看法，为企业制订网络营销策略提供依据。

2）利用第三方机构进行评估。第三方评估机构是专业的营销评估组织，评价的内容广泛、全面，评估结果具有横向可比性。因此，企业参加权威性第三方机构举行的评估活动并取得好的评估结果，对树立企业形象、宣传企业理念、赢得客户信赖和客户忠诚度有着事半功倍的效果。企业在利用第三方机构进行评估时，可以以会员的形式参加第三方评估机构的常规评价，也可以申请第三方评估机构为自己的企业提供专门的网络营销评估。目前，国内外有一些公司专门从事对商务网站的评估服务，如中国互联网络信息中心（CNNIC）每半年对国内互联网的发展情况进行一次测评，包括对国内网站进行排名和评价。

（3）确定营销活动评估的指标

不同的企业由于其营销目标、营销策略不同，因而期望达到的效果也就不一样，故而评估指标需要有不同的侧重。根据不同的评估对象，营销的评估指标可以分为以下几个方面：

①网站和产品的品牌形象指标。网络消费者面对网络上更大、更丰富的选择空间，其选择结果在很大程度上取决于他们对品牌的认可。因此，品牌的树立对企业来说是极其重要的，这也是企业战胜竞争对手的有力武器。网络营销企业的网站和产品品牌形象评价指标应该包括以下几个方面：网站在业界的声誉；网站在业界出现的数量和频次；网站访问者的滞留时间和频次；网站注册用户的数量；网站的访问量及增长率；公众对企业、企业产品的信任度。

②网站经营效果指标。企业网站经营效果可以从销售额、客户数量、重复购买率、转化率、利润、市场的渗透水平等方面来衡量。这些指标从不同的侧面反映了企业进行网络营销的成果。在运用过程中，企业可以根据自己的需要选择必要的指标进行测评。

③网站技术水平指标。网络营销评价的一个重要方面就是对网站本身的技术水平和网上营销策略的评估。这些指标主要包括网站设计、网站推广、网站流量等。

企业在评价网站时，首先应衡量网站在功能、风格和视觉效果等方面的满意度，衡量其是否做到了主题明确、层次清晰。此外，还可以运用一些通用的指标进行细节方面的测评。这些指标有：不同带宽下的主页下载时间；链接和拼写情况；不同浏览器的适应性；对搜索引擎的友好程度；可扩展性；网络安全性。

例如，京东网的主页背景与主页上各类商品的封面图片相互搭配，清晰而又整洁。主页最上层是分类区，包括店铺名称和专题查询等，方便用户根据自己的需求查询。左面是商品分类，包括图书、影视、音乐、游戏、杂志等分类条款；中间是主要的广告内容；右面是新产品以及 TOP 排行榜。从整个页面来看，设计较为紧凑，显示的商品分类明确，网站实用性较强。

（4）营销活动评估的实施

确定了营销评估的指标体系后，接下来就要通过各种方法来获得这些指标体系的数据，从而实施评估。一般来说，这些数据来源于以下 3 个方面：

①Web 服务器的统计信息。Web 服务器可以通过一些程序自动记录服务器上的各种活动，根据这些记录可以统计出服务器的各种信息。

②获取用户的反馈信息。可以通过发放调查表等方式来获得用户的回馈，调查表发放的途径包括电子邮件、即时信息交流工具等，也可以通过企业网站上的留言板、聊天室或网络社区来获取用户的反馈信息。

③其他信息来源。在必要的情况下，可以有针对性地开展直接面向消费者的调查。

(5) 撰写评估报告

评估报告应该包括以下内容：评估的目的；评估的指标体系；实际运行效果及数据分析；综合评价；存在的问题与对策；等等。

## 6.4 项目管理软件

### 6.4.1 项目管理软件的发展

与任何软件的诞生和发展一样，项目管理软件的诞生离不开项目管理理论和优化技术的发展，也与计算机技术的发展密不可分。计算机的诞生之时，伴随项目管理技术的出现，产生了早期的项目管理软件。由于计算机技术的限制，这种软件只能在巨型计算机上运行，价格昂贵，主要应用于国防等特定的领域。

20 世纪 80 年代，随着计算机成本下降与性能的迅速提高，加之项目管理技术和方法的蓬勃发展，项目管理软件的数量急剧增加，功能逐渐强大，普遍适用于各种行业项目，操作也日趋简化，不需要用户进行特别的训练，价格也大幅下降。

早在 20 世纪 70 年代，国内项目管理软件的研究就已经开始。20 世纪 90 年代以前，项目管理软件大多由用户单位自行研制、使用，满足自身特定需要，并没有形成产品。20 世纪 90 年代初，在软件行业蓬勃发展的大背景下，项目管理软件领域出现了专业化的软件企业，它们提供社会化、专业化、商业化的产品，带来了软件的快速发展。

20 世纪 90 年代末，项目管理软件产品由只能满足单个功能的单机版转向将项目进展的各个方面综合管理的集成系统。运行环境也随着网络发展的需要，由单机用户拓展到网络多用户，一定程度上实现了企业内部的数据共享。

进入 21 世纪以来，项目管理软件的研发受到用户需求的变化、网络技术、数据库技术、通信技术的进步，国外软件竞争压力等因素的共同影响。国产项目管理软件开始注重质量与品牌管理，逐渐建立大规模、高品质软件所必需的管理、人才、技术、环境基础。

### 6.4.2 项目管理软件的常见功能

目前市场上项目管理软件很多，包括 Primavera 公司的 P6、SureTrak 和 Expedition；微软公司的 Project2013 系列；Welcom 公司的 OpenPlan；Symantec 公司的 TimeLine；Scitor 公司的 Project Scheduler 等。这些软件中有些属于高端软件，功能完备，适合专业项目管理人员进行超大型多个项目的管理，价格比较昂贵；而有些则适用于中小型项目管理的需求，功能不是很完备，使用方便，价格相对低廉。企业用户在进行软件选型时，应重点考虑自身需求与软件功能的匹配，如相比较建筑、桥梁等工程项目而言，电子商务项目（持续时间较短、人力资金数量较少、设备等资源管理要求较低）一般情况下属于中小型企业，则项目开发团队不必花费高额费用购买高端软件进行项目管理。当然，项目的财务状况和操作人员熟悉程度，以及现有流程的契合程度也是选择项目管理软件需要参考的因素。

以下将介绍目前流行的项目管理软件的基本功能。需要说明的是，这些功能并不是所有管理软件都完全具备的，企业用户应该按照项目特点和管理需求，选择适宜的管理软件。

1. 进度管理

对大多数项目而言，时间是最重要的资源。通过定义任务及相互的逻辑关系，利用网络技术进行进度计划管理是项目管理软件中应用最普遍的、技术上最成熟的功能，它也是目前绝大多数项目管理软件的核心部分。软件能够根据任务信息，计算关键路径；进行时间进度分析；实时反映实际的计划执行状况，并进行相应的调整控制；输出进度状态报告。

2. 费用管理

项目管理软件具备的最基本的费用管理功能，是与进度计划集成在一起的费用计划与跟踪功能，对任务作业中所消耗的人员、材料设备、管理等费用可以按项目一次性计算，也可以分摊到具体的某个任务中。而具备高水平的费用管理功能的软件能够集成完成项目生命期内的所有费用的分析和管理，保持各项管理的一致性，并与合同相关内容联系，具体功能包括投标报价、预算管理、费用预测、费用控制、绩效检测和差异分析等。

3. 资源管理

项目中涉及的资源包括消耗性的材料设备以及非消耗性的人力机械等。资源管理功能可以为所有资源建立完善数据，对资源状况以及资源对任务的贡献进行管理，能够根据任务要求和已有资源自动调配，对资源受限或过剩的情况进行资源均衡。

4. 沟通管理

项目进行过程中，需要不同干系人在不同时间、不同地点进行大量的信息数据交互沟通，包括进度报告发布、项目文档管理、项目组成员间及其与外界的通信和交流、项目公告板和消息触发式的管理交流机制等。借助于互联网，项目管理软件可以在任何时间将在任何地点的所有干系人纳入沟通网络中。需要注意的是，在沟通中软件需要提供保障数据安全性的功能。另一方面，软件对项目信息资料的输入输出处理逐渐标准化，这意味着项目管理软件可以方便处理在多个应用程序平台下的数据。

5. 风险管理与预测

项目存在时间、费用、技术等风险，针对这些风险的管理技术已经发展得比较成熟，并体现在了项目管理软件中，常见的功能包括综合权重的三点估计法、因果分析法、多分布形式的概率分析法和基于经验的专家系统等。同时，考虑到风险，对项目未来状况进行预测也是项目管理软件的重要功能，一般而言，还需要在预测的基础上，提供应对的解决方案，如当项目实际费用超出预算所采用的应对措施等。

6. 多项目管理

越来越多的项目管理软件提供给用户可以处理多个项目的功能，并且可以在多个项目间进行资源和数据的共享调配。

## 本章小结

本章详细讲解了电子商务项目风险管理的主要内容、风险识别的方法、风险分析的方法；收尾管理的意义，管理收尾和合同收尾的内容；项目后评价的主要方法和职能；项目管理软件的发展及项目管理软件的常见功能。

针对商务网站的收尾管理主要从商务网站的系统测试与验收及商务网站运营的营销活动评估进行阐述。其中商务网站的系统测试与验收的基本流程包括网站的功能测试、网站的性能测试、网站的接口测试、网站的可用性测试、网站的兼容性测试、网站的安全性测试、网站的文档测试、网站系统的验收。商务网站运营的营销活动评估的基本流程包括明确营销活动的总体目标、选择营销活动评估的途径、确定营销活动的指标、营销活动评估的实施及撰写评估报告。

## 本章案例

### 美味七七发展历程

美味七七原名正大天地，于2011年2月成立，同年5月上线，力求打造全球优质食品购物网站，属于较早成立的一批生鲜电商。其投资方是正大集团，主要覆盖领域是上海。

2013年5月，正大天地更名为美味七七，服务覆盖领域苏浙沪。注册投资方变更为Golden Fire HK Limited，一家在香港注册的公司。

2014年5月，亚马逊2 000万美元入股美味七七，旨在丰富亚马逊的品类，以及帮助美味七七拓展全国市场。亚马逊入股所占比例不明。

2015年8月，美味七七拓展O2O业务，引入数千家线下店铺，提供生活用品1小时速达业务。

2016年4月7日，公司暂停营业。

**停业原因初步分析**

美味七七停止营业的最直接原因是资金周转出现问题，正如其官方公告所言。美味七七在此之前的业务经营并无太多异常，笔者有位朋友是其供应商，在此之前其销售及回款状况也是正常。与同行对比，作为九大垂直生鲜电商之一，美味七七最近几年的表现并无太大优劣的差异。投资方为何在此时与管理层出现分歧，不再愿意追加投资了呢？

**资本与管理的裂痕**

美味七七的投资方主要是正大集团和美国亚马逊（更名美味七七后注册投资方变更为Golden Fire HK Limited，此公司跟正大集团是否有关系尚无公开信息，但是属于外资）。正大集团是泰籍华人创建的大型跨国集团，卜蜂莲花就是其旗下公司，拥有强大的零售、食品、水产和物流方面的实力，亚马逊是美国最大的电子商务公司。这样的投资方背景对生鲜电商而言应该是有利的，但是相比国内其他几家垂直生鲜电商而言有两点不同：一是美味七七的投资方都是外资；二是投资方属于产业投资而非财务投资。相比其他几家，如果是财务投资，大部分是有多年国内投资经验的投资基金；如果是产业投资，多数是来自 BAT 集团。这两点的不同带来了以下两种裂痕：

（1）外资背景 VS 本土快消。生鲜行业属于快消行业，并且比服装和数码类快消品更"土"，因此生鲜电商的运营及营销必须更本土化，如果不够本土化，必然会被更本土化的公司打败（专注国外市场的甫田网除外）。美味七七必然存在本土运营和外企文化的冲突，2016 年被查出的几则劳务纠纷或许就是这个冲突的缩影。

（2）亚马逊的长期主义 VS 中国电商的"短视"。亚马逊 CEO 贝索斯从来不看企业的短期业绩，不太关注竞争对手或技术革新，而是持续寻求改善自身服务，着眼于长远目标。而这些显然与国内商业氛围相佐，国内可要天天看"风口"。国内商业的"短视"行为显然是要被批判的，但是造成国内商业短视的并不是企业家和企业的初衷，而是体制、文化和社会结构共同形成的（这里不做过多讨论）。在中国真正精明的企业家是内心秉承长期主义，而且很会利用各种"风口"的企业家。亚马逊的"傲骨"显然经不住本土生鲜电商的"风骚"。

**生鲜运营的得失**

除了上面资本、文化和管理上的裂痕，美味七七的停业在生鲜电商的具体运营上又有哪些得失呢？

首先，全品类增加运营难度。美味七七的 SKU（库存量单位）曾经一度达到 5 000 多个！大型垂直生鲜电商的业界平均水平是 2 000 个左右，正常在售的 1 000 多个。上千的 SKU 对电商而言不算多，但是对生鲜电商而言就算多了，这是因为生鲜产品的仓储、物流、包装差别很大。5 000 个 SKU 肯定会造成运营上的混乱。

其次，定位模糊。美味七七并没有一个鲜明的市场定位，其产品从高端的有机食品到大众菜场的普通食材都有，甚至包含了各种日用品，像是要做京东的节奏。更为重要的一点是，涉足了大众平价生鲜，大众平价生鲜市场就目前而言，依然是菜市场的运营效率最高，交易成本最低。生鲜电商如果涉足大众生鲜，要做好长期赔本的准备。

再次，被风口利用，盲目扩张。美味七七虽然没有做盲目的全国扩张，但是有两点市场拓展的做法显然是盲目的：一个是跟随 O2O 的风口，引数千家线下商品加盟，推出 1 小时速达业务。这个业务的推出需要大量的硬件投入，如中转中心，也需要大量的消费者订单补贴；另一个是目标市场不精准的广告投入，美味七七在上海地铁段重金投放广告。生鲜电商市场离大众消费市场还有一段距离，此时在成本极高的地铁段投放广告并不合适。

最后，采购抑或欺骗。在美味七七上发现一个小细节，就是在售的一款崇明散养老母鸡，这款月龄 17 个月的老母鸡的售价只有 39.9 元！这是什么概念？跟普通肉鸡的价格差不多。散养土鸡的行业平均成本是40~100元，17个月的行业平均成本是80元，即使按照最低的散养标准，成本也不低于40元。散养鸡在美味七七也算是热销产品之一，这个价格也是持续了很长一段时间，编辑错误不可能，巨额补贴也不可能，那么要么是采购有问题，要么就是挂羊头卖狗肉。

**对行业的影响**

悲观者认为美味七七的停业会引发一大波生鲜电商的倒闭浪潮，乐观者认为美味七七的倒闭只是投资方问题的个案，无法阻挡生鲜电商迈向万亿市场的大蛋糕。通过上面的分析，笔者认为，美味七七的停业并不会引发生鲜电商的倒闭浪潮，但是部分企业会陷入经营困难，这些企业是那些缺乏生鲜行业实际运作经验而又被"风口"利用的企业。生鲜电商目前有三大风口，一个是万亿市场规模的"风口"，另一个是O2O的"风口"，还有一个是移动电商的"风口"。"风口"并不见得就是机会主义，也并不见得就是坏事，"风口"是一个想象出来的大饼，很多是会在未来实现的，只不过精明的企业利用"风口"咬上了一口，失败的企业被"风口"利用帮别人搬了梯子。

（资料来源：http://www.100ec.cn/detail-6327124.html）

**案例分析题：**

1. 本案例提示我们应怎样进行电子商务项目管理各阶段的管理与实施？
2. 认真学习电子商务项目管理以及积极开展电子商务项目管理活动具有哪些重要的意义？

# 思考题

1. 什么是风险管理？它的特征主要有哪些？
2. 收尾管理主要包括哪些？
3. 简述电子商务质量管理与成本管理的关系。
4. 学习电子商务项目管理有什么重要意义？
5. 学习电子商务项目管理的主要方法有哪些？

# 参 考 文 献

［1］李琪．电子商务项目策划与管理［M］．北京：电子工业出版社，2011．
［2］贾晓丹．电子商务项目管理实训［M］．北京：中国人民大学出版社，2011．
［3］文燕平．电子商务项目管理［M］．北京：中国人民大学出版社，2006．
［4］刘四青．电子商务项目管理［M］．重庆：重庆大学出版社，2010．
［5］王树进．项目管理［M］．南京：南京大学出版社，2008．
［6］柯丽敏，吴吉义．电子商务项目管理理论与案例［M］．北京：清华大学出版社，2013．
［7］朱国麟，崔展望．电子商务项目策划与设计［M］．北京：化学工业出版社，2009．
［8］徐嘉震．项目管理理论与实务［M］．北京：中国物资出版社，2010．
［9］骆珣．项目管理教程［M］．2版．北京：机械工业出版社，2011．
［10］［美］项目管理协会．项目管理知识体系指南［M］．4版．王勇，张斌，译．北京：电子工业出版社，2009．
［11］李志刚．电子商务项目运作与管理［M］．北京：中国铁道出版社，2011．
［12］黄飞宏．项目管理实战指导［M］．北京：清华大学出版社，2014．
［13］冯岚．电子商务项目管理［M］．北京：北京交通大学出版社，2011．
［14］杜晓静．网络商务项目管理与实践［M］．北京：机械工业出版社，2016．
［15］黄志平，聂强．电子商务项目设计与实施［M］．北京：电子工业出版社，2014．
［16］贺桂娇，贾桂林．电子商务项目教程［M］．北京：清华大学出版社，2014．